▶ 肢体不自由教育領域

運動機能の困難への対応

編著

樫木暢子・笠井新一郎・花井丈夫

JN109580

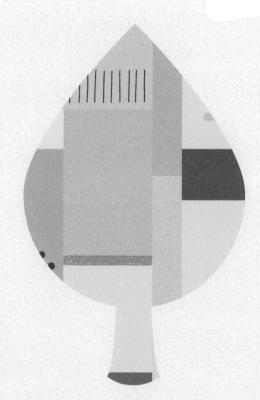

特別支援
教育免許
シリーズ

監修

花熊 曉・苅田知則
笠井新一郎・川住隆一
宇高二良

建帛社
KENPAKUSHA

特別支援教育免許シリーズ刊行にあたって

今，「障害」をはじめとする社会での活動や参加に困難がある人たちの支援は，大きな変化の時期を迎えようとしています。困難がある人たちが，積極的に参加・貢献していくことができる全員参加型の社会としての共生社会の形成が，国の施策によって推進されています。

同時に，政府は人工知能（AI）等の先端技術の活用により，障害の有無に関係なく，だれもが日々の煩雑で不得手な作業などから解放され，快適で活力に満ちた生活を送ることのできる人間中心の社会として「Society5.0」を提唱し，その実現を目ざしています。先端技術は，障害のある人の生涯学習・社会参画を加速させる可能性を有しており，Society5.0 の実現は共生社会の形成およびインクルーシブ教育システムの構築に寄与すると期待されます。その一方で，そのような社会が実現されたとしても，特別支援教育の理念やその専門性が不要になることは決してないでしょう。さまざまな困難のある子ども一人ひとりの教育的ニーズを把握し，そのもてる力を最大限度まで発達させようとする態度・姿勢にこそ，教育の原点があるからです。

さて，文部科学省によると，特別支援学校教員における特別支援学校教諭免許状保有者率は79.8％（2018年5月現在）と年々上昇傾向が続いており，今後は特別支援学級や通級による指導を担当する教員等も含めて，さらなる免許保有率の上昇が目ざされています。併せて，2019年4月の教職員免許法等の改正に伴い，教職課程の必修科目に「特別の支援を必要とする幼児，児童及び生徒に対する理解」が加えられました。

こうした流れの中，私たちは特別支援教育を学ぼうとする人が，当該領域にかかわる態度，知識，技能等をより体系的に学ぶことができる指導書が必要であると考えました。しかし，本『特別支援教育免許シリーズ』の企画立案時は，大きな変革に対応した包括的・体系的なテキストがありませんでした。

この『特別支援教育免許シリーズ』は，教員養成課程に入学し，特別支援教育に携わる教員（特に特別支援学校教諭）を目ざして学習を始めた学生や，現職として勤務しながら当該領域について学び始めた教職員を対象にした入門書です。シリーズ全体として，特別支援学校教諭免許状（一種・二種）の取得に必要な領域や内容を網羅しており，第1欄「特別支援教育の基礎理論に関する科目」に対応する巻，第2欄「特別支援教育領域に関する科目」として5つの特別支援教育領域（視覚障害，聴覚障害，知的障害，肢体不自由，病弱）に対応する巻，第3欄「免許状に定められることになる特別支援教育領域以外の領域に関する科目」に対応して重複障害や発達障害等を取り扱った巻で構成しています。

なお，第1欄の巻は，基礎免許状の学校種に応じて，教職必修科目にも対応できる内容としています。また，第2欄と第3欄の巻では，各障害にかかわる① 心理，② 生理および病理，③ 教育課程，④ 指導法を一冊にまとめました。このように，免許状取得に必要な領域・内容を包括している点も，本シリーズの大きな特徴のひとつといえるでしょう。本シリーズが，障害のある子・人の未来を，本人や家族とともに切り開こうとする教職員の養成に役立つと幸いです。

このほか，第3欄においては，特別支援教育における現代的課題（合理的配慮としてのICTや支援機器の活用，ライフキャリア発達等）も取り上げており，保健医療福祉（障害児療育や障害者福祉）領域に携わっている人たち，そのほかさまざまな立場で支援する人たちにとっても参考となるでしょう。

　なお，「障害」の表記についてはさまざまな見解があります。特に「害」を個人の特性（ハンディキャップ）ととらえ，「障害」の表記には負のイメージがあるという意見があり，「障がい」に変更した自治体・団体もあります。一方で，「害」は社会がつくり出した障壁（バリア）であり，それを取り除くことが社会の責務であると考え，「障害」を用いている立場もあります。本シリーズは，後者の立場に立脚して構成されています。学習・生活に困難がある人に対して社会に存在するさまざまな障壁が「障害」であり，本書の読者は教育に携わる者（教職員）として「障害」を解消していく立場にあると考え，「障害」という表記を用いています。

　本シリーズの刊行にあたっては，数多くの先生に玉稿をお寄せいただきました。この場を借りて深謝申し上げます。しかし，刊行を待たずに鬼籍入りされた著者の方もおられます。刊行までに時間を要してしまいましたことは，すべて監修者の責任であり，深くお詫び申し上げます。さらに，本シリーズの企画を快くお引き受けいただきました建帛社をはじめ，多くの方々に刊行に至るまで，さまざまなご援助と励ましをいただきました。ここに改めて厚く御礼申し上げます。

　2021年1月

監修者　苅 田 知 則

花 熊　　曉

笠 井 新一郎

川 住 隆 一

宇 高 二 良

はじめに

　本書は，特別支援学校教諭免許状取得に必要な第2欄「特別支援教育領域に関する科目」の5領域のうち，「肢体不自由」に対応する内容となっています。

　肢体不自由教育の草創期は，「運動機能の困難な児童生徒」として，知的障害のない子どもたちが対象でした。戦後，次第に重複障害が増え，対象児が重度化・重複化してきました。医療の進歩に伴い，1980年代以降，日常的に医療的ケアを要する子どもたちが教育を受けるようになりました。重度重複障害のある子どもたちの12年間の教育制度が保障されたのは，高等部訪問が完全実施された2000年です。

　このように，肢体不自由教育の歴史は，どんなに障害が重くても発達したい，という子どもたちの願いに応えてきた足跡そのものです。そこには，医療・保健・福祉等との密接な連携がありました。本書でも教育だけでなく，医療・保健・福祉等関係の内容を多く取り入れています。

　第1章「肢体不自由教育の概要」では，運動機能の発達と障害について概説し，肢体不自由がある人を理解する視点として，合理的配慮と基礎的環境整備，さらに肢体不自由がある人とかかわる際の留意点について解説しています。

　第2章から第4章では，肢体不自由児の重度化・重複化・多様化に対応できるよう，障害特性の理解，アセスメントと指導・支援方法で構成しています。第2章「生理・病理・心理」では，肢体不自由に関する医学的基礎知識として，運動機能の障害だけでなく，付随する多様な障害について概説しています。心理学的基礎知識では，初めに定型発達について説明し，次いで肢体不自由児の発達について説明することで，肢体不自由児への理解を深められるようにしています。第3章「肢体不自由児の教育課程・指導法」では，「準ずる教育課程」だけでなく，重複障害に対応する教育課程として，「知的代替の教育課程」「自立活動を主とする教育課程」とその指導法について，実践と関連づけて理解できるようにしています。第4章「肢体不自由児者の生涯発達支援」では，就学前から卒業後の生活を見通して，発達支援，社会生活支援，家族・家庭支援について概説しています。

　ここ数年，各地で重度障害のある人の生涯学習の取り組みが報告されるようになってきています。日常的に医療を必要とする者も含めて，肢体不自由児者の生涯発達支援を視野に入れつつ，学齢期の教育を考えていくことが求められています。本書が，肢体不自由のある子どもたちの理解を深め，子どもたちの願いを叶える教育を目ざすきっかけになることを願っています。

2021年3月

編著者　樫木暢子
　　　　笠井新一郎
　　　　花井丈夫

目 次

第3章　肢体不自由児の教育課程・指導法

第4章 肢体不自由児者の生涯発達支援

第1章

肢体不自由教育の概要

運動機能と障害

1　運動機能とは

　人間は，**中枢神経系**の成熟につれて発達する新しい機能を絶えず試み，反復し，工夫して新しい能力を獲得していく。乳児は生得的に能動的な行動能力を有し，外界への探索的行動と知覚フィードバックによって，身体（内界）と外界との関係性を学び，それと同時に，身体の**表象**，外界の表象を獲得して，予測的な行動を身につけていく。乳幼児期の運動や行動の発達も同様の経緯をたどる。

　子どもの発達を考えると，まず動いて，触ったり，見たりという，感覚・知覚・認知の基本的過程が重要である。そのうえで，運動機能の発達には乳児特有の旺盛な活動性・好奇心・探索心が必要であり，さらに視覚・聴覚その他の感覚や認知機能・知的機能が，**運動中枢**の成熟と並行して進行していくことが前提となる。この運動機能の発達は階段状であり，発達の節目（発達の壁）を通過しなければならない。この発達の節目は運動発達段階（運動発達評価の尺度）とも呼ばれる。

中枢神経系
神経細胞が集まって大きなまとまりになっている神経組織で，脳と脊髄をさす。

表象
頭の中でイメージを浮かべて考えること。

運動中枢
骨格筋に随意運動の指示を出す中枢神経。哺乳類では大脳皮質（運動野・連合野）に分布する。

2　運動機能の発達の法則

　中枢神経系の成熟は脊髄から脳幹，大脳辺縁系（中脳），大脳へ，つまり，下位（低位）中枢から上位（高位）中枢へ進んでいく。

　乳幼児の運動機能の発達は，この中枢神経系の成熟に従って発達していく。運動機能の発達には法則性（方向，順序，経過など）が認められる。その法則性としては，①頭部から尾部へ，②近位（中枢）から遠位（末梢）へ，③全身性から局所性へ，④屈曲から伸展へ（筋緊張の変化）が考えられる（表1-1）。

表 1-1　運動機能の発達の法則性

①頭部から尾部へ	脊柱の支持・安定性は頭部から胸腰椎，骨盤帯へと下方に向かって進む。例えば，首のすわりから始まり徐々に座位，這う，立位ができるようになる
②近位（中枢）から　遠位（末梢）へ	身体の中心部から周辺部に向かって進む。例えば，肩甲帯から肘が，そして手が使用できるようになる
③全身性から局所性へ	集団運動から個別運動に進む。例えば，手全体でのつかみから指先でのつまみができるようになる
④屈曲から伸展へ　（筋緊張の変化）	新生児期の屈曲姿勢からいくつかの過程を経て伸展姿勢へ進む。その経過は各期に区分できる 第1屈曲期（0〜6週）：体幹と四肢は半屈曲位 第1伸展期（7〜4か月）：体幹上部・四肢の伸展 第2屈曲期（4〜8か月）：体幹の安定，手の使用 第2伸展期（8〜12か月）：起立・立位

表 1-2　微細運動発達の一般的原則

①近位（中枢）から　遠位（末梢）へ	粗大運動と同様に身体の中心部から周辺部に進む。体幹，上肢の発達に伴い手の複雑で多様な動作が可能になる
②尺側（小指側）から　橈側（母指側）へ	把握動作などの手の発達は小指側から発達し，母指側へと進む
③未分化な動きから　分化された動きへ	上肢の全体的な把握から上肢から分離された手の把握へと発達する

　さらに，運動機能の発達はその機能面から粗大運動と微細運動に分類することができる。粗大運動とは，首のすわり，寝返り，座位，ハイハイ，立位，歩行などの全身動作をいう。微細運動とは，手指によるつまみ，つまみから描画に至るまでの細かな動作で，目と手の協応動作を意味する。粗大運動の発達を基盤として起こる微細運動は，一般的に，①近位（中枢）から遠位（末梢）へ，②尺側（小指側）から橈側（母指側）へ，③未分化な動きから分化された動きへなどの発達の原則がある（表1-2）。微細運動が行えるようになるには，これらの原則にそって，上肢や手指の運動発達，目と手の協応の発達などが必要になる。健常児の場合は，粗大運動および微細運動ともに，おおむね6歳で完成するといわれている。

3　肢体不自由（運動機能の障害）

（1）肢体不自由とは

　日本では，一般に，運動機能の障害を「肢体不自由」という。身体障害者福祉法の中でも，運動機能の障害については「肢体不自由」（上肢・下肢・体幹・脳原性）という用語が使われている。

　肢体不自由は上肢（手と腕）や下肢（足と脚），体幹（胴体）の機能に永続的な障害が認められ，運動・動作や姿勢保持に不自由がある状態である。障害状

況としては，先天的，あるいは病気や事故などで，上肢や下肢の一部分が欠損したり，奇形や変形が起きたりした状態，身体の一部分が動かせない状態，体幹支持が困難で寝たきりの状態など，多岐にわたる。

(2) 肢体不自由を主訴とする障害

肢体不自由は主に脳原性によるものと，身体の一部分の欠損や変形によるものに分けられる。例えば，身体は脳や脊髄などの中枢神経系が発する信号によって動いている。感覚器官が外部の刺激を受け取り中枢神経系に信号を送ると，それを処理した中枢神経系は，必要な動きを起こすように末梢神経系を通じて身体各部の筋肉に指示を送る。この信号の動きの過程が正常に働かないと肢体不自由となる。表1-3に肢体不自由を主訴とする障害を示した。

① **第1群** 脳の損傷に起因する肢体不自由で，脳性まひ，脳炎後遺症，頭部外傷などが属する。脳の損傷の部位や範囲，発症の時期などによって多少異なるが，全身性の肢体不自由であることが多い。また脳性まひは，まひのタイプや運動パターンの違いによって指導・支援方法が異なる。肢体不自由に加え，てんかんや呼吸障害，嚥下障害，知的障害などを併発することもある。

② **第2群** 脊髄や末梢神経の損傷などに起因する肢体不自由である。二分脊椎や分娩まひなどがこの群に属する。神経の損傷の程度と範囲によって随意運動のコントロールの程度は異なってくるが，通常，肢体不自由の部位が局所的であることが多く，姿勢コントロールの力は保たれていることが多い。

③ **第3群** 骨や筋肉レベルに起因する肢体不自由であり，筋ジストロフィー，神経・筋疾患，骨系統の疾患などがこれにあたる。障害が固定的か，進行性かなど，様相が異なる場合が多く，状態に応じた指導・支援を要する。

(3) 子どもの肢体不自由の特徴

子どもの肢体不自由の原因は多様である。大脳，小脳，脊髄，末梢神経，神経筋接合部，骨格筋，骨・関節の形成異常など，さまざまな原因に基づく損傷

表1-3 肢体不自由を主訴とする障害

第1群	脳の損傷に起因する障害
	・脳性まひ　・中枢神経系感染症に伴う後遺症　・頭部外傷 ・脳血管障害　・てんかん　・その他
第2群	脊髄・末梢神経の損傷に起因する障害
	・二分脊椎　・脊髄性筋委縮症　・分娩まひ ・末梢神経まひ　・その他
第3群	筋肉・骨レベルの疾患に起因する障害
	・筋ジストロフィー　・神経・筋疾患　・骨系統の疾患 ・奇形　・切断　・その他

による。1960 年代の日本においては，ポリオ（急性灰白髄炎），結核性骨関節病変，先天性股関節脱臼の後遺症の占める割合が高かった。しかし，予防の普及，早期発見システムや治療の進歩により，ポリオ，結核性骨関節病変は激減し，先天性股関節脱臼については，小児期に障害を呈する例はきわめてまれとなった。この結果，肢体不自由としては，相対的に脊髄や脳などの中枢神経系に原因を有する運動障害の占める比率が増加した。その他の原因疾患としては，各種筋ジストロフィー症，骨形成不全症をはじめとする先天性骨系統疾患，先天性多発性関節拘縮症などがあげられる。さらに，近年，メチシリン耐性黄色ブドウ球菌（methicillin-resistant *Staphylococcus aureus*：MRSA）などによる新生児期骨髄炎の後遺症としての骨関節発育障害がみられる。また，交通事故などによる頭部外傷，脊髄損傷の後遺症は依然として後を絶たず，外傷としては，虐待による脳損傷の後遺症も目だつようになってきた。

　小児期における肢体不自由の特徴は，障害の程度が変化しやすいという点にある。もともと子どもの有する潜在能力とともに，代償機能の獲得能力や環境への適応能力に富むこと，さらには体型が小さく，身体各部に加わる負荷が少ないこともあり，特に幼児期には運動能力の向上が得られることが多い。その一方で，思春期に至り身体の急速な発育を生じると，変形の進行による姿勢や肢位の不良化の増強，体重の増加などによる運動機能の低下を招くことも少なくない。前者の場合は，どのように促進させるか，後者の場合は，いかに防止するかという点から，肢体不自由においてはほかの障害に比して，小児期（特に乳幼児期）の療育は重要である。

演習課題

1. 肢体不自由を主訴とする障害の 3 群に示されている疾患の概要を調べてみよう。
2. 子どもの肢体不自由の特徴をまとめてみよう。

参考文献

・笠井新一郎編著：改訂 言語聴覚療法シリーズ 12　言語発達障害Ⅲ，建帛社，2019.
・川間健之介・西川公司：改訂版 肢体不自由児の教育，放送大学教育振興会，2014.

❷　肢体不自由のある人を理解する視点

1　障害の概念

　世界保健機関（WHO）は 2001 年 5 月に「国際生活機能分類（International Classification of Functioning, Disability and Health：ICF）」を公表した。ICF では障害を「生活機能」における「活動制限」と「参加制約」という視点でとらえ，さらに「環境因子」と「個人因子」により変化・変動するものであるとしている。つまり，健康状態や個人因子に配慮しながら，環境調整を行うことで，障害の状態にある「生活機能」は変化するのであり，障害は個人に対して固定的なものではないという考え方である（図1-1）。

　例えば，肢体不自由がある場合，移動や手の動作などの活動制限があり，そのために就労などの参加制約が生じるが，車椅子や支援機器などがあることで活動制限の状態が変化し，参加制約が生じなくなる。このように障害は固定的

世界保健機関
国連システムの中にあり，「すべての人々が可能な最高の健康水準に到達すること」を目的として設立された専門機関である。

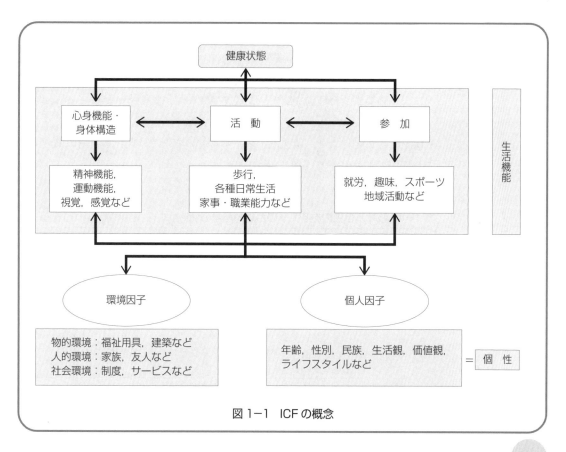

図 1-1　ICF の概念

なものではなく，環境因子により変化する。個人因子の年齢に着目すると，幼少時は家庭で過ごすが，学齢期には通学する，卒業後は就労するなど，ライフステージに応じて参加の範囲や形態は変化する。こうした変化に応じて環境因子の調整を行うことで，社会においてその人らしい人生を送ることにつながるのである。

2　肢体不自由のある人への合理的配慮と基礎的環境整備

　2014 年に障害者の権利に関する条約（障害者権利条約）が日本で批准され，第 24 条には「障害者が，他の者との平等を基礎として，自己の生活する地域社会において，障害者を包容し，質が高く，かつ，無償の初等教育（中略）及び中等教育を享受することができること」を確保することが示された。批准に向けて，2013 年には「障害を理由とする差別の解消を推進し，もって全ての国民が，障害の有無によって分け隔てられることなく，相互に人格と個性を尊重し合いながら共生する社会の実現に資すること」（第 1 条）を目的として，「障害を理由とする差別の解消の推進に関する法律」（以下，差別解消法）が制定された。差別解消法では国および地方公共団体に障害を理由とする差別の解消の推進，また行政機関など，事業所に対する障害を理由とする差別の禁止が規定された。さらに，社会的障壁の除去に向け，必要かつ合理的な配慮を的確に行う環境整備も規定された。この環境整備は「基礎的環境整備」といわれ，障害のある人全般に対する整備であるのに対し，「合理的配慮」は個々の障害の状況による必要かつ合理的な配慮・支援をさす。

　前項で触れたように，ICF では障害は「克服する」ものではなく，こうした配慮をすることにより，状態像が変化するものである。肢体不自由のある人への合理的配慮の例を表1－4に示す。

表1－4　肢体不自由のある人への合理的配慮の例

施　設	車椅子で移動できるスペースの確保，スロープや手すりの設置，廊下に物を置かない 使用しやすい場所にロッカー，靴箱などを配置
通学・通勤	ラッシュ時を避ける時差通学・通勤 通院・体調への配慮，休暇や休憩の柔軟な設定 駐車場の確保，駐車場からの経路
学習，作業	使いやすい筆記具・文具，書見台 筆談ボードやコミュニケーションカードの活用 タブレット端末の使用，PC 入力の工夫
障害理解	プライバシーに配慮した説明（相手，内容，方法など）
服　装	動きやすく，体温調整しやすい服装の着用
その他	食事（内容，食具，時間など），トイレ，非常時の避難誘導

3　肢体不自由のある人とかかわるときに留意する点

　肢体不自由のある人はできること，できないことがその人によって異なる。自立している運動・動作への支援は不要であるにもかかわらず，そのことができないと思われたり，支援が必要な弱者と思われたりすることがある。見た目で判断することは避けなければならない。

　以下は，肢体不自由のある人にかかわるときの留意点である。

（1）実態把握

　まずは定型発達を基に，その人の運動発達，認知発達，社会性の発達などがどのような段階にあるかを知ることが必要である。実態把握には直接かかわることや観察することに加え，乳幼児期や学齢期には発達検査や知能検査，運動機能検査などを用いることができる。コミュニケーションや社会性の発達については，家庭環境や入院歴，罹患歴などが影響することがあるため，これらの成育歴を知ることも実態把握に有効である。

（2）運動機能障害に起因する合併症，二次障害などへの対応

　肢体不自由のある人は重複障害や合併症があることも多く，医療的ケアなども含めてさまざまな配慮が必要である。重複する障害は，構音障害，視覚障害，聴覚障害，知的障害，発達障害，摂食障害，呼吸障害など，多種多様である。現象としてのこうした障害のみに焦点をあてるのではなく，運動機能障害との関連からどのような指導・支援を行うかを考えていくことが求められる。

（3）介助，代弁

　肢体不自由があると，介助や代弁が必要になることがある。合理的配慮としての支援は必要であり，適切に提供されるべきである。一方で，合理的配慮や支援方法を誤るとその人の主体性や自主性を損なうことになる。

　例えば，脳性まひで構音障害があると発声，発語に時間がかかったり，発音が不明瞭で聞き取りにくいことがある。時には代弁や意図を汲み取り第三者に伝えることも必要だが，つねに代弁者がいたり，自分の意図と異なることが伝わることが続くと自発的コミュニケーションが阻害される。また介助者との共依存関係から心的親離れ・子離れができなくなることもある。本人が望む「自立」に向け，介助，代弁の仕方や頻度，程度を見きわめていく必要がある。

（4）生活年齢に配慮する

　肢体不自由のある人とあまりかかわったことがないと，介助が必要な状態や身体の小ささに目がいき，生活年齢（実際の年齢）より小さい子どもに話すよ

うな話し方になったり，知的障害との重複障害の場合，理解しやすいだろうと判断し，幼児に接するようなかかわり方になることも起こりうる。また，介助者がいると本人ではなく介助者に話しかけがちである。行為の主体者，選択の主体者がだれであるかを考え，生活年齢に応じた話題や，話しかけることば遣い，呼び方など，年齢にふさわしい対応をすることが求められている。

4　学校教育における肢体不自由と自立活動

　特別支援学校で教育を受ける障害者については学校教育法施行令第22条の3に障害の程度が規定されている。また，特別支援学級および通級による指導における障害の程度は2013年4月の文部科学省通知により規定されている。表1−5に肢体不自由に関する記述を抜粋した。

　肢体不自由児者は障害の程度などにより，通常の学級，特別支援学級，特別支援学校で学んでいる。知的障害を伴う場合は特別支援学級もしくは特別支援学校を選択することが多い。

　特別支援教育において重要な領域として自立活動がある。2011年6月の特別支援学校小学部・中学部学習指導要領（以下，特支小中学習指導要領）改訂以降，自立活動の領域においてICFの概念を用いるようになった。自立活動は障害による学習上または生活上の困難の改善・克服に関する領域で，自立し社会参加する資質を養うことを目的としている。自立活動は学校の教育活動全体を通じて行うこととされているが，2017年4月告示の特支小中学習指導要領では「自立活動の時間はもとより，学校の教育活動全体を通じて適切に行う」ことが強調されている（表1−6）。自立活動は個々の障害や認知の状態に合わせて指導されるものであることから，個々の実態を把握し，長期的・短期的目標を設定し，段階的に指導することが求められる。特に肢体不自由児者の教育においては，障害の多様性・重度化により，教育の場や教育課程によらず，自立活動の6項目すべてを念頭に置いて指導する必要がある。

表1−5　学校教育における肢体不自由児者の障害の程度

特別支援学校	特別支援学級	通級による指導
学校教育法施行令 第22条の3による	障害のある児童生徒等に対する早期からの 一貫した支援について（通知）による	
1　肢体不自由の状態が補装具の使用によっても歩行，筆記等日常生活における基本的な動作が不可能又は困難な程度のもの 2　肢体不自由の状態が前号に掲げる程度に達しないもののうち，常時の医学的観察指導を必要とする程度のもの	補装具によっても歩行や筆記等日常生活における基本的な動作に軽度の困難がある程度のもの	肢体不自由の程度が，通常の学級での学習におおむね参加でき，一部特別な指導を必要とする程度のもの

表1-6　自立活動の6区分

(1) 健康の保持	（1）生活のリズムや生活習慣の形成に関すること （2）病気の状態の理解と生活管理に関すること （3）身体各部の状態の理解と養護に関すること （4）障害の特性の理解と生活環境の調整に関すること （5）健康状態の維持・改善に関すること
(2) 心理的な安定	（1）情緒の安定に関すること （2）状況の理解と変化への対応に関すること （3）障害による学習上又は生活上の困難を改善・克服する意欲に関すること
(3) 人間関係の形成	（1）他者とのかかわりの基礎に関すること （2）他者の意図や感情の理解に関すること （3）自己の理解と行動の調整に関すること （4）集団への参加の基礎に関すること
(4) 環境の把握	（1）保有する感覚の活用に関すること （2）感覚や認知の特性についての理解と対応に関すること （3）感覚の補助及び代行手段の活用に関すること （4）感覚を総合的に活用した周囲の状況についての把握と状況に応じた行動に関すること （5）認知や行動の手掛かりとなる概念の形成に関すること
(5) 身体の動き	（1）姿勢と運動・動作の基本的技能に関すること （2）姿勢保持と運動・動作の補助的手段の活用に関すること （3）日常生活に必要な基本動作に関すること （4）身体の移動能力に関すること （5）作業に必要な動作と円滑な遂行に関すること
(6) コミュニケーション	（1）コミュニケーションの基礎的能力に関すること （2）言語の受容と表出に関すること （3）言語の形成と活用に関すること （4）コミュニケーション手段の選択と活用に関すること （5）状況に応じたコミュニケーションに関すること

出典）特別支援学校小学部・中学部学習指導要領，2017.

[演習]課題
1. 肢体不自由児者に対する合理的配慮と基礎的環境整備を調べてみよう。
2. 肢体不自由児者の指導・支援を行うときの具体的な留意点について調べてみよう。

参考文献
・厚生労働省大臣官房統計情報部編：生活機能分類の活用に向けて，2007.
・小林徹・栗山宣夫編：ライフステージを見通した障害児保育と特別支援教育，みらい，2020.
・上田征三・高橋実・今中博章編著：基礎から学ぶ特別支援教育の授業づくりと生活の指導，ミネルヴァ書房，pp.88-95，2017.

❸　特別支援教育・インクルーシブ教育の推進

1　サラマンカ宣言と特別支援教育

　　1994 年にユネスコは「特別なニーズ教育に関する世界会議」を開催し，さまざまな理由で学校教育に参加することから排除されている子どもたちを「特別な教育的ニーズを有する子ども」であると定義し，インクルージョン教育に向けた教育改革の必要性を提起した。これがサラマンカ宣言である。

　　サラマンカ宣言を受けて，日本では 2001 年に「21 世紀の特殊教育の在り方について（最終報告）」で，盲・聾・養護学校の就学対象の障害程度に関する基準や就学基準の見直しが提起され，小中学校の通常学級に在籍する学習障害（learning disability：LD），**注意欠如・多動症**（attention deficit hyperactivity disorder：ADHD），高機能自閉症などの児童生徒への対応を検討することとなった。2003 年「今後の特別支援教育の在り方について（最終報告）」を受けて，中央教育審議会は 2005 年 12 月に「特別支援教育を推進するための制度の在り方について（答申）」を発表した。主な内容は以下のとおりである。

注意欠如・多動症
2 か所以上の生活の場所で年齢不相応の多動性，衝動性，不注意を認めることで社会生活に支障をきたしている状態をいう。

①特別な場で行う「特殊教育」から，個々の教育的ニーズに応じ必要な支援を行う「特別支援教育」へ発展的に転換する
②障害の重度化，重複化に対応するため，盲・聾・養護学校を，障害種別を超えた「特別支援学校」に転換する
③通級による指導の指導時間数及び対象となる障害種を弾力化し，LD・ADHD・高機能自閉症等を新たな対象とする
④特殊学級と通常の学級における交流及び共同学習を促進するとともに，特殊学級担当教員の活用により LD・ADHD・高機能自閉症等の児童生徒への支援を行うなど，特殊学級の弾力的な運用を進める
⑤小・中学校等に対する支援を行う地域の特別支援教育のセンターとしての機能を特別支援学校に位置づける
　中央教育審議会（2005）「特別支援教育を推進するための制度の在り方について（答申）」

　　2006 年には学校教育法の一部が改正され，2007 年度から特別支援教育が開始された。

（1）特別支援学校のセンター的機能

　特別支援学校は地域の小・中学校などを含む関係機関や保護者に対し，障害のある児童生徒などの教育についての助言または援助を行う。

（2）個別の教育支援計画，個別の指導計画

　個別の教育支援計画は障害のある子ども一人ひとりの教育的ニーズを把握し，関係者・機関の連携による支援を効果的に実施するため，在籍校が作成する。作成された個別の教育支援計画は連携ツールとして，福祉・医療・労働など関係機関，学校，保護者がその子の支援について共通理解を得るために使用される。

　個別の指導計画は校内での学習指導・生活指導・進路指導などに関する計画であり，的確な支援を行うため，また校内での共通理解のために使用される。

　なお，2017年の特支小中学習指導要領の改訂に伴い，小学校および中学校の特別支援学級および通級による指導を受ける児童生徒については，個別の教育支援計画ならびに個別の指導計画を作成すること，通常の学級に在籍する児童生徒のうち特に必要と認める場合は，個別の教育支援計画ならびに個別の指導計画を作成することが望ましいとされた。

（3）特別支援教育コーディネーター

　各校に1人程度配置することとされており，校内での支援体制構築，研修企画，校外の関係機関等との連携，また特別支援学校との連携などの窓口となる（図1-2）。

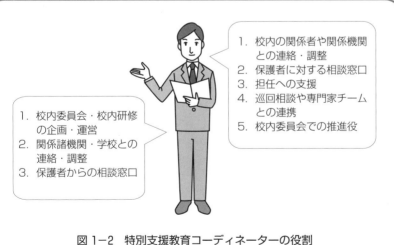

1. 校内の関係者や関係機関との連絡・調整
2. 保護者に対する相談窓口
3. 担任への支援
4. 巡回相談や専門家チームとの連携
5. 校内委員会での推進役

1. 校内委員会・校内研修の企画・運営
2. 関係諸機関・学校との連絡・調整
3. 保護者からの相談窓口

図1-2　特別支援教育コーディネーターの役割

出典）文部科学省：特別支援教育の推進について（通知），2007.
　　　文部科学省：小・中学校におけるLD，ADHD，高機能自閉症の児童生徒への教育支援体制の整備のためのガイドライン（試案），2004.

（4）交流及び共同学習

　特別支援学校と幼稚園，小・中・高等学校などとの間，特別支援学級と通常の学級との間で行われる。障害のある子どもにとっては地域の子どもたちと接する機会であり，地域の子どもたちにとっては障害理解の機会となる。共生社会の形成に向けて経験を広め，社会性を養い，豊かな人間性を育てるうえで，大きな意義があるとされている。

2　特別支援教育からインクルーシブ教育へ

　「インクルーシブ教育システム」とは，障害のある者と障害のない者がともに学ぶ仕組みであり，障害のある者が教育制度一般から排除されないこと，自己の生活する地域において初等中等教育の機会が与えられること，個人に必要な「合理的配慮」が提供されることなどが必要とされている（障害者の権利に関する条約第 24 条）。

　これを受けて，文部科学省は 2012 年に短期目標として，①就学相談・就学先決定のあり方に係る制度改革の実施，②教職員の研修などの充実，③当面必要な環境整備の実施，④「合理的配慮」の充実のための取り組み，をあげている。また，中長期的には，短期の施策の進捗状況を踏まえ，追加的な環境整備や教職員の専門性向上のための方策を検討し，最終的には，「条約の理念が目指す共生社会の形成に向けてインクルーシブ教育システムを構築していくことを目指す」としている。

3　インクルーシブ教育システム構築のための特別支援教育の見直し

（1）就学基準と認定就学

　インクルーシブ教育システム構築に向け，大きく変化したのは就学基準である。学校教育法施行令の一部改正が行われ，2013 年 9 月に施行された。改正前は特別支援学校の就学基準に該当する者は原則特別支援学校に入学するとされており，特別な配慮により小学校に就学する者が認定就学者とされていた（図1-3）。改正後は総合的な判断を踏まえて，本人・保護者との合意形成の下，市町村教育委員会が特別支援学校に入学すると決定した者を認定就学者とすることとなった（図1-4）。

　なお，2006 年に改正された学校教育法施行令第 22 条の 3 では，特別支援教育の障害の程度を表1-7のように規定している。

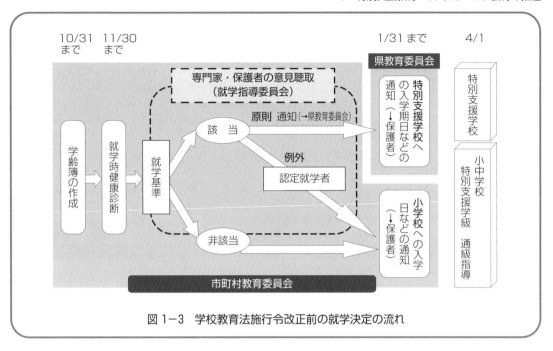

図1-3　学校教育法施行令改正前の就学決定の流れ

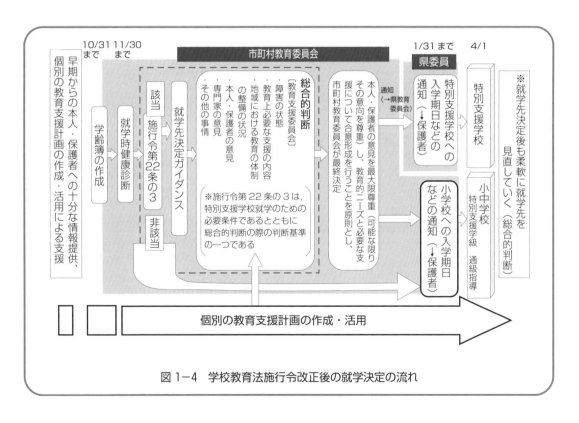

図1-4　学校教育法施行令改正後の就学決定の流れ

表 1−7　学校教育法施行令における特別支援学校の障害の程度

区　分	障害の程度
視覚障害者	両眼の視力がおおむね 0.3 未満のもの又は視力以外の視機能障害が高度のもののうち，拡大鏡等の使用によつても通常の文字，図形等の視覚による認識が不可能又は著しく困難な程度のもの
聴覚障害者	両耳の聴力レベルがおおむね 60 デシベル以上のもののうち，補聴器等の使用によつても通常の話声を解することが不可能又は著しく困難な程度のもの
知的障害者	1.　知的発達の遅滞があり，他人との意思疎通が困難で日常生活を営むのに頻繁に援助を必要とする程度のもの 2.　知的発達の遅滞の程度が前号に掲げる程度に達しないもののうち，社会生活への適応が著しく困難なもの
肢体不自由者	1.　肢体不自由の状態が補装具の使用によつても歩行，筆記等日常生活における基本的な動作が不可能又は困難な程度のもの 2.　肢体不自由の状態が前号に掲げる程度に達しないもののうち，常時の医学的観察指導を必要とする程度のもの
病弱者	1.　慢性の呼吸器疾患，腎臓疾患及び神経疾患，悪性新生物その他の疾患の状態が継続して医療又は生活規制を必要とする程度のもの 2.　身体虚弱の状態が継続して生活規制を必要とする程度のもの

（2）合理的配慮と基礎的環境整備

　　文部科学省（2012）は，合理的配慮とは「障害のある子どもが，他の子どもと平等に『教育を受ける権利』を享有・行使することを確保するために，学校の設置者及び学校が必要かつ適当な変更・調整を行うことであり，障害のある子どもに対し，その状況に応じて，学校教育を受ける場合に個別に必要とされるもの」と定義している。また，合理的配慮の充実を図るうえで，「基礎的環境整備」の充実が欠かせないとしている。

（3）交流及び共同学習

　　交流及び共同学習について，表1−8に示す。

表 1−8　交流及び共同学習

交流の種類	対　象	形　態	交流および例
学校間交流	小・中・高等学校など	直接的な交流	・学校行事に相互に参加する ・総合的な学習の時間に参加する ・一部の教科などでいっしょに活動する
		間接的な交流	・作品を交換する ・インターネットによるやり取りなどを行う
居住地校交流（個　別）	自分が住んでいる地域の小・中学校など	直接的な交流	・小・中学校などの遠足などの学校行事に参加する ・一部の教科などの学習をいっしょに受ける
		間接的な交流	・作品を交換する ・インターネットによるやり取りなどを行う
地域社会との交流	地域社会の人たち	直接的な交流	・文化祭などの学校行事に地域の人たちを招き，学習の様子を紹介する ・交歓する活動を行う ・地域での行事やボランティア活動に子どもたちが参加する

演習課題

1. 就学先について，特別支援学校の就学が望ましいと思われる子どもの保護者が地域の学校を希望しているとき，当該の小学校ではどのように就学相談を進めていったらよいか，考えてみよう。
2. 特別支援学校の生徒が，地元の中学校での交流及び共同学習を希望している。当該中学校の特別支援教育コーディネーターは，学校間の連絡・調整，校内での調整として，どのようなことをしたらよいか，考えてみよう。

参考文献

・文部科学省：21 世紀の特殊教育の在り方について（最終報告），2001.
・文部科学省：今後の特別支援教育の在り方について（最終報告），2003.
・文部科学省：特別支援教育を推進するための制度の在り方について（答申），2005.
・文部科学省：共生社会の形成に向けたインクルーシブ教育システム構築のための特別支援教育の推進（報告）概要，2012.
・UNESCO：サラマンカ宣言，1994.

第2章

生理・病理・心理

① 医学的基礎知識（生理・病理）

1 疫学・成因

日常生活動作
activities of daily
living：ADL
日常生活活動ともいわれ，あそびを含んだ生活の中で獲得され，歩行や移動，食事，入浴，排泄，整容など，生活の基本的な動作のことをいう。

　肢体不自由児とは，何らかの原因により運動機能の困難さを抱え，上下肢や手足の動き，また体幹の動きなどに影響し，その結果，**日常生活動作**に不自由がある子どもたちのことである。運動機能の困難さをきたす代表的な疾患群を第1章の表1-3に示している。このように，運動機能の困難さを生じる疾患は多彩であるため，肢体不自由児がどの程度の頻度で生じるのか，正確な数字を求めることは不可能である。しかし，肢体不自由児とかかわるあらゆる専門職が運動機能の困難さの疫学を考える際の重要な視点は，すべての子どもたちに障害を生じる可能性があるということである。

　医療を必要とする肢体不自由児に教育を提供する際に必要なことは，なぜ子どもたちは運動機能に困難さがあるのだろうかと疑問に思うことであり，次にどのような症状で困っているのだろうかと考えることである。このような目の前の子どもたちを理解していく姿勢の積み重ねが，結果として肢体不自由児の理解に真に必要な医療の知識の習得につながる。

　次に第1章の表1-3にあげた代表的な疾患群について簡潔に述べる。

（1）脳の損傷に起因する障害（第1群）

1）脳性まひ

　個別の疾患名というよりは，脳性まひの定義に該当する疾患の総称である。脳性まひは，非進行性の脳病変による運動機能障害で，治癒することはない状態を意味している。脳性まひということばは世界中で使用されているが，世界で統一された定義は存在しない。日本では，1968年に厚生省脳性まひ研究班会議によって作成された「**受胎**から新生児期（生後4週以内）までに生じた脳

受　胎
妊娠の成立をいう。

の非進行性病変に基づく，永続的なしかし変化しうる運動および姿勢の異常である。その症状は満2歳までに発現する」という定義が用いられる。原因は，出生前，出生前後，出生後に大きく分類される。それぞれの主な原因を表2-1に示す。脳性まひの症状は脳の障害が生じる運

表2-1　脳性まひの主な原因

出生前	遺伝子異常，染色体異常，妊娠高血圧症候群，切迫流産，母体の感染，子宮内発育不全
出生前後	仮死分娩，低酸素性脳障害，低血糖，頭蓋内出血，低出生体重児
出生後	脳炎，脳症，頭部外傷，脳血管障害

動機能障害と姿勢の異常であるが，重症度によっては，てんかん，**知的障害**などさまざまな合併による重複障害を抱えるいわゆる**重症心身障害児**も存在する。予後は，運動機能障害の重症度と合併する障害によって左右される。

知的障害
知的能力の発達が全般的に遅れている状態のこと。

重症心身障害児
重度の肢体不自由と重度の知的障害を併せもつ障害のことをいう。

2）中枢神経系感染症に伴う後遺症

ウイルス感染や細菌感染に伴い生じる急性脳炎・脳症，細菌性髄膜炎などにより不可逆的な脳の障害を生じた状態である。後遺症としては，運動機能障害，知的障害，てんかん，呼吸障害，摂食嚥下障害などがあり，重症心身障害児と定義されることも少なくない。理解すべき点は，それぞれの合併症が単独で問題になるのでなく，相互に関与しながら症状を悪化させ，全身状態の重症度に影響を及ぼすことで，子どもたちの生命の予後を左右している。

（2）脊髄・末梢神経の損傷に起因する障害（第2群）

1）二分脊椎症

腰仙部脊髄関連の先天異常の総称であり，人体の発生段階における脊椎と脊髄の形成不全に伴って生じてくる疾患である。そのため形態と臨床経過にはさまざまなバリエーションがあり，代表的な疾患は，脊髄髄膜瘤，脊髄脂肪腫である。主な合併症には，水頭症，膀胱直腸障害，下肢運動感覚障害があり，おのおのの合併症に対する専門的な手術を必要とする場合がある。

2）脊髄性筋萎縮症

進行性に筋の萎縮を認めて筋力低下を示す疾患である。発症時期や運動機能の困難さの程度により3型に分類されるが，基本的に知能は正常である。

コラム　障害のある子どもと家族の関係性

運動機能の困難さのある子どもたちが健やかに成長発育していくには，家族との関係性が鍵になる。親が子どもの障害を受容しているのか，きょうだい児の思いや本人との関係についてはどうかなど，子どもたちを取り巻く家族との関係性を考えることは重要である。障害のある子どもの親やきょうだいはこうあるべきだと決めつけるのではなく，家族の多様な対応を認めていくことが大事であり，障害のある子どもを含め，家庭全体として，「選ばれた子，選ばれた親」と思える関係性の構築が必要であると考える。

（3）筋肉・骨レベルの疾患に起因する障害（第３群）

1）筋ジストロフィー

筋ジストロフィーにはいくつかの病型があり，その中で最も発生頻度が高い疾患がデュシェンヌ型筋ジストロフィーである。この疾患の臨床経過は，個人差はあるが，おおむね５歳ころが運動のピークであり，その後徐々に筋力低下の進行を認め，10歳ころには歩行不能となる。座位保持に関しては，15歳ころより徐々に困難になり，寝たきりの状態になる。また，10歳代後半で心肺機能の低下をきたし，夜間のみの人工呼吸器の使用が開始され，20歳代後半になると24時間の人工呼吸器の使用が必要となる。その他の筋ジストロフィーにおいても症状の進行の程度や重症度は異なるが，医療的な課題は同様である。

2）先天性ミオパチー

新生児期あるいは乳幼児期から運動発達の遅れ，筋力低下，筋緊張低下を認める疾患である。神経筋疾患に対する治療は，運動機能および呼吸機能に対するリハビリテーションが主体となる。

3）骨系統疾患

骨，軟骨形成の障害により，全身的な骨格の異常を呈する疾患の総称とされている[1]。染色体異常の疾患と同様に，どのような型の骨系統疾患であるのかによって対応が異なってくる。本疾患における根治治療は確立されておらず，低身長や側弯症，易骨折性など症状に対する治療を行うのが現状である。

（4）その他，上記への分類困難

多系統に障害が発現するために，先に述べた第１〜３群に分類が困難な運動障害の原因疾患が存在する。ここでは代表として**染色体**の異常を取り上げる。

1）染色体異常

数の異常や構造の異常を認めることを総称している。染色体異常の種類は，まれな異常から比較的多い型の異常まで無数にある。子どもたちがどのような型の異常を抱えているのかを知ることで，その子どもたちの運動面や認知面，今後の予測される課題について想定することができる場合がある。

染色体
人の身体と個性をつくるための設計図である遺伝子の担体のこと。

2　合併症

生活していくうえでの子どもたちの困難さは，どのような合併症を抱えているのかにより異なってくる。合併症を生じる機序は，運動機能の困難さの原因疾患により異なり，また，合併症は加齢により重症度などが変化する。

合併症の機序には，三つのパターンがある。まずは，二分脊椎のようにもともとの運動機能の困難さの疾患のために生じてくる合併症のパターンであ

る。次に，脳性まひのように脳障害の進行から生じるのではなく，主に加齢に伴う変化により生じる続発的な合併症のパターンである。最後に，筋ジストロフィーのような進行性の疾患において，病状の進行に伴い生じる合併症のパターンである。この3パターンを踏まえて考えると，合併する疾患は同じでも，運動機能の困難さを生じている原因疾患に応じて必要とする対処法は異なってくる。重要なことは，おのおのの合併症が独立して存在しているのではなく，関連し相互に影響を及ぼし合っているということである。図2−1に，脳性まひにおける合併症の相互関係について示す。このような関係性が運動機能の困難さを生じているそれぞれの疾患においてみられることを忘れず，合併症に対応する場合には，表面的にみられる症状のみにとらわれることなく，全身のさまざまな症状と密接に関係していると考え，対応すべきである。今回は主な合併症の基本的な考え方を簡潔に述べるが，さらに内容を理解する場合には，成書を参照していただきたい。

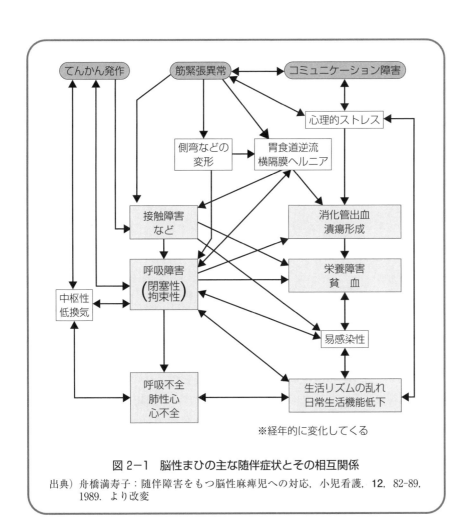

図2−1　脳性まひの主な随伴症状とその相互関係

出典）舟橋満寿子：随伴障害をもつ脳性麻痺児への対応，小児看護，**12**，82-89，1989．より改変

（1）てんかん

　WHOの定義によれば，てんかんは「種々の原因によってもたらされる慢性の脳疾患であって，**大脳ニューロン**の過剰な発射に由来する反復性の発作（てんかん発作）を主徴とし，それに変異に富んだ臨床ならびに検査所見の表出が伴う状態」とされる。ポイントは，① 慢性の脳疾患であること，② 発作の原因は大脳ニューロンの過剰な電気発射であること，③ 発作を繰り返すこと，である。

　てんかんにはさまざまなタイプがあり，発作の様子や経過により，どのようなタイプのてんかんなのかを判断し，そのタイプに応じた薬物治療などを検討していくことになる。

大脳ニューロン
脳に散在し，電気的に活動することで生命を左右する重要な役割を果たしている神経細胞をいう。

（2）呼吸障害

　私たちは，呼吸によって酸素（O_2）と二酸化炭素（CO_2）の両方を交換している。呼吸障害は，何らかの原因により体内へ酸素を取り込むことに困難がある，または，体内から二酸化炭素を排出することに困難がある状態である。当然，その両方に困難さを認める場合もあり，つまりは酸素と二酸化炭素の交換ができていない状態である。

　呼吸は，気道，肺実質・胸郭，ポンプ機能という三つの要素で構成されている。呼吸障害では，さまざまな原因がこの三つの要素に影響を及ぼすことによって，酸素と二酸化炭素の交換に障害をきたしている。本来の呼吸障害の考え方からは外れるが，脳には呼吸中枢と呼ばれる部分があり，この箇所が何らかの原因で機能障害を生じ，その結果として呼吸障害をきたすこともある。呼吸障害を生じる要因について表2-2に示す。運動機能の困難さを生じている疾患に応じて，呼吸障害の問題点や対処方法や治療の方向性は異なるが，重要なことは，呼吸障害は全身状態の維持から生活の質（quality of life：QOL）の向上まで，生活全般に影響を及ぼしている点である。

表2-2　呼吸障害をきたす要因

- 呼吸中枢障害（一次性，二次性）
- 気道狭窄（上気道狭窄，下気道狭窄）
- 肺の機能低下（無気肺，慢性的な誤嚥など）
- 胸郭の変形（側弯症など）
- 呼吸筋の障害（呼吸筋の筋力低下など）

（3）摂食嚥下障害

　摂食嚥下とは，いわゆる食物を食べることであり，人が食物を認知してから口の中に入れ，食物を嚥下しやすいように変化させる**咀嚼**を行い，その後，**嚥下反射**により食物を嚥下し，食物が食道を通過して，最終的に胃の中に入る一連の流れのことを総称して定義される。摂食嚥下障害とは，この一連の流れの中で，何らかの原因により食物を食べることに障害を生じている状態である。

　本来，摂食嚥下機能は，子どもたちたち自身が，みずからの発達の中で学んでいくものである。**定型発達児**といわれる子どもたちは，哺乳から始まり離乳

咀嚼
咀嚼筋，舌，頬，口唇などが協調して働き食物を嚥下しやすい形態にすること。

嚥下反射
食物が反射の誘発域に達すると自動的に起こる反射で，通常0.5秒以内で食物は咽頭を通過する。

定型発達児
大多数の人が「普通」とみなす発達的変化を示す子どもという意味で，健常児ともいう。

食を経過していく日常生活の中で，そのときの発達段階に応じて繰り返し食べることを経験することで，正常な摂食嚥下機能を獲得している。しかし，運動機能の困難さを生じている子どもたちの場合，摂食嚥下に関与する筋群の力が弱く，さらに摂食嚥下するときにみられる筋群の協調能に乏しいといわれている。また，知的障害を合併している場合にも摂食嚥下の発達の遅れにより咀嚼に問題を抱え，**誤嚥**を認める場合もある。これらの障害のある場合は，一般的に摂食嚥下機能は**加齢**とともに機能低下を認め，高校生になるころには誤嚥などが目だってくることがあり，注意が必要である。

（4）膀胱直腸障害

排便・排尿は，第2〜4仙髄の神経支配を受けている。したがって，膀胱直腸障害は，主に腰仙部脊髄関連の先天異常である二分脊椎の子どもたちに多くみられる合併症である。排尿の対処法は，導尿による排尿管理であり，排便の対処法は，薬物の内服，浣腸の使用，必要に応じた摘便などによる排便のコントロールである。排泄の障害はデリケートな問題であり，子どもたちがネガティブな感情をもたないように，本人および家族を交えて導入していく時期やコントロールの方法などを検討していく必要がある。

（5）水頭症

水頭症はひとつの疾患ではなく，さまざまな原因によって頭蓋内に髄液が過剰に貯留し，**脳室**やくも膜下腔が拡大した状態を示している。この状態を改善するために多くの場合，脳室腹腔シャント術が施行される。シャント術が施行されている子どもたちに，頭痛，嘔吐，その他ふだんと違う様子がみられる場合には，シャント機能に異常が生じている可能性があり，医療機関の早急な受診を検討する。

誤嚥
咽頭の通過において，通常では食物や唾液は食道に流れていくが，一部の食物や唾液が気道（声帯より下の気管）に入ってしまう状態。むせるタイプとむせないタイプがある。窒息や肺炎を起こすことがある。

加齢
生まれてから年齢を積み重ねることで起こる衰退の過程をいう。

脳室
脳の中にあり髄液が満たされている空間をいう。

コラム　医療的ケア児への支援

小児医療の進歩に伴い救命率が向上した一方で，医療に依存して生きていく子どもたちが増えている。このような現状の中で，2016年6月の児童福祉法の改正に伴い，医療的ケア児を「人工呼吸器を装着している障害児その他の日常生活を営むために医療を要する状態にある障害児」と定義した。地域で多職種からの支援が受けられるように自治体が整備するように努めなければならないとも明文化されており，今後，医療と教育の密接な連携が不可欠となってくる。

（6）側弯症

　脊柱が弯曲異常を呈する変形の状態であり，疾患によっては幼児期からみられる場合があるが，特に成長期に急激に悪化する。側弯症は，呼吸機能や摂食嚥下機能，腸内での食物の通過にも影響を及ぼし，側弯症の進行に伴い，症状が顕著になることがある。また，良い姿勢を保てないと褥瘡をつくる場合があり，注意を要する。

（7）易骨折性

　骨系統疾患で合併するが，それ以外の疾患でも立位などの抗重力姿勢をとることが困難で寝たきりの場合や，抗てんかん薬などの薬剤の長期内服の影響により骨の脆弱性を認める。易骨折性の可能性がある場合は，身体を他動的に動かすときには注意が必要である。

（8）発達障害

自閉スペクトラム症障害
社会的コミュニケーションおよび対人関係の困難さと行動面でのこだわりの強さなどにより社会生活に支障をきたしている状態をいう。

　最近，**自閉スペクトラム症障害**（autism spectrum disorder：ASD）やADHDの合併について報告されている。そのほかにも診断に至らなくても情緒面や行動に問題がある場合があり，特性に応じた対応が必要である。

3　医学的評価（運動）

　運動機能の評価の意義は，二つある。まずは，子どもたちの現状を知ることである。そのためには，どのようなまひがあり，現状の能力はどの程度あるいは段階なのか，客観的な視点で検討していく必要がある。もうひとつの意義は，将来の運動機能を見据えることである。将来の運動機能の状態を予測することで，現状でどのようなかかわりが必要なのかを理解することが可能となる。ここでは，脳性まひにおける評価方法を中心に述べ，最後に筋ジストロフィーにおける評価について述べる。

（1）現状の評価

定型発達
定型発達については，p.46以降を参照のこと。

　現状の評価で必要なことは，まずはどの部位に運動機能障害があるのかを知ることである。四肢なのか，あるいは下肢だけなのかなど，子どもたちの運動機能の困難さの箇所を判断する必要がある。運動まひの身体分布の分類について図2-2に示す。また，筋緊張の状態に応じて障害のパターンは表2-3のように分類される。筋緊張の評価のポイントは，①形態上の変化，②筋のかたさ，③伸展性，④被動性である。評価する場合，同年代の**定型発達**の子どもたちの筋緊張の程度あるいは自分自身の状態と比較すると，筋緊張の状態を理解しやすい。通常の状態より筋緊張が強ければ筋緊張亢進，弱ければ筋緊張低下

四肢まひ	両まひ	対まひ	片まひ	重複片まひ	三肢まひ	単まひ
両上肢＋＋ 両下肢＋＋	両上肢＋ 両下肢＋＋	両下肢＋ 上肢のまひは ない	半身のまひ 上肢まひが 強い	両上肢＋＋ 両下肢＋ （まれ）	上肢＋ 両下肢＋ （まれ）	四肢のうち 一つのみ （まれ）

図 2−2　まひの部位による分類

表 2−3　筋緊張のタイプによる分類

けい直型	筋緊張が高いために動作がぎこちない。筋肉のこわばり・かたさ（けい縮，固縮）がある。拘縮，変形，股関節脱臼になりやすい
アテトーゼ型	随意運動に伴い不随意運動がみられる。筋の緊張が安定しないために，姿勢が定まらない。左右対称の姿勢が取りにくい。心理的要因で筋緊張が高くなりやすい
強剛型	関節の動きがかたく，関節を他動運動のときに鉛管を曲げるような抵抗がある（固縮性まひ）。全身の緊張が高い
失調型	姿勢保持や動きのための筋活動の調整がうまくできない。バランスが悪い。手が揺れる（振戦）
低緊張型	全身の緊張が低くグニャグニャしている
混合型	各病型の典型的症状が混じっているもの。「アテトーゼ型＋けい直型」が多い

大島分類
1971 年に重症心身障害児施設である東京都立府中療育センターの入所基準として大島一良によって発表された分類表であり，縦軸に知能指数，横軸に運動機能とし障害程度を分類している。現在も広く利用されている。

拘　縮
関節を構成する筋肉や皮膚などの組織の伸縮性が失われることで，関節の動きが制限され悪くなった状態をいう。

と考えると大まかな判断が可能である。運動まひの身体の分布と筋緊張の状態を組み合わせることで，子どもたちの現状を評価することができ，そのタイプの特徴を理解したうえで子どもたちとかかわることが重要である。

　その他の子どもたちの全体像をとらえる分類として，**大島分類**（図2−3）が用いられる。大島分類１〜４の範囲に該当する場合，重度の運動機能障害と重度の知的障害を併せもつ状況であり，重症心身障害児と定義される。子どもたちの全体像の評価とは別におのおのの関節の状態を評価する方法として，関節可動域や関節の変形や**拘縮**の程度がある。おのおのの関節の状態を経時的に評価することで，運動機能の変化を早期に気づくことの手助けとなる。

					IQ
21	22	23	24	25	80 70
20	13	14	15	16	50
19	12	7	8	9	35
18	11	6	3	4	20
17	10	5	2	1	0
走れる	歩ける	歩行障害	座れる	寝たきり	

図 2−3　大島分類

（2）医学的な評価尺度

評価尺度を用いることで，客観的な視点で評価を行うことができ，さらに多職種の間での運動機能の課題の共有が可能となる。主な評価尺度として，**粗大運動能力分類システム**（gross motor function classification system：GMFCS），粗大運動能力尺度（gross motor function measure：GMFM），リハビリテーションのための子どもの能力低下評価法（pediatric evaluation of disability inventory：PEDI）がある。それぞれについて簡潔に述べる。

1）GMFCS

GMFCS は，主に移動と座位能力を基に脳性まひの重症度を評価するための判別的な尺度である。子どもたちの移動能力および座位能力を中心とした粗大運動能力を基にして，6 歳以降の年齢で最終的に到達するレベルを 5 段階に分け（表2-4），各レベルで最終的に到達する脳性まひ児がどのように発達するかを，それ以降の年齢ごとに想定して重症度を分類している。GMFCS を用いることで，運動障害の将来の状態をある程度予測をすることができ，子どもたちの将来を見据えたかかわりが可能となる。

表2-4　GMFCS

レベルⅠ	制限なしに歩く
レベルⅡ	歩行補助具なしに歩く
レベルⅢ	歩行補助具を使って歩く
レベルⅣ	自力移動が制限
レベルⅤ	電動車椅子や環境制御装置を使っても自力移動が非常に制限されている

粗大運動
全身の姿勢・運動のことであり，一般的な正常発達では，頸定→寝返り→座位→立位→歩行の順に獲得される。

2）GMFM

GMFM は，生活の基盤となるような粗大運動能力の経年的な変化をとらえるための評価尺度である。5 領域（臥位と寝返り，座位，四つ這いと膝立ち，立位，歩行・歩行とジャンプ），88 項目の運動課題を 4 段階のスケールを用いて評価する。項目を絞った GMFM-66 により，GMFCS の各レベルの機能的な到達レベル（階段を上る，10 歩歩行，座位保持，頸定）の予測が可能となる。

3）PEDI

PEDI は，6 か月〜7 歳半までの子どもたちを対象とした ADL における能力評価尺度である。包括的な子どもの機能評価法であり，機能障害と能力低下の両方を評価する。その評価内容は，子どもたちの日常生活における重要な活

コラム　「リハビリテーション」が意味すること

本来のリハビリテーションの意味するところは，再びできるようになることである。しかし，現在のリハビリテーションの方向性は，できないことをできるようにして社会参加を目ざすのではなく，できないことに対して環境調整（エレベーター利用など）を考え，発想を転換して活動のもつ冗長性（健常部位での代用や道具を用いるなど）を利用することで，障害が残存した状況でも活動を広げ，できること（参加できること）を増やすことを目ざしている。

動が多岐にわたり考慮されており，介助度も示すことができる。また，多職種間で子どもたちの状態を共通の認識で把握するのにも有効な評価法である。

（3）筋ジストロフィーにおける運動障害の評価

　筋ジストロフィーにはさまざまなタイプがあり，それぞれの疾患に応じて経過の違いはあるが，共通してみられるのは，進行性の筋力低下を認めることである。最先端の医療現場では遺伝子治療やiPS細胞の研究がなされており，有効な治療として一般診療の中で使用可能な薬剤が開発されるようになってはきたが，ごく限られた疾患のみであり，現状の医療では，筋力低下の進行自体を止めることは困難である。

　そのような中で，症状の進行を緩慢にしていくかかわりはとても重要であり，日々の適度な運動は筋力の現状保持や関節拘縮の防止につながる。その際，考慮すべきことは子どもたちに過剰な負担をかけないことである。少しでも歩いてほしいという思いは大事ではあるが，子どもたちの運動機能とかけ離れた目標を掲げ，それに向かって運動を促すことは逆効果であり，子どもたちの精神面にも影響を及ぼすことが考えられる。そのような状況に陥らないために，運動機能を総合的に評価し，現状に応じたかかわりを考慮すべきである。一般的な評価尺度として，下肢については厚生省機能障害度分類（表2-5），上肢については上肢運動機能障害度分類（表2-6）がある。このような評価尺度を用いて，子どもたちの運動機能に応じたかかわりをしていくことが必要である。

遺伝子治療
疾病の治療や予防を目的とした遺伝子を用いて行う治療のこと。

iPS細胞
induced pluripotent stem cell 人工多能性幹細胞のことを意味し，リプログラミング技術を用いて，分化した生体の細胞から人工的につくられた幹細胞（分化する前の細胞）のことである。

表2-5　厚生省機能障害度分類（1985）

ステージ		内　容
1		階段昇降可能
	1a	手の介助なし
	1b	手の膝押さえ
2		階段昇降可能
	2a	片手手すり
	2b	片手手すり＋手の膝押さえ
	2c	両手手すり
3		椅子からの起立可能
4		歩行可能
	4a	独歩で5m以上
	4b	1人で歩けないが，物につかまれば歩ける（5m以上）
5		四つ這い
6		ずり這い
7		座位保持可能
8		座位保持不可能

表2-6　上肢運動機能障害度分類

1	500g以上の重量を利き手に持って前方へ直上挙上する
2	500g以上の重量を利き手に持って前方90°まで挙上する
3	重量なしで利き手を前方へ直上挙上する
4	重量なしで利き手を前方90°まで挙上する
5	重量なしで利き手を肘関節90°以上屈曲する
6	机上で肘伸展による手の水平前方への移動
7	机上で体幹の反動を利用し肘伸展による手の水平前方への移動
8	机上で体幹の反動を利用し肘伸展を行ったのち，手の運動で水平前方への移動
9	机上で手の運動のみで水平前方への移動

出典）川井充：筋疾患の画像診断，臨床と病理，11，1311-1319，1993.

4　医学的評価（呼吸・摂食嚥下）

　呼吸機能と摂食嚥下機能は，人が生きていくうえで非常に重要であり，運動機能の困難さを生じている子どもたちにとっては，定型発達の子どもたちにはみられない特徴がある。また，呼吸機能と摂食嚥下機能は，別々の機能のようにとらえられやすいが，実は密接に関係している。一般的に呼吸における空気の流れは，鼻から喉を通り気管に入り，さらに気管支から肺に吸い込まれる。一方，食物や飲み物は，口から入り喉を通り，食道を通過して胃に届くという流れとなる。ここで注目すべき点は，呼吸機能と摂食嚥下機能では，喉が共通の通路になっていることである。喉の部分を医学的には咽頭と呼ぶが，この共通の通路を上手に利用しなければ，誤嚥を生じることになる。通常，呼吸機能と摂食嚥下機能は，誤嚥を起こさないようにするためにも互いに協調しながらコントロールされている。したがって，呼吸障害と摂食嚥下障害を分けて考えることはできず，それぞれの障害が互いに影響を及ぼしている。

　一般的に運動機能の困難さを生じている疾患において，呼吸障害，摂食嚥下障害はともに加齢とともに機能低下を認める。これは，急激な機能低下ではなく，疾患によっては年単位の時間経過で徐々に進行するという緩徐な経過を示す。このような症状の経過に対応するには，呼吸障害に対しては日々の健康状態を確認することが重要であり，摂食嚥下障害に対しては特に「頻回にむせの症状を認めていないか」「しっかりと咀嚼をできているか」「頻回に発熱を生じていないか」，などに留意すべきである。日々のかかわりの中で考慮すべき呼吸機能および摂食嚥下機能の評価を中心に，それぞれの機能評価について簡潔に述べる。

（1）呼吸機能の評価

　日常のかかわりの中での呼吸機能の評価をするうえでまずできることは，日々の観察である。苦しそうな呼吸ではないか，顔色や口唇の色は悪くないかなど，日々の調子の良いときの呼吸（いつもの呼吸）と比較して子どもたちの状態を評価していくことが大事である。ちょっとした気づきが子どもたちの健康状態の悪化を防ぐことになる。呼吸障害の観察のポイントを表2-7に示す。

表2-7　呼吸器障害の観察

呼吸の仕方	努力呼吸かどうか
回　数	多くないか，少なくないか
深　さ	浅くないか
リズム	規則的かどうか
随伴症状	嘔吐，発熱，口唇色，顔色の異常，興奮，不随意運動，眠気

　生理的な経過としては，正常の呼吸回数は年齢とともに減少していく。例えば，小学校高学年の正常呼吸回数は1分あたり20回前後で，高校生になると1分あたり15回前後となる。安定した呼吸回数は個人差があるが，1分あたり60回以上は異常であり，何らかの問題があると判断しなければならない。

　その他，呼吸に伴って生じる音の変化にも注意することが重要である。ふだんから聴診器を用いて肺の音を聴取していると，状態が悪化したときの違いに気づくことが可能であるが，聴診器を使用できない場合でも音の変化をとらえることは可能であり，胸に手をあてるという手段によりゴロゴロとした感覚を手のひらを通じて感じるなどは有用な方法である。例えば，気管支が狭窄すると「ヒューヒュー」，気管支や肺胞内に分泌物が貯留すると「ゼロゼロ」「ブツブツ」「ゴロゴロ」という音が聴取される。これらの音は聴診器を用いたほうが聴取しやすいが，症状によっては用いなくても聴取される。上気道の狭窄では，聴診器を用いなくても「グーグー」や「ガーガー」といった音を耳にする。喉から「ゴロゴロ」と聴取する場合は，咽頭喉頭部で唾液などの分泌物が貯留して喉がおぼれているような状態であることが想定される。

　客観的な評価としては，パルスオキシメーターで経皮的血中酸素飽和度（SpO$_2$）を測定する方法がある。一般的に，健常者ではSpO$_2$は95％以上とされ，90％以下だと呼吸不全とされる。しかし，運動機能の困難さを生じている子どもたちの場合その病態に応じて数値を評価する必要があり，個別性が高いことに注意しなければならない。ふだんの数値と比較し，良い状態なのか悪い状態なのかを評価しなければ，数値のみでは正しく評価することはできない。

（2）摂食嚥下機能の評価

　摂食嚥下機能の評価を行ううえで最も重要なことは，正常の機能を知ることである。実際，正常の機能を理解することには，医学的知識を必要とする医療職ではない人にとって困難な部分はあるが，一方で定型発達者は日々，困難なく口から食物を食べたり飲み物を飲んだりしている現状もあり，身近にいる定型発達者がお手本となり，その食べ方を観察することで摂食嚥下機能の正常を学ぶことができる。ここで，正常の摂食嚥下機能について簡単に述べながら（詳細は p.118 参照），子どもたちの摂食嚥下機能の評価ポイントを示していく。

　摂食嚥下とは食物を認知することから始まっている。これは先行期といわれ，今までの人生経験からこの食物はどのようなものかを脳の中で判断しているのである。知らない食物を食べる場合には，食べた経験がないため恐怖を感じることもある。ここでの評価ポイントは，子どもたちがどのように食物を認知しているかどうかである。

　次に，口唇の動きで食物を口の中に取り込む動作を捕食と呼ぶが，脳性まひ児をはじめ，上手に口唇を使うことが困難な子どもたちが存在する。ここでの

パルスオキシメーター
pulse oximeter 赤色光と赤外光の二つの波長の光に対する吸収の差から動脈血中の酸素飽和度を非観血的に測定する機器。

経皮的血中酸素飽和度（SpO$_2$）
動脈に含まれる酸素の飽和度（saturation）をパルスオキシメーターで測定する。その測定値をSpO$_2$と呼ぶ。採血などの方法によって動脈血の酸素飽和度を測定したものは，SpO$_2$と区別するため，SaO$_2$と呼ぶ。

評価ポイントは，捕食の様子を知ることである。

　食物を取り込んだ後は，歯を用いて咀嚼する準備期である。これは，口の中では舌が食物を左右の歯の上に運んだり食べやすい形態に練り込んだりと食物を飲み込みやすくする過程である。その後，食べやすい食形態に処理された食物が舌によって口の後方へ運ばれる口腔期となる。この準備期から口腔期での評価ポイントは，口唇閉鎖ができているか，舌の動きが前後，上下，左右とあらゆる方向にみられるかなどであり，口唇の動きと舌の動きが定型発達者と上手に口唇を使うことが困難な子どもたちの食べ方でどのような違いがあるのかを確認する。この相違が摂食嚥下指導の内容を考えることにつながるため，とても重要な評価ポイントである。

　口腔期の次の段階は咽頭期と呼ばれ，口の後方へ運ばれた食物が嚥下反射によって咽頭を一瞬にして通過する。この通過時間は，通常 0.5 秒以内であり，一連の嚥下反射の流れはスムーズである。基本的に複数回の嚥下を行った後，食物は咽頭部に貯留することはない。この咽頭期での評価ポイントは，スムーズな嚥下ができているか，そしてむせがあるかどうかである。嚥下反射の後は，食道の動きで食物は胃まで運ばれる。

　各摂食段階での評価ポイントを簡潔に表2−8に示す（各段階の詳細は，p.118 表3−1を参照）。

　このような一連の食べ方の様子を通して正常な食べ方との違いから評価を行うことが，摂食嚥下障害にかかわるための第一歩である。摂食嚥下障害を疑うポイントを表2−9に示す。医療の現場では，さらに，**嚥下内視鏡検査**や**嚥下造影検査**によって摂食嚥下機能を評価しており，必要に応じて多職種間で検査結果を共有し，摂食嚥下訓練などを行っている。

嚥下内視鏡検査
径の細いファイバーを鼻腔から挿入し，直視下にて嚥下時の咽頭・後頭部の様子を評価する方法である。

嚥下造影検査
Ｘ線装置を用いて嚥下の様子を評価する方法であり，嚥下内視鏡検査よりも得られる情報は多いが，被曝の危険性があり，特別な検査食が必要となるため，ふだんの摂食嚥下の様子と異なる場合があることに気をつけなければならない。

コラム　脳と睡眠

　睡眠の最も重要な役割は，脳に休息を与えて修復・回復した後，脳をつくり，育て，活性化することである。成人でも睡眠の役割は重要であるが，発達段階にある子どもたちの脳にとってはとても重要な役割があるといわれている。眠れない状態が続くと，脳は休むことができず，疲労した状態が続き，身体のバランスを崩してしまうことになる。また，体調を崩してしまうこの悪循環は子どもたちのみならず，介護をしている家族にも起こる可能性があることを忘れてはいけない。

表2-8　摂食嚥下機能評価のポイント

1）先行期	食物を認知しているか 意識はしっかりしているか
2）準備期	口唇で食物を取り込めているか どのように舌が動いているか
3）口腔期	どのように舌が動いているか 食物が口の中に残っていないか
4）咽頭期	むせはないかどうか 喉からゴロゴロと音が生じていないか
5）食道期	食べた物を吐くことはないか

表2-9　摂食嚥下障害を疑う
　　　　主なポイント

- 食事中にむせが増えた
- 食欲が低下した
- 1回の食事時間が長くなった
- 体重が減った
- 微熱が続いている

5　医学的評価（視覚・聴覚）

　運動機能の困難がある子ども，特に脳性まひがある子どもには，斜視・近視・遠視・**眼球振盪**・視神経萎縮などの「見えの困難」，軽中等度難聴・後天性難聴・伝音難聴などの「聞こえの困難」が生じる可能性が高いことが報告されている[2]。また，こうした感覚入力過程（入力系）の困難がある場合，いくら大人（教職員など）が，その子どもに合わせて教材教具を工夫したとしても，その刺激（視覚刺激，聴覚刺激）が子どもには十分に届かないことも起こりえる。したがって，視覚・聴覚に関する医学的評価，および周辺領域の評価をていねいに行う必要がある。

（1）視覚の評価

　近年，視力の本来的な意味を明確にするため，視力を表現する方法として，視覚的に識別できる最小の大きさ（minimum angle of resolution：MAR）や，MARを常用対数で示したlogMARが用いられることが多くなっている。

　視力を測定する方法としては，ランドルト環を用いた検査が知られている。ランドルト環は，**最小分離閾**（minimum separable）課題と表現される。最小分離閾の値が小さい〔小さい切れ目を判別できる＝視角（分，θ）が小さい〕ほど分解能が高いことを示すため，最小分離閾の逆数をもって視力と定義されている。最小分離閾（分）をθとすると，視力Vは以下の式で示される。

$$V = \frac{1}{\theta}$$

　検査を受ける子どもは，ランドルト環の切れ目の方向を口頭で答えたり，ハンドルに見立てたランドルト環の図版を，提示された刺激と同じ方向に回して答えたりする。ただし，これらの反応には，身体運動（上肢・口腔顔面運動）が伴うため，運動機能の困難がある子ども（特に重度の全身性運動障害がある子ども）については，正確な結果が得られない場合が多い。同様に，子どもに平仮名や動物の形を口頭で回答させる**最小可読閾**（minimum legible）課題や，**森**

眼球振盪
自分の意思とは関係なく眼球が動く現象。眼振。

最小分離閾
2点または2本の線を分離して見分けられる能力。

分
1分は1度の1/60。

最小可読閾
文字や図形を判読・区別する能力。

森実式ドット絵カード
被検児に動物の目（ドット）の有無・位置を指さし・ことばで答えてもらうことで視力を測定する検査。

最小視認閾
ひとつの点または1本
の線が存在することを
認める能力。

選好注視
好みを選ぶ際に、より
好む対象・方向に視線
を頻繁に向ける現象。

テラーアキュイティー
カード
片側半分に白黒の縞模
様が描かれたカードを
被検児に見せて、中央
に空いた穴から縦縞方
向に被検児の眼球が動
くかを確認して視力の
算出を行う検査。

紙屑拾い課題
白・黒色のテーブルク
ロス上でどのくらい小
さな紙屑を拾い上げる
ことができるかを調
べ、目からの距離と紙
屑の大きさから視力を
算出する方法。

実式ドット絵カードのような**最小視認閾**（minimum visible）課題も学校の定期健康診断や乳幼児健診で用いられるが、運動機能の困難がある場合は、正確な子どもの視力を測定できていない可能性が残るので、注意が必要である。

重度の運動障害がある場合でも、眼球運動には随意性が残っていることがある。また、乳幼児は、無地の綿より縞模様を好んでみる傾向（**選好注視**：preferential looking, PL）があることが知られている。そこで、**テラーアキュイティーカード**（teller acuity card：TAC）を用いた検査やグレーティング視力検査を用いる場合もある。

また、教育・福祉的観点から、**紙屑拾い課題**[3]や森実式ドット絵カードを援用した視機能の評価を考案することもできるだろう。乳児には、人の顔や顔に近いデザインにも選好注視が認められることから、半透明（濃色）のアクリルボードに、さまざまな大きさの図形（特に人の顔や顔に近い図形）を貼り、座位保持装置などで過度に緊張が高まらない姿勢を取っている被検児から見えやすい位置に、そのボードを呈示する（図2−4）。注視する最小の大きさと、アクリル板と被検児の目との距離から視力を算出することができる（ただし、検査者の顔が被検児から見えないように留意する必要がある）。

近年では、Tobii 社から視線計測装置（Eye Tracker 5C など）が安価に販売されており、画面のどこを凝視しているか表示する機能（視線追跡機能, gaze trace 機能）が標準搭載されている。この視線計測装置をパソコンに接続し、モニタアームで被検児から見えやすい位置にモニタを固定し、PowerPoint などで作成したさまざまな大きさの図形を呈示すると、視線追跡機能によって、

$$視力 （V） = \frac{1}{\theta} \fallingdotseq \frac{D}{3438 \times d}$$

図2−4　アクリルボードを用いた視機能評価の例

被検児が注視する最小の図形を特定することができる。図2-4で示した方法と同様に，結果から視力を算定できる。

（2）聴覚の評価

　定型発達児に比べて，運動機能の困難がある子どもの場合は，聞こえにも困難（聴覚障害）が現れる可能性が高いことも知られている。肢体不自由の質の違い（群）によって，聴覚障害の出現率にも差があるので，各群の基礎的な知識を十分にもって対応する必要がある。特に第1群の脳性まひ（特にけい直型）や第3群の骨系統の疾患（骨形成不全など）は，聴覚障害の出現率が他群よりも高くなる傾向があるといわれている。脳性まひの内訳として，アテトーゼ型は減少傾向にある一方で，けい直型は増加傾向にあることから，肢体不自由領域における聴覚障害の重複は増加傾向にあるととらえておいたほうがよい。

　本巻では，肢体不自由児にかかわるスクリーニング検査（簡易検査）と，聴覚検査・精密検査について説明する。

1）スクリーニング検査（簡易検査）

　まず，問診にて保護者に**新生児聴覚スクリーニング検査**（newborn hearing screening：NHS）を実施したか確認する。また耳鼻咽喉科疾患（例えば，**滲出性中耳炎**）に罹患したことがあるかの確認をする。これらの情報を踏まえてスクリーニング検査を実施する。

　スクリーニング検査では，**囁語法を用いた絵指示課題**，簡易オージオメータ（リオン社PA5など）を用いた**聴性行動反応**（behavior observation audiometry：BOA）テストを実施する。囁語法は，専用の検査機器を用いずに検査者1人で実施可能であり，聴力レベルが30 dB以上の難聴を発見できることから，便利で有効な方法といえる。一方で，左右耳別，特定周波数別の聴力の確認ができない。そこで，後者のBOAテストと併用して実施する必要がある。特に，全身性運動障害がある場合，検査に習熟していないと指さしや聴性行動反応を適切に確認できないことも考えらえる。理学療法士（physical therapist：PT）や作業療法士（occupational therapist：OT）などから，子どもの動きが随意運動か不随意運動かについて，また実施時の姿勢について助言をもらうとよい。脳性まひのある子どもの聴力評価は，肢体不自由領域で最も難しいといわれている。自施設での結果を過信せず，他施設にも依頼して確認することも検討すべきであろう。

　また，軽中等度難聴疑いでは「家庭では困っていない」「園・学校生活では困っていない」という反応により見過ごされやすいので注意が必要である。疑いがある場合には，検査の必要性をていねいに説明することが大切である。聞こえてはいるが，聞こえにくさがある場合，総合的な検査結果と医学的な診断をもとに，その後の言語・コミュニケーションの発達支援を検討すべきであり，

乳幼児聴覚スクリーニング検査
早期に難聴の有無を発見するため，乳児に行う聴覚検査。耳音響放射（OAE）と自動聴性脳幹反応（AABR）が使用される。

滲出性中耳炎
鼓膜より奥にある中耳腔という空間に液体がたまる中耳炎。痛みや熱を伴わない場合がある。

囁語法を用いた絵指示課題
検査者が囁き声（40 dB前後）で単語（名詞など）を言い，被検児にあてはまる絵を指さすよう求める検査。

聴性行動反応
音に対して示す反応（びっくりする，音のするほうを見るなど）。

診断医療機関との連携は，聴覚障害の有無の判定だけではなく，その重症度に応じた具体的な内容への助言・指導を受けるために必要かつ重要となる。

2）聴力検査・精密検査

子どもの発達に応じた聴力検査を実施することが大切である。自覚的聴力検査では，スピーカー法が実施できる**条件詮索反応**（conditioned orientation response audiometry：COR）**検査**，**ピープショウ検査**，**遊戯聴力検査**が実施できる機器が必要となる。これらの機器は高額であり，検査の信頼性・再現性を保証するためには熟練した技術を必要とする。また，**他覚的聴力検査**（聴性脳幹反応検査，聴性定常反応検査など）の併用が必要な場合もある。以上のことから，スクリーニング検査で「聞こえに問題あり」の可能性が示唆された場合，専門機関に聴力検査・精密検査を依頼することが多い。なお，他覚的聴力検査では，てんかんなどの脳波異常があると正確な結果にならないことがあるので，てんかんの有無を確認し，専門機関と情報共有することも重要である。

条件詮索反応検査
音に対する探索反応，定位反射を視覚刺激（おもちゃなど）によって動作の条件づけを行った後，音だけを出したときの反応から聴力を測定する検査法。

ピープショウ検査
スピーカーから音が聞こえた直後に被検児がボタンを押すと，明かりがついておもちゃが見える幼児向けの聴力検査。

遊戯聴力検査
子どもが好む遊具を用いて，音が聞こえたら遊ぶことができるような方法で聴力を測定する方法。

他覚的聴力検査
音が聞こえたときに生ずる脳波等の電気信号を測定することで聴力を推定する検査法。

演習課題

1. 運動機能の困難さの原因についてまとめてみよう。
2. デュシェンヌ型筋ジストロフィーの症状の進行についてまとめてみよう。
3. 医療を専門としない職種において，子どもたちが抱える疾患をどのように理解していくのが望ましいのか考えてみよう。
4. 合併症の機序のパターンについてまとめてみよう。
5. 筋緊張の評価についてまとめてみよう。
6. 日常生活支援の中での運動評価尺度の役割について考えてみよう。
7. 筋ジストロフィーにおける運動障害の評価の意義について考えてみよう。
8. 呼吸機能と摂食嚥下機能の関係性について考えてみよう。
9. 呼吸機能の評価をするときの注意点について考えてみよう。
10. 正常の摂食嚥下機能を説明してみよう。
11. 運動機能の困難がある子どもの視力・視機能，聴力を評価する方法と留意点についてまとめてみよう。

引用文献

1) 篠田達明監修：肢体不自由児の医療・療育・教育，金芳堂，p.63, 2015.
2) 笠井新一郎編著：改訂　言語発達障害Ⅲ，建帛社，pp.63-64, 2007.
3) 中野泰志：教育的な視機能評価と配慮：視力の弱い子どもの理解と支援（大川原潔他編著），教育出版，pp.60-70, 1999.

参考文献

1 ・栗原まな監修：小児リハビリテーションポケットマニュアル，診断と治療社，2011.
・日本肢体不自由児協会編：障害児の療育ハンドブック，日本肢体不自由児協会，2004.
・栗原まな：小児リハビリテーション医学 第2版，医歯薬出版，2015.
・落合靖男編：療育マニュアル，医学書院，2004.

2 ・日本肢体不自由児協会編：障害児の療育ハンドブック，日本肢体不自由児協会，2004.
　・栗原まな：小児リハビリテーション医学 第2版，医歯薬出版，2015.
　・北一郎：図解雑学 呼吸のしくみ，ナツメ社，2005.
　・古荘純一：発達障害サポート入門−幼児から社会人まで，教文館，2018.
3 ・埜中征哉監修：小児筋疾患診療ハンドブック，診断と治療社，2009.
　・栗原まな：小児リハビリテーション医学 第2版，医歯薬出版，2015.
　・高橋秀寿監修：小児リハビリテーション評価マニュアル，診断と治療社，2015.
　・落合靖男編：療育マニュアル，医学書院，2004.
　・金子直由・溝口洋子・北村京子：肢体不自由のある子の楽しいイキイキたいそう，黎明書房，2010.
　・里宇明元・近藤和泉・問川博之監訳：PEDI−リハビリテーションのための子どもの能力低下評価法，医歯薬出版，2003.
　・日本摂食・嚥下リハビリテーション学会編：第1分野　摂食・嚥下リハビリテーションの全体像，医歯薬出版，2010.
4 ・田角勝・向井美惠編著：小児の摂食嚥下リハビリテーション 第2版，医歯薬出版，2014.
　・北住映二・尾本和彦・藤島一郎編著：子どもの摂食・嚥下障害，永井書店，2007.
　・日本歯科衛生士会監修：歯科衛生士のための摂食嚥下リハビリテーション，医歯薬出版，2014.
　・山田好秋：よくわかる摂食・嚥下のメカニズム 第2版，医歯薬出版，2013.
　・日本摂食・嚥下リハビリテーション学会編：第6分野小児の摂食・嚥下障害，医歯薬出版，2010.
　・藤島一郎・柴本勇編：動画でわかる摂食・嚥下リハビリテーション，中山書店，2004.
5 ・中野泰志：弱視児の教育的な視機能評価と配慮
http://web.econ.keio.ac.jp/staff/nakanoy/article/LowVision/assessment/index.html/（最終閲覧：2020年9月9日）.
　・笠井新一郎編著：言語聴覚療法シリーズ12 改訂言語発達障害III，建帛社，2014.
　・山田弘幸編著：言語聴覚療法シリーズ5 改訂聴覚障害I，建帛社，2016.
　・文部科学省：肢体不自由児のコミュニケーションの指導，日本肢体不自由児協会，1992.
　・穐山富太郎・川口幸義・大城昌平編著：脳性麻痺ハンドブック 第2版，医歯薬出版，2002.
　・篠田達明監，沖高司・岡川敏郎・土橋圭子編：肢体不自由児の医療・療育・教育，金芳堂，2015.

❷　心理学的基礎知識（認知発達・運動発達）

1　発達と障害の基礎的理解

（1）発達をどうとらえるか

　発達とは，子どもが外界に働きかけ，そこで外界と自分に起こった変化や新しく創造した事実を取り込み，さまざまな機能，能力，人間的な感情を獲得し，新しい自己を形成していく過程である。

　発達は，単に「できないことができるようになる」といった一方向的に伸長していくような，目に見える高度化の過程のみではなく，さまざまな場面，対象，人間関係においても，主体としての活動が広がりを見せていくといった，いわば「ヨコへの広がり」も含めた過程でもある。このことは能力の高度化という「タテへの発達」に対して，能力を発揮できる場面や状況が広がる「ヨコへの発達」と呼ばれてきた。

　例えば，「母親しか静かに抱くことができなかった子どもが，担任の先生でも緊張せずに抱かれるようになった」「家でしかトイレを使えなかった子どもが，学校でもトイレに行けるようになった」といったことが「ヨコへの発達」とされている。このことについて，茂木[1]は「能力のレベルは同じままだが，それを使う場面や相手が違っても発揮できるようになったという変化があれば，この変化もまた『発達』とみるべきだ」と述べている。

　運動機能でいえば，首すわりや寝返り，そして始歩などは目に見える変化だが，これらはいわば発達の結果であって，大事なことはそれらの成長的事実を成り立たせている構造的，法則的な変化である。このように外界とそれに働きかける子どもの活動がどのような状態にあり，その背後にいかなる発達の法則性があるのかを探究することが重要である。

　子どもを教育の対象として，あるいは受動的存在としてのみ認識することから，みずから発達を獲得していく主体として認識することへ転換していくひとつの契機になったでき事が，**糸賀一雄**らが1963年に創設した重症心身障害児施設「びわこ学園」での療育実践研究である。例えば「寝たきり」としてとらえられていた重症心身障害児が，おむつを換える保育者の手の動きを受けて，力の限りに腰を浮かして応えようとする姿に気づき，保育者は障害の重い子どもであっても外界と自分自身を変革していこうとする発達の主体として認識できるようになっていったのである。発達を促す努力は，重症心身障害児の生命・健康の維持・増進につながる。子ども自身の活動を活性化し，発達を促し

糸賀一雄
（いとが　かずお）
戦後，知的障害児，重症心身障害児の分野で先駆的な実践を展開した。近江学園，びわこ学園の創設者・園長（1919 ～ 1968）。重い障害のある子どもの教育可能性を明らかにし，「この子らを世の光に」とのことばを残した。

ていくことによって，生命が強められていくことは実践的にも確かめられている。そしてそれが基盤となって新たな活動が展開する可能性が開かれていく。「教育によって生命が輝く」ということばはこうした関係のことをさしている。

　発達は，ほかから与えられるという一方向的過程ではなく，子どもたち一人ひとりがみずからの中に可能性として宿っているものを開花させていく主体的過程である。そのため子どもたちは外界に働きかけ，その外界を取り入れ，みずからの内面を豊かに形成していく。つまり，子どもたちの能動的な活動なくしては，発達はもたらされないということである。

（2）発達の法則的理解

　子どもは，外界へ働きかける活動を通じて能力を拡大していくが，その過程で発達には飛躍ともいうべき変化が起こる。成長的事実の飛躍的変化，これを質的な変化と呼んでいる。前項で述べたように，発達はできないことが徐々にできるようになるといった漸進的な過程ではなく，ある時期に新しい質をもった活動が飛躍的に拡大する発達の質的転換期があり，発達過程にはこのような発達の質的転換期がいくつか存在する。発達の質的転換期から次の質的転換期までは，ひとつの**発達段階**と見なすことができる。

　発達の質的な変化はいつ起こるのか，発達段階はいくつあるのか，質的な変化をもたらす要因は何なのか，このことをめぐってさまざまな発達理論が提唱されている。それぞれの発達理論は異なった心の領域や働きに着目していて，それが理論的差異を生んでいる。代表的な発達理論について簡単に紹介しておくが，詳細は成書で学習してほしい。

　例えば，生物学的な発想に基づき，克明な赤ちゃん観察によって認知発達の理論を打ち立てたのがスイスの心理学者J. ピアジェである。ピアジェは子どもを，誕生直後であっても吸綴反射などの反射とそれを基礎に獲得した**シェマ**をもっており，能動的に外界に働きかける存在であるとした[2]。子どもは外界に働きかける中で手持ちのシェマで対処できなくなると，修正し，新しいシェマに作り替えていく。手持ちのシェマを外界にあてはめることを「同化」，修正することを「調節」といい，その均衡化によって認知発達が進むとされている。つまりピアジェの発達段階論（表2-10）においては，シェマをもって外界に働きかけることを通じて認知が発達し，思考が内在化していくプロセスが描き出されているのである。

　彼の理論は，その後の多くの発達心理学者に強い影響を与え，今でも検証実験が繰り返されている。そこから発見された諸事実は，従来の発達心理学の知見をさらに前進させてきたといえる。今日では，ピアジェの立てた発達段階論をめぐって，そもそも認知機能の全般に通じる段階があるのかといった議論も出されており，それに触発されてさまざまな発達研究が盛んに行われている。

発達段階
発達は，階層構造を有しており，各質的転換期の間は同質の行動型で特徴づけられる発達段階が想定されている。

J. ピアジェ
スイスの心理学者。生物学を基盤に，乳幼児期から成人期に至る発生的認識論を提唱した。1896 ～ 1980。

シェマ
認識の枠組み。外界に働きかけ，シェマへの同化と調節により認識を高めていく。

表2-10　ピアジェの認知発達の段階

Ⅰ期	感覚-運動期（誕生から2歳ころまで）。赤ん坊は，身近な環境にかかわり，吸う，つかむ，叩くなどの身体的な行為の図式を体制化する
Ⅱ期	前操作期（2歳ころから7歳ころまで）。子どもは考えること—シンボルと内的イメージを使うこと—を学ぶが，思考は非組織的で非論理的である。大人の思考とは非常に異なっている
Ⅲ期	具体的操作期（7歳ころから11歳ころまで）。子どもは組織的に考えるようになるが，具体的な対象や活動に照らすことができる場合に限ってである
Ⅳ期	形式的操作期（11歳ころから成人まで）。純粋に抽象的で仮説的な面で組織的に考えることができるようになる

出典）心理科学研究会：育ちあう乳幼児心理学，有斐閣，p.77，2000．

H. ワロン
フランスの心理学者。表象的世界の起源を対人的名機能，つまり姿勢－情動機能に求めた。1879～1962。

　ピアジェの発達段階論は個体としての子どもにこだわって，あくまで個体としての認知発達の姿を描いている。しかし，赤ちゃんは1人では生きられず，養育者の存在を前提としていることも事実である。子どもは決してその子どもだけで完結しえない。この事実に注目して人の身体そのものに共同性を求め，人と人をつなぐ存在として子どもをとらえようとしたのがスイスの心理学者H. ワロンである。ワロンは他者との社会的関係における人格形成の側面に着目して発達段階論を提起した（図2-5）[3]。身体の共同性を重視するワロンの視点は，ピアジェとは対照的なものである。

　ワロンによれば，ことばは個体レベルの認知発達に還元できるようなものではない。つまりことばを個体レベルの認知発達の延長上に獲得されるものとして説明することはできないという。ことばや象徴，あるいは表象の形成をめぐってピアジェとワロンとの間に根本的な相違があり，それが今なお発達論の大きな対立軸になっている。

ヴィゴツキー
旧ソビエトの心理学者。子どもの文化的発達において，心理機能ははじめに社会的諸関係があり，それが内面化すると考えた。1896～1934。

　また，人における共同性が歴史においてどう展開し，個々の子どもたちの育ちにどう影響してきたかをとらえようとした**ヴィゴツキー**に始まる系譜が注目されている。ピアジェとの論争において，ヴィゴツキーは社会性（あるいは共同性）を発達の二次的産物として位置づけるのではなく，むしろ個体発達の出発点に位置づけた。そこから彼は，人のもつ歴史－文化性を発達の二次的産物としてではなく，本源的な要因として取り出し，これを理論の中に組み込もうとしたのである。この流れもまた，発達心理学の潮流のひとつとなっている。

（3）発達のつながりをつかむ

　発達研究や教育実践では，他の分野での研究もそうであるように，人を構成する機能・能力のうち，特定の領域のひとつをテーマとする分析的研究や教育実践が行われている。例えば，「自閉症児の自己理解の発達について」「重症心身障害児のコミュニケーション発達について」などがあげられる。しかし人

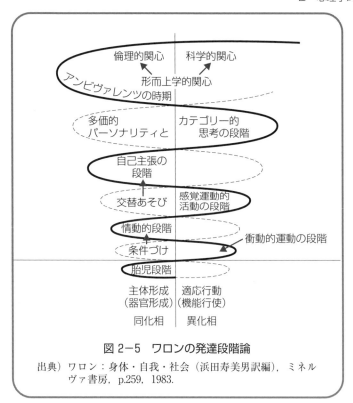

図 2−5　ワロンの発達段階論
出典）ワロン：身体・自我・社会（浜田寿美男訳編），ミネルヴァ書房，p.259, 1983.

は，要素的な機能・能力の束ではなく，それぞれの機能・能力が連関し合いながら，個体としてまとまりのある存在となり，さまざまな活動を展開し発達していく。そしてそれぞれの機能・能力は，何らかの連関をもちながら，人としての不可分な構造，つまり人格をつくり上げている。このように不可分な統一体として発達をとらえる視点のひとつとして，連関的視点がある。

　乳幼児期の発達段階では，生後 7 か月ころと 1 歳半ころに質的転換期があると考えられている。生後 7 か月ころ，乳児は座位がとれるようになり，どちらの手でもおもちゃをつかめ，欲しい・取りたいという欲求を他者に伝えるなどの変化がみられる。座位がとれるということは，身体が左右前後に傾いてもそのまま倒れ込むことなく持ち直すことができるという，**立ち直り反応**が獲得されたということである。また左右どちらの手でも物をつかめるということは片方の手でうまくいかないとき，他方の手で持ち直そうとするような持ち替えができるということである。さらに，二つのおもちゃを並べて提示したときに，見比べるような視線の移動がみられ，どちらかを選択できるようになる。こうした目に見える行動の変化とともに，子ども自身の内的な要求や他者への伝達欲求の育ちもそれと認められるようになる。

　このように一見無関係にみえる成長的事実にも，一方向的に活動するのでは

立ち直り反応
空間で身体の位置を変えたときに，垂直に保つために自動的に身体が立ち直る反応をいう。

なく，復元したり，持ち替えたり，二つの物を視野において選択するというような「つながり」や「行き戻り」のある活動ができるようになるといった共通の特徴を見いだすことができる。これは**機能連関**と呼ばれており，同一の発達段階を構成する機能間には，一定の連関を見いだすことができる。端的にいえば，ある発達段階における運動，認知，言語，思考，情動といった諸機能のつながりを抜きにして機能をバラバラにみていても，子どもの姿を全体としてつかむことはできない。子どもの発達を理解するには，それらの機能を互いに連関し合うシステムとしてとらえることが重要である。

この機能連関が基盤となって新しい機能連関がつくられていく過程は**発達連関**と呼ばれている。発達連関とは機能・能力が異なった発達段階において機能や能力の領域を超えて因果関係を結んでいる状態である。つまり，ある時点でさまざまな機能・能力に共通した特徴がみられることを機能連関，時間経過の中での機能・能力のつながりを発達連関という。

特に発達連関は，今どのような力を育てることが，後の発達段階の基盤をつくることになるのか，あるいはどのような活動の制限があって現在の障害が顕在化してきたのかというような縦断的な視点をもつことも可能になる。今どこに働きかければ，後に獲得されるべき力を準備することになるのかといった指導の見通しをもつことができるのである。

(4) 発達をとらえる視点

こうした視点で発達過程をながめると，それは発達連関をタテ糸とし，機能連関をヨコ糸として織り込まれた「織物」と見なすことができる。この「織物」にはさまざまな模様が描かれることになるが，それがいわばその子どもの個性であり，一人ひとり異なる輝きを放っていることがわかる。障害のある子どもたちにみられる能力獲得の困難さは，タテ糸とヨコ糸それぞれの弱さや両者のもつれなどによって引き起こされたものと考えることができる。

したがって，発達のつながりという視点から発達と障害の関係をとらえるなら，障害は障害を受けた機能だけでなく，発達全体に影響を及ぼし，その子どもにとっての障害の意味もまた発達とともに変化する。障害があると，まず個別機能の獲得の困難さが引き起こされ，それが機能連関の「ずれ」をもたらし，それが発達連関の形成不全につながり，発達全体のもつれやとどこおりとなって現れることになる。

しかし，個別機能については，その機能の代行や補償が行われることがあり，機能連関の「ずれ」や発達連関の「つまずき」を補正するような「再体制化」（再組織化）が生じることが少なくない。つまりそのとき目に見える障害の様相は，障害そのものではなく，障害を受けつつ「再体制化」してきた姿を示したものと考えることができる。機能の障害程度は同じであっても，子ども

機能連関
同じ発達段階における運動，認知，言語，思考，情動といった機能のヨコのつながりをさす。

発達連関
発達過程におけるそれぞれの機能の時間的なタテのつながりをさす。

によってこの「再体制化」への取り組みが異なれば，発達の姿は当然異なった
ものとなる。

　例えば，2歳になっても歩かない子どもがいる。歩行の獲得時期（始歩期）
は成熟要因が強く働いており，育った環境にかかわらずおおむね1歳ころであ
り，ほとんどの子どもは18か月までには歩き出す。2歳になっても歩かない
としたら，筋緊張がかなり低い，身体を支えるだけの筋力が足りない，全身
を協調して動かすことができない（協調運動障害），そもそも歩きたいという気
持ちが育っていないなど，さまざまな要因が考えられる。言語・コミュニケー
ション，対人関係の力の関与も考えられる。したがって歩かない子どもに対し
て手を引いて歩く訓練を繰り返せば歩くようになるだろうというのは一見わか
りやすい話であるが，これは発達のダイナミクスを理解せず運動機能だけを取
り出し，機能連関や発達連関の視点を欠いたものといわざるをえない。

協調運動障害
協調運動とは，運動を
円滑に行うために多く
の筋肉が調和的に働く
ことをいい，その障害
により随意運動がうま
くできなくなる。

（5）発達における普遍性と個別性

　主要な発達理論のさし示すところは，障害の有無にかかわらず，すべての子
どもの中に共通する発達の事実があり，その事実には普遍的な法則が貫かれて
いるということである。人の発達がこのような共通性・普遍性のみでつくら
れているならば，人はすべて同一になってしまう。しかし実際には，身体も性
格も一人ひとり異なったきわめて個性的な存在である。だれ一人として全く同
じ人は存在しない。共通性・普遍性をもっていることと，一人ひとりは個性的
な存在であるということをどう考えるか。発達過程に共通性・普遍性があって
も，一人ひとりの子どもは，置かれた集団，生活，教育とのかかわりでつくら
れたみずからの発達要求をもって，外界と闘いつつ自分らしい能力を獲得し，
人格を形成していくのである。

　障害があれば，さまざまな活動に制限を受け，外界への働きかけをうまく展
開することができない。このため，一人ひとりの発達への闘いは，共通性・普
遍性のある発達の道すじをたどりながらも，きわめて個別的なものにならざる
をえない。普遍的な発達過程があっても，発達主体としての子どもと環境との
相互交渉によって創り出される一人ひとりの発達は，豊かな個別性を有するこ
とになる。したがって発達の共通性・普遍性を学ぶ理論学習は重要であるが，
一人ひとりの発達の事実をありのままとらえる視点も求められてくる。実践の
中で子どもに働きかけ，行動の変化をていねいに拾いながら理論と照らし合わ
せて検討していく姿勢が必要である。こうした取り組みを通して，私たちの発
達理解が深まっていくのである。

（6）発達の原動力

　子どもはそれぞれの年齢で「自分も○○したい」「自分も○○になりたい」

発達要求
主体としての子どもが
もつ，「こうしたい」
「あんなふうになりた
い」という願い。これ
が発達のエネルギーと
なる。

という願いをもち新しいことに挑戦し，それを実現することによって新しい自分を築いていく。つまり，発達は子どもの願い（**発達要求**）から始まるのである。あたりまえのように思うかもしれないが，これは，発達の原動力，エネルギーはどこからくるのかという根源的問いへの答えでもある。

　すでに述べたように，子どもは外の世界から働きかけるだけで発達するような，受け身の存在ではない。子どもは，自分で発達への願いをもち，自分で外界に働きかけ，その活動を通してたくさんのことを学び，獲得していく。子どもの願いとは，「○○したい」という活動の動機，興味，意図，目的などのことばで表現される力である。子どもの願いは，このような活動や認識への憧れだけでなく，その子どもを取り巻く人間関係によって，いっそう高まることが知られている。したがって，どのような仲間集団の中で，どのような人間関係の力を育てていくのかが重要となる。

　以上述べてきたことは，主に脳性まひなどの脳の損傷などに起因する肢体不自由児における発達と障害についての心理学的理解であるが，脳に損傷がない（知的能力に大きな低下がない）肢体不自由，例えば二分脊椎などの脊髄損傷による肢体不自由や筋ジストロフィーなどの筋組織そのものの疾患に起因する肢体不自由についても，ほぼ同様に理解することができる。大切なことは，原因疾患が何であれ，彼らが動かない（動かしにくい）身体を抱えつつ，生活の中で生じた外界への欲求を実現するため，その不自由さと闘いながら外界へ働きかけることによって発達が進行するということである。原因疾患はその発達過程に影響を与える要因として作用しつつも，発達と障害の関係については変わらないということである。

2　運動機能の発達

（1）運動発達とは

　発達心理学では，「発達」を「人の生涯を通しての変化・成長」ととらえる。したがって，発達心理学は「人の一生涯」を研究対象としている。人の生涯を通しての変化は多様で相違に満ちている。一方，運動機能の発達は「正常運動発達」といわれる「出生してからおおむね 3 歳までの人特有の運動機能の成熟」と，スポーツや芸術などにみられる個性的で高度な運動機能の獲得の二つに分けることができる。前者の変化は「一様の方向性をもっている」「バリエーションは少ない」など定型的であるが，後者は非定型的である。前者は出生後の脳神経系の成熟と，後者は脳神経系の学習と関係が強いと考えられている。ここでは，前者の「正常運動発達」について理解を深めたい。

（2）成熟としての運動発達

　子馬の多くは，分娩後60〜90分後に起立し，2時間後には吸乳，12時間後には馬房内を駆け回っている。しかし，人は立って歩けるようになるまでに多くの時間が必要である。人の子どもは，**未成熟な状態**で出生して，その後大きく変化していくのが特徴である。

　人の場合は，1歳を前に歩く子どももいるが，人種や文化の背景にかかわらず，多くはおおむね18か月までには歩き，3歳くらいで片足立ち（ケンケン）ができ，階段の上り下りや，走ったり，段差を飛び降りたりができるようになる。このころにはことばも話して周囲と意思疎通ができるようになっている。およそ3年かけてようやく養育者から離れても行動できるようになる。

　運動発達は，人が進化の過程で獲得した機能の歴史を追うように進むともいわれる。人という遺伝子情報をもった卵子と精子が受精した瞬間から発達は始まっている。近年の運動発達では，科学の発達で明らかになりつつある受精の瞬間からの変化も注目されている。

（3）肢体不自由児の運動発達

　疾病の発症などが，受精から3歳までの運動発達期であれば，その運動機能の発達は影響される。その影響は，①運動発達の遅滞，②異常運動発達という，二つのことばで表現される。

1）運動発達の遅滞

　正常運動発達の研究は，多くの子どもに共通の「正常運動発達の順序（段階）」（マイルストーン）を発見することに始まった。「首のすわり」「寝返り」「おすわり」「ハイハイ」「伝い歩き」と進んで，歩行能力を自然に獲得する多くの子どもたちは，このマイルストーンをほぼ同じ時期，順序で通過していく。この通過時期に著しい遅れがある場合，運動発達の遅滞と判断される。3群に共通して，胎児期や周産期に原因のある肢体不自由児は，「運動発達の遅滞」という現症がある。

2）異常運動発達

　人特有の定型的な運動機能の発達を「正常運動発達」と呼んでいる。3歳までの運動発達期は脳神経系の成熟期でもある。第1群の脳損傷などで，脳神経系の成熟が妨げられると「筋緊張の異常」という現症となる。これらは「姿勢の保持」「運動の滑らかさ」「選択的関節運動の獲得」などに制限を与えるため，正常運動発達ではみられない運動（陽性徴候）やいくつかのマイルストーンの欠如（陰性徴候）などが出現する。このような運動発達を「正常運動発達」との対立語で「異常運動発達」といい，その原因となっている筋緊張の異常の症状以上に，脳の損傷程度やその時期，環境の影響によって，その子どもなりの運動学習を経て，多種多様な症状を現す。

未成熟な状態
比較動物学者のA.ポルトマン（1897〜1982）は，人の子どもが未成熟な状態で出生することを，「生理的早産」と呼んだ。

マイルストーン
milestone
目的地に行く途中の道標を意味している。発達のマイルストーンと使った場合，"発達段階"，いわゆる○か月で何ができて，○か月で何ができるという順序を示している。

（4）正常運動発達の物語

　人は，他者も含めた環境の中で成長・発達するといわれている。特に変化が激しく，運動の基礎がつくられる受精から生後9か月くらいまでの様子を，環境を含めたかかわりの中でみていきたい。

1）胎児の成長と発達

　人の子どもは，卵子と精子の受精からおよそ266日後（母親の最終月経から280日後）が出産予定日となり，誕生する。受精卵は子宮に着床し，胎児と呼ばれる。

　胎児は，8〜11週で体重20gくらいになり，胴体と手足や内臓もほぼ完成し，活発に動いている。12〜15週ではへその緒を通じて栄養や酸素を取り込むこともできている。16〜19週で母乳を吸う練習も始まり，指しゃぶりする様子も観察される。20〜23週では外の音が聞こえているが，母親の声はよりはっきりと聞いている。24〜27週で自分の意思で身体を動かし，覚醒と睡眠の区別もある。眼球の動きも活発になり，感覚機能がほぼ完成する。28〜31週で肺での呼吸の練習が始まり，32〜35週では親指を動かしたり，表情を変えたりの細かい動きがある。36〜39週で内臓機能は完成し，狭くなった子宮の中で，手足を強く伸ばすような運動をしている。ついに，外の世界に出て生きる準備は万全となり，みずからの力も使って母胎から出生する。

　遺伝子や染色体疾患による肢体不自由児では，この胎内での発達の初期から問題が生じる。また早産児や低出生体重児では，周産期に身体機能の未成熟が要因で脳の損傷が生じやすく，第1群の脳性まひなどが発症する可能性が高い。

2）出　生

　出生した新生児は，母親の胸に抱かれて眠る。母胎と同じように母親の心音を聞き，母親の穏やかな呼吸のリズムで揺すられ，胎内のようなおくるみで丸く包まれ温められ，手足の動きも緩やかになる。しかし，母親から離されて一人になれば，自分の手足や頭の重さを強く感じ，音や光の刺激を胎内と比べものにならないほど強く感じている。母親の声や周囲の音の記憶を頼りに，危険か安全かを判断し，危険ならば啼泣（ていきゅう）して，安心できる状況への変化を要求する。新生児の啼泣は，自分に危険があることの警告である。肺に空気を入れ，呼吸するとともに，その空気を使って，声帯を震わして全身を使って泣く。胎盤から栄養を得ることはできなくなり，空腹感で苦痛となり泣く。泣くと養育者は抱き上げて空腹を満たしてくれる。新生児は泣かなければ生きていけないことを知る。

　空腹などが満たされた心地よい中でぎくしゃくと手足や頭を動かしている，この出生後4週間（新生児期）の全身運動は，ジェネラルムーブメント（general movements）と呼ばれ，外からの刺激ではなく，内的に引き起こされた自発運

低出生体重児
出生体重が2,500g未満の新生児。古くは未熟児と呼ばれたが，現在未熟児は早産児（在胎37週未満で出生した児）を意味する。

周産期
広義で妊娠から生後4週間の時期をさす。周産期医療では，妊娠22週から生後7日未満までとなっている。

動であるといわれている。これは，胎児期の胎動から連続してみられる運動であるが，出生後は生後２か月あたりから徐々に変化していく。

3）頭部の正中位指向

新生児はこの４週間で，胎内と異なる環境に反応し，頭部と手足をバラバラに動かして重力を感じ，それがフィードバックされて自分の頭部や手足の重みを認識し，存在を認知していく。大きく頭部を片側に向けると，その側の手足がよく伸びることも経験する。これは非対称性緊張性頸反射（ATNR）と呼ばれるシステムである（図2-6）。人の声や動きに注意が向き，その方向を追いかけて頭部が動き，その動きに連動して動いていた手足も，徐々に影響を受けなくなってくる。

たいていの養育者は，乳児の正面から声かけや見つめ合いを行う。生後２か月を迎えるころの乳児は，その顔をじっと注視し，頭部が正中にあることが最も快適であることに気づく。私たちは，乳児に仰臥位（あお向け）での頭部正中位保持機能を見つける（図2-7）。

4）自分の身体の発見

視覚での定位ができるようになり，自分の身体の感覚と統合できるようになると，乳児は自分の手を発見する。まじまじと自分の手を見て動かす。いわゆるハンドリガードである。３か月になった乳児は手以外にも自分の身体を見つけている。この時期に，他者の顔と自分の顔の区別ができているという研究もある。４か月で片手を伸ばして玩具をつかんで，５か月では手から手へ持ち替えることもできるようになる（図2-8）。

5）他者の操作

養育者に抱っこされると，見ることに熱中する乳児は，養育者に「見ることが容易なように」抱き方に注文をつけるようになる。乳児が“もじもじ”と動くことで，養育者は抱き方を変えていく。すると，乳児は自分の動きで養育者

定　位
刺激のある方向に注意を向けることができること。

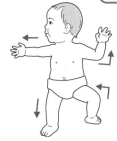

非対称性緊張性頸反射は呼吸をしていくために大切な反射		
	左の手足	右の手足
顔を左に向ける	伸びる	曲がる
顔を右に向ける	曲がる	伸びる

赤ちゃんの顔の向きを左右どちらかに向けた際，同じ側の手足が伸び，反対側の手足が曲がる原始反射のことをさす。

図2-6　非対称性緊張性頸反射（ATNR）

2か月には，短時間，頭部を正中線以上に保持し注視できる。肘や膝は左右対称に伸展が増大している。

図2-7　頭部正中位保持

5か月には，片手でつかんだ玩具を身体の正中で反対の手に持ち替えることができる。

図2-8　手から手への持ち替え

が反応すること，他者を認識し操作できることに気づく。それによって心地よい抱かれ方を養育者とともに見つけることを経験する。

6) 正中から側方へ

ハンドリガードしていた手を，養育者の顔など自分以外のものに伸ばしてくる。背臥位で右を向いたとき，自分の右側に見覚えのある玩具を見つけて，右手を伸ばすが届かず，偶然足先を浮かせるように下肢を持ち上げると，身体が右に転がり玩具に手が触れる。そうして，4か月になった乳児は，側臥位になる方法を見つける。5か月になると，玩具に手を伸ばしながら寝返りしてしまうこともある。6か月になると寝返りは移動の手段にもなってくる。

7) 前後の重心移動から重力に抗して四つ這い位へ

4か月になった乳児は，腹臥位にされると，前方を見るように頭部を起こし，それを助けるように背中は伸び，上肢で支える（図2-9）。そして，床に置かれた近くのものと遠くのものの区別もできる。養育者の動きを少ない頭の動きで追ったりもできるようになる。腹臥位で背中を反らして前後に揺らしたり，片手を高く上げたり，それによって乳児の重心は前後（頭↔下肢の方向）に大きく移動するようになる。6か月では手足を飛行機のように広げていたり（エアープレイン，図2-10），両足を空中に上げていたり（ボトムリフティング，図2-11），重力に抗した活動は活発になる。腕を引き込む力を使って床這いも覚える。7か月になると頭をさらに高く上げて，上肢でも体幹を押し上げると，大腿部も浮き上がり，四つ這い位になることを見つける。

8) 座ることは両手を自由に使えること

5か月くらいになった乳児は，首も体幹もしっかりしてくる。目覚めているときは，寝かされることを嫌がるようになる。体重も増えてきて，抱き続けることは養育者にとっても負担となる。床に寝かすと嫌がるので，試しに座らせてみると，床に手をついて少し座っていられるが長続きしない。そこから自分で動くことができないし，手を使うことができないためである。しかし6か月

4か月では，腹臥位になると，近くのものや遠くのものを見るため頭を起こし，目で追い，頭部を左右に動かすこともできる。

図2−9　4か月の腹臥位

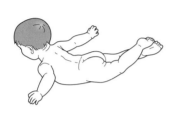

6か月では，腹部で支えて手足を飛行機のように広げて身体を揺れたり止めたりして遊ぶ。

図2−10　エアープレイン

6か月には，挙上した両足を両手でつかんだり，手でつかんだ足を口へ運んだりする。

図2−11　ボトムリフティング

になると，背中を伸ばすことでバランスがとれるようになり，手の支えが必要なくなってくる。自由になった両手であそびが広がっていく。9か月では自分で起き上がり，いろいろな座り方ができるようになっている。

9）環境を探索し自分を認識する

8か月になった乳児は，環境を探索するため活発に動く。四つ這いができるようになると，はじめは信頼している養育者につかまって立ち上がる。しゃがんで立ち，しゃがんで立ちと熱心に繰り返す。テーブルがあれば，お腹をつけて立ったりする。たまたま左側の物に手を伸ばしたら，バランスを崩し，左足を横に踏み出して，伝い歩きを発見する。床上のものをテーブルにのせるため，しゃがんだり，立ったりして，立位のバランスを拡大する。9か月には，どんな高さのものでもつかまれば立っていられるし，階段などの段差も上れるようになってくる。興味が運動発達を引っ張り，運動が自分の身体の存在や使い方を広げ，認識を高めていく。

10）他者への興味の広がり

7〜9か月の乳児の活発な興味の広がりは，自分の行動のために他者の表情を利用する社会的参照行動（social reference）や，他者の視線や行動に追従す

るという応答的共同注意（responding joint attention）の発達が大きく寄与している。乳児は養育者の行動をよく見て，行動の外見のみをまねたり，その動作の意図は理解できなくても結果のみをまねたりができるようになる。これは，他者，物への関心や動機と，それを成功させるように動作でできる身体運動や姿勢を獲得できたからである。

(5)「正常運動発達」は，肢体不自由児の運動発達にどう役立つか

　正常運動発達の研究結果は，肢体不自由児の支援において，ロールモデル（role model）として臨床利用されてきた歴史がある。正常運動発達は，神経系の成熟と筋や骨が成長していく中で，より難易度の低い順序，つまりスモールステップで運動を習得するプロセスと考えられてきた。肢体不自由児の運動困難においても，このスモールステップという現象を参照して，支援方法が開発されてきた。

　しかし，肢体不自由児に正常運動発達順序にとらわれて課題を課し，努力を強いることは必ずしも適切な指導とならない。正常運動発達の順序どおりの運動を強いても，単に対症療法となることが多いため，なかなか効果を得られない。むしろ，「がんばっていない」「努力が足りない」などと子どもが否定されたり，自己効力感を失ったり，人格や個性の育成を妨げる危険がある。特に，脳性まひのある子どもたちの多くはこのことに苦しめられた歴史をもつ。3歳までの運動発達期に原因がある肢体不自由児は，定型的な運動発達が阻害された子どもであり，それぞれにその子ども固有の発達のマイルストーンとその順序が存在し，その獲得を支援するという姿勢・態度が，養育者に必要とされる。

　このように，研究で一般化された正常運動発達の知識は，個々の肢体不自由児の発達の物語（生育歴）とは一致しないものであるが，その子ども特有のマイルストーンを発見し，有効な支援するための手がかりとして使われている。近年は，出生後の脳神経成熟の過程について新たな知見が得られることで，現象としての順序性だけの運動発達から，認知運動発達というとらえ方になり，脳神経の具体的な成熟変化で議論され，今までの支援方法も見直されている。

3　定型発達児における言語・認知・情動発達

　冒頭に，本項における「定型発達」（typical development）という用語の定義について述べておく。この用語は，厳密な定義に基づき使用されることはきわめて少ない。その理由のひとつは，「何を根拠として"定型"とするのか」という終わりのみえない議論が存在するためである。ここでは，「発達の遅れや障害などが存在せず，典型的な発達軌跡をたどること」と定義し，主に乳幼児

期の言語・認知・情動の発達について概説していくこととする。

（1）乳幼児期における言語の発達

　乳児が，「意味のある」ことばを使い始めるのは，一般的には生後10〜12か月とされている。しかし，その端緒となる「音声の表出」は新生児期にみられる。新生児の音声は「叫喚」と「非叫喚」に大別される。前者は，「オギャーオギャー」という音声が代表であり，後者は「クーイング（クークーなどの音声）」や「ガーグリング（ゴロゴロなどの音声）」といったやわらかな音声である。この非叫喚的な音声と並行して，生後1か月後半〜2か月を過ぎたころから，みずからの音声表出であそぶ（養育者には話をしているように見える）様子がみられ，やがて，みずからの口唇・舌・喉の動きを制御しながら，「喃語（バブバブ）」と呼ばれる音声表出を時折用いるようになる。

喃　語
「ブ（p），ブ（b），ム（m），ン（n）」といった音で構成されることが多い。口唇の動きのみで比較的容易に発声できる。

　上記のプロセスは，乳児がみずからの発声器官を随意的に操作できるようになっていくこと，発声に伴う感覚的な変化に気づくこと，そして，聴覚により自身の音声がフィードバックされることに伴う「自己刺激的な」あそびに移行していくと考えられる。運動発達は，「頭部から尾部に向かって進行する」という原則が存在するが，生後3か月ころに獲得される首のすわりの進行とともに喃語が活発化してくると考えると，初期発達の段階から，運動と言語が関係していることが想定される。

　生後6〜8か月にかけては喃語が多用され，鼻音や舌音などを活用した表出が増加する。子音と母音が明瞭な基準喃語や子音と母音が連続する反復喃語が使用されるようになるのもこの時期である。ほぼ同じころより，「他者に向けられた」音声表出が多くみられるようになることも特徴である。相手に向けて音声を表出することへの動機づけが高まる，すなわち，コミュニケーションの意図が明確に感じられるのが，生後6か月以降であるといえる。この時期を迎えると，養育者は，乳児に向けて「単調で」「短く」「繰り返しのある」音声でかかわることが増加し，乳児と音声を介したやりとりあそびが増加していく。この過程は乳児の「ことばらしきもの」が「ことば」に変化していくうえできわめて重要であると考えられる。

反復喃語
例として「ダダダダ」や「ブブブブ」といった音声があげられる。

　生後10〜12か月にかけて，冒頭に述べた「意味のある」ことば，すなわち初語がみられるようになる。初語は「マンマ」「ブーブー」「ワンワン」といったように反復喃語の発展として使用されることが多い。

　上述したような準備段階を経て，その後の言語発達の過程として，2歳までに100語程度のことばを話し，500語程度のことばを理解すると考えられている。2歳以降では語彙が急激に増加する“ボキャブラリースパート”と呼ばれる時期を迎える。知っている語句を並べて表現することに加えて，みずから物の名称を尋ねるような様子が観察され，多語文や従属文を表出するように

ボキャブラリースパート
語彙の爆発的な増加を表す用語である。ことばの発達は個人差が大きいため，子どもによって，発声時期が前後することに留意すること。

なる。この間，名詞から形容詞，動詞，副詞，代名詞などが使用されるように
なっていく。

　3〜4歳にかけて，話しことばの完成度が高まることに加えて，話すことへ
の意欲が増し，「多弁期」とも称されるおしゃべりが盛んな時期を迎える。そ
の後，5歳までにはことばをコミュニケーションの道具（外言）だけでなく，
思考のための道具（内言）として使用するようになる。なお，参考までに乳幼
児期の言語発達過程を表2−11に示す。

　以上より，乳幼児期における言語の発達過程は，外界に向けた音声の表出を
端緒とし，段階的に「ことばらしきもの」へと変化する。そして，他者とのコ
ミュニケーションの道具として機能性を高めながら，みずからを統制するため
に使用するようになるといえる。

（2）乳幼児期における認知の発達

　心理学において"認知"とは，「あらゆる形態の認識および気づきのこと。
例えば，知覚，発想，記憶，推論，判断，想像，問題解決など」と定義され
る[4]。きわめて広範な事象を含むため，ここでは，「自分を取り巻く環境から，
情報を取り入れ，環境への適応を図るための能力」として，乳幼児期における
知覚・記憶・思考の三つについて概説をしていく。

1）知　覚

　1960年代以前の研究では，人の新生児は，「無能な状態」で生まれてくると
考えられていた。しかし，その後の数々の実験において，新生児ですら，みず
からの知覚能力を活用して，外界の情報を取り込んでいることが明らかになっ
てきた。ファンツ[5]が行った選好注視法を用いた新生児の実験では，生後5日
の新生児でも，「人の顔」に対して最もよく視線を向けることが明らかにされた。
人は生まれながらにして「特定の刺激」を好むことがわかっている。

　その後の研究から，新生児は生まれながらにしておよそ0.02程度の視力を
有すること，ただし，30cm程度の距離までででないとピントを合わせることが

内　言
内言の使用例として
は，我慢をするときに
自分に言い聞かせるよ
うな思考をあげること
ができる。また「独り
言」のように見かけ上
は外言でありながら，
機能的に内言と考える
ことが適切なものもあ
る。

選好注視法
あかちゃんの目の前に
二つの刺激を同時に提
示し，注視時間に差が
あれば，刺激を区別し
ていると見なす実験的
方法である。

表2−11　乳幼児期における言語の発達過程

誕生〜1か月	不快な状況で「泣く（叫喚）」といった発声がみられる
2〜10か月	泣き声とは異なることばにより近い発声（喃語）がみられる
10か月〜1歳6か月	意味のあることば（マンマなど）を単語で使用するようになる
1歳6か月〜2歳	指差しを用いて，対象物の名称を盛んに発するようになる
2歳〜2歳6か月	知っている語句を羅列するようになる 語彙の爆発的増加期
2歳6か月〜3歳	多語文や従属文が言えるようになる
3〜4歳	話しことばが上達し，他者との会話が円滑に進むようになる
4〜5歳	ことばを思考のための道具として使用するようになる

できないことがわかっている。その後，視力は生後6か月で0.2程度，1歳で0.4程度となり，5歳までには成人並みになると考えられている。また聴覚については，生後1〜2週の新生児でも音の「大きさ」や「高低」について聞き分けており，人の話す言語音に対して，身体の動きで反応することが明らかになっている。その他の知覚機能として，例えば，出生時の感覚器官の中で最も発達しているとされる嗅覚は，刺激臭や腐敗臭に対する嫌悪を示す（泣きや顔をしかめる反応の表出）こと，味覚については「甘み」を好む傾向があること，触覚については口元や足底への刺激に対して敏感であることなどがわかっている。

（新生児の）反応
腰や手足を動かすことや眉を上げる反応がみられる。特に人の声の中でも「女性の声」に対して反応が生じやすいことがわかっている。

　新生児期から乳児期のあかちゃんは，上述したようなもって生まれた感覚機能を活用して，外界を「知り・覚える」ことで認知機能を駆動し始める。あかちゃんが，養育者に抱っこされる場面を想像してほしい。視覚機能を生かせる距離感で，聴き取りやすい音声であやしてもらい，母乳やミルクの匂いや味，そして皮膚接触を通した温もりの感受といったように，五感が最大限に活用される環境下で育つことがわかるであろう。このような経験が，次に述べる記憶の発達に貢献すると考えられる。

2）記憶・思考

　一般的に知られているように，記憶は「覚える（記銘）−貯える（保持）−思い出す（想起）」の三つの過程に分けることができる。さらに，保持される期間によって，感覚記憶，短期記憶，長期記憶に分類される。これら一連の記憶能力は，脳機能の成熟と深く関連すると考えられ，年齢の上昇とともに記憶容量が増え，パターン化された記憶が蓄積される。

　乳幼児期の記憶については，そのメカニズムに不明な点が多い。例えば，多くの人が3歳以前の記憶を思い出すことが困難であるとされる「幼児期健忘」もその原因はわかっていない。しかし，思い出すことができないとしても，先に述べた知覚を介して得られた情報が蓄積されていくことについては疑念の余地がないであろう。生後8か月ころより観察される「人見知り」は，養育者を中心とした既知の人と未知の人を記憶に基づいて区別しているからこそ生じると考えられるし，言語の発達も記憶を上書きして発達が進むと理解することができる。

　仮説の域を出ない推論ではあるが，「幼児期健忘」は，乳幼児期の子どもたちの記憶が失われたと考えるのではなく，過去と現在をつなぐために必要な高性能の記憶装置に移行する準備が整ったことで，想起が困難な場所に保存されたと考えるほうが適切かもしれない。3歳以前の記憶を「浮かんでは消える点」の集合体として理解すると，3歳以降の記憶は「点同士を結びつける線（自己）」によって構成される多面的な図と擬えることができる。乳幼児は，知覚や記憶に基づいて外界を解釈しようと，日々試みている。このプロセスを思考（知的

機能）と位置づけたのが，次に述べる20世紀を代表する発達心理学者である
ピアジェの研究である。

　ピアジェは，実験や観察を通して，子どもたちが四つの段階を経て，思考を
含めた知的機能を成熟させていくことを示した。表2-10にあるように四つの
段階とは，感覚-運動期（誕生から2歳ころまで），前操作期（2歳ころから7歳
ころまで），具体的操作期（7歳ころから11歳ころまで），そして形式的操作期（11
歳ころから成人まで）をさす。ここでは，乳幼児期に相当する感覚-運動期と前
操作期を中心に取り上げていく。

　①　ピアジェの感覚-運動期　　「思う」や「考える」という活動は，一般的
に「頭（心）の中で行われるもの」としてイメージされやすい。ところが，新
生児期を含めた乳児は，「身体を使って考える」とピアジェは考えた。触る，
叩く，口に入れて舐めるなど一連の感覚運動を活用して，結果的に生じた事象
（外界の変化）を繰り返し体験していく。ピアジェの考えをより深く知るため
に，感覚-運動期の6段階について概説していく。なお，以下の月齢はおおよ
その目安である。

　a．反射の行使段階（誕生から生後1か月）：生まれつき備わっている**原始反
射**を通して，外界についての情報を取り込もうとする段階である。

　b．第一次循環反応段階（生後1〜4か月）：同じ動作を繰り返す中で，偶
然結びついたことを繰り返し行う様子がみられる（親指が口元に触れる＋吸う＝
口の中に感覚が発生する）段階である。

　c．第二次循環反応段階（生後4〜8か月）：「物を目で見て，つかんで口へ
運ぶ」といった目と手の協応が成立するようになる。前段階までは行為そのも
のを楽しむために繰り返していたのに対して，行為の結果として生じる外界の
変化に関心をもつようになる（手に持っているものを落とす＋音が出る＝おもし
ろい）段階である。

　d．第二次循環反応の協応段階（生後8〜12か月）：手段と目的が分化し
て，特定の目的を達成するために意図的に行動する様子がみられる（玩具を布
で隠されると布をどけて玩具を取ろうとする）。**対象の永続性**を理解し始める段階
である。

　e．第三次循環反応段階（生後12〜18か月）：目的を達成するために，「実
験をしているかのように」さまざまな手段を試すようになる（テーブルの上に
ある物を取るためにクロスを引っ張ったり，椅子の上に乗ったり，棒で引き寄せた
りするなど）段階である。

　f．心的表象の発現段階（生後18〜24か月）：表象（p.1参照）が発達して
くることに伴い，頭の中で実験することを通して結果を予想して，合理的な手
段で目的を達成できるようになる段階である。

　②　ピアジェの前操作期　　誕生からおよそ2年をかけて，段階的に「思う」

原始反射
手のひらに刺激が加わ
ると握ろうとする把握
反射，口唇周辺に接触
した物のほうへ首を向
ける口唇探索反射など
のパターン化された反
射的活動のこと。

対象の永続性
目の前から対象が消失
しても（視覚や触覚に
よって感知できなくて
も），どこかに存在し
ていることを理解でき
ること。

「考える」能力が育っていく様相がわかる。その基盤として，身体や動作が果たす役割の重要性についても見て取れるであろう。次に，前操作期の２段階について概説していく。

　ａ．象徴的思考段階（２〜４歳）：象徴的思考段階では，表象の形成・拡大に伴い，「今・ここ」に存在しないものについて考えることができるようになる。これに伴い，あそびの中で，延滞模倣（その場にいないモデルのまねをする）やごっこあそび（見立てあそびなど）に従事する様子が観察されるようになる。言語やイメージを使用することにより，表現できる内容が増加していくが，概念形成という点において未成熟であること〔動物（上位概念）には，多数の生き物（下位概念）が含まれるなどの理解〕が特徴的である。

　ｂ．直観的思考段階（４〜７歳）：象徴的思考段階と比して，事物のつながりに気づき，分類や関連づけを行うことが可能になる（犬と牛と馬）は見た目ではずいぶん異なるが動物である）。ただし，論理的な判断基準ではなく，直観的な判断に基づく思考であることが特徴的とされている。ピアジェが行った実験（ピアジェの保存課題，図2-12）の中で，子どもに同じ高さのグラスに入っている液体を見せて，「同じ量」であることを確認させた後に一方を「細く背の高いグラス」に移し替え，両者が同じ量であるかを尋ねると，多くの子どもは水面の上昇に注目して「細く背の高いグラスのほうが量が多い」と回答することが示された。

　一連の実験結果から，ピアジェは，直観的思考段階の子どもたちは，可逆性の概念（元に戻せば同じ）や同一性の概念（何も加減していないから同じ）を獲得しておらず，これらの概念が獲得されるのは，具体的操作期以降であると結論づけている。

　ピアジェの実験については，研究者間でも実験手続きの是非について意見が分かれている。しかし，子どもがいかにして「思考」を獲得するのかについてひとつの道すじを示していることは評価されるべきことであろう。

　ここまで，乳幼児期の言語と認知について概説をしてきたが，両者は独立して発達するものではなく，むしろ，相互に絡み合いながら発達が

<aside>
象徴的思考段階
概念的思考期と呼ばれることもある。
</aside>

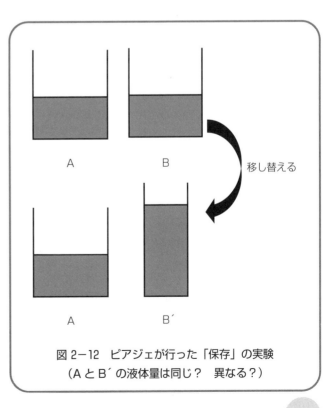

図2-12　ピアジェが行った「保存」の実験
（ＡとＢ´の液体量は同じ？　異なる？）

進んでいくのではないかとのアイデアも思い浮かぶのではないだろうか。言い換えれば，認知が言語を育み，言語が認知を育むということである。このアイデアをさらに推し進めるために，最後に情動の発達について概説を行うこととしよう。

（3）乳幼児期における情動の発達

　情動という用語とよく似たものに「感情」がある。一般的にはあまり区別がなされないこともあるが，心理学において両者は異なる定義を有する。感情は「知覚可能な個人内体験のこと。漠然とした感じや考え，イメージといった感覚様式からは区別され，それらによって喚起されるもの」と定義されている。つまり，"主観的な気持ち"と表すことができる概念である。他方，情動は，上述した"主観的な気持ち"に付随して生じる「経験的，行動的，生理的な変化を伴うもの」と定義される[6]。ここでは，情動の成立と分化，そして，情動が発達全体に及ぼす影響に絞って述べることとする。

　情動は，快，不快からなる原始情動とそれ以上分化することのできない基本情動（一次的情動），そしてより高次で社会的な情動（二次的情動）に分類される。新生児期のあかちゃんを観察していると，微笑のような表情を示すことがあるが，これは**生理的微笑**と呼ばれるものであり，快の情動表出とは区別して理解されている。生後3か月を過ぎたころより，養育者の顔や声に反応して表出される笑顔が「喜び」（joy）の情動である。同じころ，養育者とのやりとりが中断した際に「悲しみ」（sadness）が表出され，口腔内の不快な感覚などに対して「嫌悪」（disgust）が表出されるようになる。生後4〜6か月にかけて，情動はさらに分化され，ある特定の目的が阻害されたときに怒り（anger）が，未知の顔が接近した際に恐れ（fear）が，そして，予測と異なる現象に接した際には，驚き（surprise）が表出されるようになる。誕生時には，快と不快という漠然とした情動しか存在していなかった乳児が，生後半年間で川の流れが分岐するかのように六つの基本情動を獲得するのである。

　加えて，情動が分化していく背景要因として，情動に先行する事象の理解（認知）が深く関与していることもわかる。嬉しいでき事があった場合に「喜び」の気持ちが生まれ，それに見合った表情（笑顔）が表出されることはきわめて自然であろう。同様のことは，悲しみや怒りといったことにも当てはめることができる。乳児もまた，大人と同じようなやり方，すなわち，状況を認識し，それに見合った情動を表出させるのである。

　さらに，生後8か月近辺に獲得されるハイハイのような移動運動の獲得が情動発達に深く関与することが知られている。移動運動発達と情動発達の関連性について研究を行ったキャンポスら[7]は，移動運動を獲得した乳児の養育者にインタビューを行い，移動獲得と情緒発達の関連性について検討を行ってい

生理的微笑
生後3か月までによく観察される現象。レム睡眠時に目を閉じた状態で観察されることが多く，神経系の未成熟に由来して生じるといわれている。
レム睡眠：脳が活発に働き，記憶の整理・定着が行われている状態。目が活発に動く（rapid eye movement：REM）ことからレム睡眠と呼ばれる。
ノンレム睡眠：大脳は休んでいるが，脳や肉体の疲労回復のためには重要とされる。REMがないため，ノンレム（non-REM）睡眠と呼ばれる。

る。その結果，ハイハイを開始して，一定期間を経た乳児は，怒りの情動表出
やその強度の増加，養育者の後追い，外界への興味・関心の増大といった変化
がみられることを報告している。キャンポスらによれば，乳児は移動を獲得す
ることにより，養育者から離れて，外界を積極的に探索することが増える。こ
れにより，危険な場所に接近することが増え，養育者に行動を抑制されること
が生じ，その結果，怒りを表出することが増えるのだという。また転倒などに
より悲しみを経験する機会が増える一方で，未知の状況に際し，振り返って養
育者の表情を確認し，養育者が笑顔であれば前に進むといった行動（社会的参
照）もみられるようになる。以上の様子から，認知と情動，そして運動の発達
が絡み合い，乳児の社会化が促進される様子がうかがえる。

　情動研究者のルイスは，1歳6か月を過ぎたころより二次的情動の出現が
始まることを指摘している[8]。二次的情動とは，「客観的に自分をとらえる
自己意識や自分の振る舞いを善悪のような判断基準によって評価する自己
評価が関与する情動」であり，他者にみられていることを認識した「照れ
（embarrassment）」，他者の痛みや苦痛に際して慰める「共感（empathy）」，そ
して，他者が有しているものに対する憧れ「羨望（envy）」のような情動をさ
す。さらに，2歳を過ぎたころより，自身の失敗や過失をネガティブに評価し
た結果として「恥（shame）」や「罪悪感（guilt）」が出現すると報告されている。
二次的情動の発達は，幼児が，みずからが獲得したことばを介して外界とつな
がり，他者から多くの知識を吸収し，さらには「自己」がどのような存在であ
るのかについての認識を深めている結果を示すものと理解することができる。

　さて，ここまで情動の成立と分化のプロセスについて概要を論じてきたが，
それでは，情動は発達全体にどのような影響を及ぼすと考えられるのだろう
か。ことさらにいうまでもなく，ひとつは情動が他者とのコミュニケーション
を拡大することがあげられる。みずからの内的状態を効果的かつ効率的に伝え
る手段として，情動を活用することはきわめて有効であろう。さらに，他者の
内的状態を知ること（心を読み取ること）は，幼児期以降の集団生活を円滑に
するものとなるであろう。もうひとつは，学習の効率性である。先に述べたよ
うに移動を獲得することは，外界を知ることを飛躍的に向上させる。それは，
危険に遭遇する確率を高めることも意味する。記憶を含めた認知機能の高まり
を待たずして学習を進めるうえで，情動体験により記憶に刻み込むことは，状
況の認識や回避行動を学習するうえで有効であると思われる。

　定型発達児における言語・認知・情動発達について，概説した。それぞれの
領域について，優れた専門書が数多く存在するため，興味を抱いた領域から順
次読み進めると，発達の奥深さがより理解できるであろう。

　三つの発達領域が相互に関連することを含ませて書き進めてきたつもりであ

社会的参照
みずからの行動を決定
する際に，他者の反応
をうかがって行動を決
定するような現象をさ
す。他人の顔色を見て
物事を判断する社会的
な行動の源泉として理
解することもできる。

る。姿勢・運動と言語・認知・情動の発達的関連については，次項の「肢体不自由児における言語・認知・情動発達」において，詳述するとして，最後にひとつだけここで述べておきたい。

　乳幼児の発達において，姿勢運動発達と言語・認知・情動の発達との関連性が深いと筆者は考えている。端的にいえば「身体が育つと心が育つ，心が育つと身体が育つ」ということになる。これは，「個体内発達」の視点である。

　上記に加えて，「個体間発達」の視点も重要となる。「子どもが育つと養育者も育つ」と言い換えてもよい。情動発達に移動運動獲得が関与していることについて述べたが，外界をみずからの身体で探索し，豊かな情動表出を行うようになる子どもを眺める養育者は「自分とは異なる欲求をもつ他者」としてわが子を認識する機会に遭遇するに違いない。そのことは，ルールを教える（しつけ）ことと子どもの主体性を尊重することの両面に変容をもたらすことが想定される。人の発達や社会化を考えるうえで，「個体内」と「個体間」の両面についてとらえる視座が求められるであろう。

4　肢体不自由児における言語・認知・情動発達

　前項の「定型発達児における言語・認知・情動発達」の内容を踏まえ，本項では，肢体不自由児における言語・認知・情動の発達を論じていくこととする。

　なお，肢体不自由児は，基礎疾患として，脳性まひ，進行性筋ジストロフィー（以下，筋ジス），二分脊椎，さらに近年では，**遺伝子疾患**などを有する者が存在する。加えて，肢体不自由児が有する障害の特徴として，二つ以上の障害を併せ有する場合（重複障害）も少なくない。よって，ここでは必要に応じて，肢体不自由（児）（脳性まひ等），肢体不自由（児）（筋ジス等），肢体不自由（児）（脊髄疾患等）と表記する。肢体不自由（児）のみで表記している箇所については，それらに共通する事項である。

　以上を踏まえ，本項では，肢体不自由児の特徴である「姿勢・運動の障害」が，言語，認知，情動の発達にどのような影響を及ぼすのかを中心に概説することとしたい。読み進めるにあたっては，学齢期などの肢体不自由児であっても「発達段階」として適宜，読み替えていくことで理解が深まるであろう。

（1）肢体不自由児における言語の発達

　肢体不自由児は，発声・発語器官の運動の困難さに由来する音声言語使用の問題を抱えることが少なからずある。音声・言語の表出が，口唇・舌・喉の形を変化させることや呼吸に伴う胸部・腹部などの動き，すなわち複合的な「運動」であることを考えれば想像することは難しくない。

遺伝子疾患
突然変異を起こした遺伝子や異常な染色体を原因とする各種の疾患のこと。名称のついたものだけでも数千の疾患が存在する。

　前項において，定型発達児が外界に向けた音声表出から喃語に移行し，有意味語の表出に至ることについて述べた。この変遷の背景には，姿勢・運動発達が存在する。乳児の身体運動と喃語の同期性ついて検証した研究[9]では，乳児が喃語を表出する際に，手を上下に振る動きや脚を蹴り出す動きといったリズミカルな運動が頻繁に同期して生じることが明らかになっている。さらに興味深いことに，この同期現象は，喃語出現後の時期には消失していく。このことは，一般的に身振り手振りが発話に先立つことがあるように，乳児の初期の言語発達において，身体の動きが先導的な役割を果たしている可能性を示唆している。肢体不自由児の場合，発達早期からの身体の動きの困難さが発声・発語の発達に影響を及ぼしていると考えることもできよう。

　また，発声・発語の困難さは，みずから言語学習環境を構築することを妨げてしまう可能性もある。定型発達児が生後10か月以降に獲得する初語が反復喃語の発展であることは前項で述べたが，例えば "ブーブー（くるま）" という音声を表出した際に大人から「ブーブーどうぞ」と車の玩具を渡されることは，音声言語がもつ**コミュニケーション機能**を学ぶ礎（いしずえ）となる。2歳までに100語を使いこなし，その後，爆発的な語彙増加をたどる一因が，みずから音声を発し，そのフィードバックを受けられる学習環境にあるとすれば，音声を発することの困難さを抱える肢体不自由児にとっては，容易ならざる言語学習環境が待ち受けていることになる。

　一方で，言語理解に目を向けたとき，肢体不自由（脳性まひ等）の程度が「重度」とされ，言語表出がほとんどない人たちであってもかなりの内容を理解していることも少なくない。例えば，**拡大・代替コミュニケーション**の考え方に基づき，「はい−いいえ」で答えられるような質問に対して，うなずきで回答を求めることやひらがなが書かれた文字盤などで表出を支援すると，問いかけた内容に対する適切な回答が得られることがある。定型発達児が，言語表出数よりもはるかに多くの内容の言語を理解している時期が存在することからもわかるように，肢体不自由児の言語発達を理解する際にも「理解が先行し，表出が育っていく」ということを基本として考える必要がある。

　肢体不自由児（脳性まひ等）の言語発達を評価するために，例えば，「**PVT-R絵画語い発達検査**」や「**ことばのテストえほん**」などを使用することもあるが，対象となる子どもの特性を理解したうえで，検査を行う環境や表出手段の工夫などに配慮を要することが多い。肢体不自由児（筋ジス等）や肢体不自由児（脊髄疾患等）においては，言語発達に大きな支障がないようにみえることもある。しかし，評価を行うことで，子どもたちの言語上の困難さに気づかされることも少なくない。よって，上述した検査を含めて，アセスメントを実施することの意義を認識しておくとよいであろう。

　また，定型発達児と同様に，肢体不自由児の言語発達を考えるに際しても，

コミュニケーション機能
例えば，「ブーブー」という発語は，要求（ブーブーが欲しい）や叙述（ねえ見て，ブーブーがあるよ）といったように文脈によって伝達内容が異なることがある。つまり，言語そのものではなく，言語が有する「機能」のことをいう。

拡大・代替コミュニケーション
第2章3節4参照。

PVT-R絵画語い発達検査
上野一彦・名越斉子・小貫悟：PVT-R絵画語い発達検査，日本文化科学社，2008。

ことばのテストえほん
田口恒夫・小川口宏新訂版ことばのテストえほん−言語障害児の選別検査法，日本文化科学社，1987。

次に述べる認知発達との関連性も含めて考えていくことが求められる。

（2）肢体不自由児における認知の発達

　ピアジェによる認知発達段階論については前項で詳述したが，改めて，感覚運動期の発達について考えてみたい。誕生から間もないあかちゃんは，生得的に保有する原始反射を活用して外界と出会う。例えば，**把握反射**は，てのひらに加わった刺激に対して反射的に手を握ってしまうのだが，生後4〜6か月ころになると消失することが知られている。この過程は，反射が抑制され，随意運動が高まることによると理解されており，あかちゃんは，反射を通して繰り返し経験したでき事をみずから求めるようになる（循環反応への移行）と考えることができる。

　ここで，肢体不自由（脳性まひ等）のある乳児を例にして考えてみよう。脳障害により筋緊張が亢進（過剰緊張）している場合，あるいは，筋緊張がきわめて低く原始反射なども十分に出現しないといった場合，上述した認知発達の第一段階でつまずいてしまうことが想像できる。端的にいえば，外界と出会うことに困難さを抱えた状態といえるであろう。その他にも，姿勢・運動の障害が認知発達にもたらす影響は，表2−12に示すとおり，数多く存在する。

　以上のことは，肢体不自由に伴う「**体験の不足**」により想定される認知発達の様相である。これに加えて，例えば肢体不自由（脳性まひ等）のある子どもの場合は，脳損傷に由来する特異的な認知面の困難さが存在することがある。その代表的なものとして，視知覚の問題をあげることができる。

　例えば，図2−13の左図ような「○と△と□」が重なって書かれた図形のようなものがあるとしよう。私たちは，○を見るときには○に注目し（○が図として焦点化され，△と□は背景になる），次に△を見るときは△を注目する（○と□が背景になる）。このように同時に存在する刺激の中から選択して，外界の情報を入力することができる。このような現象は「図−地反転」と呼ばれ，可変性に富んだ柔軟な視知覚の特徴として知られている。しかし，肢体不自由児（脳性まひ等）の中には，視知覚の切り替えが難しく，特定の刺激にしかアクセスできないといった頑健な視知覚特性を有する子どもがいる。また，右図は同じ図が波線によって遮蔽されたものである。私たちは「見にくさ」を感じながらも図形に注目することができるが，肢体不自由児の場合，このような余分な刺激が存在することで「何に注目すればよいのかわからない」という状態に陥ることがある。このような特性から，運動面の障害は比較的軽く，知的な遅れがないとされている子どもでも「文字を目で追って読めない」や「黒板の文字をノートに写せない」といった特徴を示すことがある。もちろん，肢体不自由児（筋ジス等）や肢体不自由児（脊髄疾患等）においても上述した特徴が確認されることはある。しかし，ひと口に「肢体不自由児」といっても，困難さの背

把握反射
把握反射は，手指（てのひら）だけでなく足指でも生じる。足指の把握反射は，手指よりも長く残存する（生後10か月ころまで）ことが知られている。

体験の不足
肢体不自由児の障害特性に伴う学習上の課題として学習指導要領などにも記載されている事項である。ただし，肢体不自由の程度が「重度」であっても，認知発達が良好に進展する事例もあるので留意すること。

表2−12　肢体不自由児（脳性まひ等）における姿勢・運動の障害と認知発達の関連

仰臥位（あお向け）や腹臥位（うつ伏せ）の姿勢の困難さ	仰臥位は，背中を支持面とする安定した姿勢であり，誕生以降，休息や睡眠をとるうえで重要な姿勢である。加えて，あかちゃんは発達途上にある視力を活用して，「物や人を見る」ことや「手を動かし，指を吸う」という活動に従事する。しかし，肢体不自由児の場合，筋緊張の亢進や呼吸のしづらさなどにより，仰臥位を取ることを嫌がる場合がある。腹臥位は，肘を支点にして，頸を持ち上げることにより，外界の見え方をみずから変化させることができる姿勢であるが，仰臥位と同様に嫌がることがある。つまり，寝た姿勢で外界の情報を取り入れることの困難さが生じやすく，そのことが感覚運動期に体験する事象の不足につながりやすいといえる。
首のすわりの困難さ	首のすわり（定頸）は通常，生後3か月ころに獲得される。定型発達児においては，首のすわりにより，外界の情報を取り込みやすくなること，さらには上肢の動き（リーチング）が活発化し，物とのかかわりが増加する（循環反応の拡大）。 　しかし，肢体不自由児の場合，首のすわりの時期が大幅に遅れることが多いのに加え，上肢の動きの制約から，能動的な視覚探索や活発な手の動きがみられにくいことがある。これにより，循環反応が抑制されることにつながりやすい。
座位姿勢の困難さ	座位は，重力に抗う姿勢であり，首のすわりの後から開始される養育者の手を借りた「もたれ座り」，みずからの上肢を支えにした「支え座り」，体幹の力で座る「独り座り」と段階的に移行することが多い。生後7か月ころには，独り座りで手に物を持ってあそびに従事する様子が観察されるようになる。つまり，座位は「外界に対して能動的にかかわるための姿勢（学習姿勢）」と位置づけることができる。この時期は，第二次循環反応および協応段階に該当し，みずからの行為が外界の変化と関係していることへの気づきが高まる。 　肢体不自由児の場合，座位姿勢を取らせると，全身の筋緊張が高まり，身体を固めるようにして座ることやバランスが取れずに大人にもたれた状態で座位姿勢を保持することも多い。そのため，安楽な姿勢が優先される傾向にあり，外界について知るという認知発達の機会が制約を受けやすい。
移動運動（寝返り・ハイハイ・歩行）の困難さ	移動運動の獲得は，環境をくまなく探索し，さまざまな「実験」を繰り返しながら目的を達成する機会につながる。しかし，肢体不自由児の中で，「移動」に困難さを抱えているケースは少なくない。そのため，心的表象の発現や概念形成に遅れが生じやすくなることが考えられる。

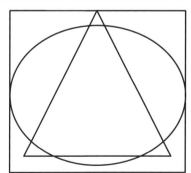 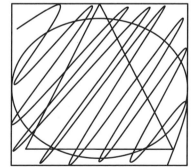

左は3つの図が重なり合ったもの，右は同じ図が波線で遮蔽されたもの。

図2−13　「図−地」の反転や遮蔽された刺激の例

景要因が異なる可能性があることに留意してほしい。

視知覚の問題は外見上からは判断しにくいため，知覚・認知機能のアセスメントを実施し客観的に把握することが望ましい。代表的な検査として，「フロスティッグ視知覚検査」があげられる。また，ウェクスラー式知能検査（WISC-Ⅳ）を活用して，**ワーキングメモリ**を評価することなども有効である場合がある。

ここまで，肢体不自由児における言語と認知の発達について概説してきた。定型発達児における言語と認知は，両者が調和的に絡み合い発達が進展する様子が理解しやすかったと思われる。それに対して，肢体不自由児では，姿勢・運動の制約や基礎疾患に基づく特性などを絡めた複合的な理解に基づいた発達を理解することが求められる。

最後に，肢体不自由児の情動の発達を取り上げ，言語・認知・情動の発達をつなぎ，育ちをはぐくむものについて整理を試みたい。

（3）肢体不自由児における情動の発達

前項の定型発達児における情動発達では，新生児期の混沌とした快・不快から始まり，川の流れが分岐するかのように感情が分化する（一次的情動）こと，そして自己意識の芽生えや社会化に伴う二次的情動の出現までを述べた。

肢体不自由児の情動発達を考えるうえで，まずは，上述のいかなる点に発達上の課題が生じやすいのかについて考えていきたい。

肢体不自由児（脳性まひ等）や肢体不自由を主とした重複障害児の中には，大人の身体接触や衣服などの特定の素材に対して過敏になったり，特定の音に対して強く反応し，身体に過剰な緊張などが発生することがある。これらは「**感覚処理障害**」とも呼ばれ，養育者との関係形成や外界への適応の妨げになりやすいとされている。

誕生から生後6か月までの間，すなわち，一次的情動の確立に至る道のりは，養育者との身体を介したスキンシップが情動発達の鍵となることはいうまでもない。ところが，例えば抱っこをされると身体を突っ張らせるような緊張が生じる子どもでは，養育者が「かかわることを拒否されている」と感じることにつながりやすく，情動発達の基盤となる愛着関係の構築につまずきが生じかねない。子どもの側からすると，外界から予告なしに訪れる触刺激や音刺激に揺さぶられ，心理的に混乱しやすい状態が続くことにも注意が必要となる。

上記に関連した事項として，**新生児集中治療室**（NICU）に長期間入院をした子どもたちの情動発達に関する報告がある。エッカーマンらの研究によれば，NICUに入院した**極低出生体重児**は，退院後4か月時点で母親や見知らぬ成人女性と対面した際に微笑みなどのポジティブな情報表出が満期出産児よりも有意に少ないことを報告している。この結果の解釈についてはさまざまな議

フロスティッグ視知覚検査
視覚と運動の協応，図形と素地，形の恒常性，空間における位置，空間関係の全5項目の検査が実施できる。

ワーキングメモリ
「作業記憶」または「作動記憶」と訳される。情報を一時的に保持し，操作するための貯蔵システムを表す用語である。

感覚処理障害
感覚過敏や感覚防衛などがみられる。自閉症スペクトラム障害の子どもたちにみられやすいとされているが，肢体不自由児にもみられることがある。

新生児集中治療室
neonatal intensive care unit：NICU
母胎内で十分に成熟できずに出生した子どもや出生時のトラブルなどがあった新生児のための治療施設。

極低出生体重児
2,500g未満で出生した新生児を低出生体重児と呼ぶが，中でも極低出生体重児（1,500g未満での出生）や超低出生体重児（1,000g未満での出生）の場合，後に脳性まひなどの診断を受ける子どもたちも一定数存在する。

論があるものの，**生命維持に重点が置かれた環境下**で，乳児たちは情動表出を促進されるような刺激（養育者から抱かれることや微笑みかけてもらうことなど）を十分に得られなかった可能性が指摘されている。このことから，養育者と子どもの情緒的結びつきを促進するために**カンガルーケア**やベビーマッサージなどの触れることを重視した発達的ケアが推進されている。

　上述してきた感覚処理障害やNICUにおけるケアのあり方については，肢体不自由児の情動発達を考えるうえで有益や示唆を与えていると思われる。身体と外界との接触に課題を抱えやすい子どもたちに対して，穏やかでほどよい刺激を提供することは，肢体不自由児の混乱を鎮静化することに貢献するものと考える。肢体不自由児の研究者である徳永[10]は，肢体不自由児が外界を適切にとらえるためには，その刺激の強さを「処理できる程度」に調整し，子ども自身のフィルター機能を働かせることが必要であり，表2-13に示すような配慮に基づいて練習を行うことを提言している[11]。

　このように，外界から脅かされることなく，ポジティブな情動を確立することが，肢体不自由児の発達的基盤となるものと思われる。それは，みずからの身体を動かして，外界を探索する意欲につながるという点で認知発達の原動力となり，さらには言語発達や他者とのコミュニケーションにも拡大されていくであろう。

　もうひとつ，肢体不自由児の情動発達を考えるうえで重要な点は，「能動的な移動体験」である。肢体不自由児の臨床研究において，最近では，みずから身体を操作した移動ではなく，その代替手段として，ジョイスティックを操作することで移動を経験する電動移動装置を適用した事例が報告されている。理学療法士（PT）である高塩らの研究では，脳性まひの障害レベルを5段階に分類する指標であるGMFCSにおいて，「最重度」と判断されるレベルVと評価された脳性まひ児に対して，電動移動装置を適用した介入を実施し，移動経験の蓄積が認知面だけでなく快の情動表出の増加につながったことを報告している[12]。このような研究はまだ数が少なく，今後さらなる検証を必要とするが，テクノロジーを活用した移動体験により，脳性まひなどに限らず，筋疾患や脊髄疾患など，さまざまな肢体不自由児の情動発達，さらには各種の発達を促進する可能性が示されつつあるといえよう。

生命維持に重点が置かれた環境下
現在のNICUは，環境工学的観点から，光や騒音などに配慮がなされ，養育者との身体接触を増やす試みが行われている。

カンガルーケア
カンガルーなどの有袋類が子どもを育てる方法に着想を得て，子どもと母親が肌を密着させる機会を設定するケアの方法のこと。

表2-13　感覚処理に困難さがある子どもたちへの配慮事項

1　驚かない程度（強さ，特性，刺激する部分）の刺激からはじめる
2　十分に予告して刺激を与える
3　少しずつ慣れていく時間を確保し，大丈夫という安心感を高める
4　場合によっては，本人が刺激を選択することも試みる

出典）徳永豊：感覚過敏の理解と対応：よくわかる肢体不自由教育（安藤隆夫・藤田継道編著），ミネルヴァ書房，pp.102-103，2015.より抜粋

　肢体不自由児（脳性まひ等）の特性について記されたテキストで，過去から現在にわたって記載されてきたものがある。表2-14に示す特徴が，脳性まひ児の行動特性として紹介されている[13]。

　本項では，肢体不自由児の特徴である「姿勢・運動の障害」が，言語，認知，情動の発達にどのような影響を及ぼすのかについて述べてきた。それを踏まえて表2-14の5項目を眺めてみると，肢体不自由（脳性まひ等）のある子どもたちにとって，調和的な発達が決して容易なものではなく，アンバランスな特性により，生活上・学習上の困難さにつながりやすいということが理解できるであろう。また，この5項目の特性は，「姿勢・運動の困難さに伴う社会的経験の不足」との関連性でとらえることで，肢体不自由（筋ジス等）や肢体不自由（脊髄疾患等）の子どもたちを理解する視点となりうるかもしれない。

　本稿を通読した読者諸氏が，肢体不自由児の言語（コミュニケーションを含む）・認知・情動をていねいに育て上げることで，子どもたちの「特性」が緩やかに変化していくのではないかという所感を得たとすれば，執筆者として望外の喜びである。

　おわりに，肢体不自由児の教育・支援に携わる人たちには，肢体不自由児が発達の途上で十分に体験できなかったことに目を配り，みずからの身体を通して得られる豊かな体験を提供することを大切にしていただきたい。

　肢体不自由児は，定型発達児がたどる発達的「階段」を，定型発達児とは異なる速度で，時にはひと休みをはさみながら上っていくという理解が必要となる。私たちが出会う肢体不自由児は，一人ひとりが異なる姿勢・運動の特徴を有し，言語・認知・情緒の力を有している。だからこそ，肢体不自由児にかかわる教員や支援者は，子どもの各種の発達段階を精査（実態把握）し，「何のために」「どのような姿勢」で「何を」を学んでもらううのか（目標設定と指導の一貫性）を深く考え抜く資質・能力を身につけていかなければならない。加え

表2-14　肢体不自由児（脳性まひ等）における行動特性

1）行動過多性（hyperactivity）	落ち着きがなく，動き回り，目につくものや動くものなどに注意が奪われやすい
2）強迫反応性（forced responsiveness）	衝動的に反応し，反応に一貫性がみられない
3）被転動性（distractibility）	環境内の特定の対象に注意を集中することができず，不要な刺激や無関係な刺激に対して無選択に反応してしまう
4）固執性（perseveration）	一定の場面から別の場面へ，あるいはある観念から別の観念への転換が困難である
5）統合困難（dissociation）	対象をひとつのまとまりのある全体として，あるいは統一のある形態として構成することが困難である

出典）川間健之介：肢体不自由の行動特性：よくわかる肢体不自由教育（安藤隆男・藤田継道編著），ミネルヴァ書房，pp.26-27，2015.

て，教育・支援の成果をとらえる（評価）ことで，支援のバトンをつなぎ，肢体不自由のある人たちが生涯を通して発達を遂げること（肢体不自由者の生涯発達）に貢献していくことが求められる。

演習課題

1. ピアジェの認知発達論における各発達段階の発達的特徴について関連文献を調べて，自分なりに整理してみよう。
2. 実際に乳幼児を観察する機会を設け，発達連関の具体例を探してみよう。そしてその発達関連はどのような意味があるのか，互いに発表し，話し合ってみよう。
3. 運動発達における環境の影響を考えてみよう。
4. 運動発達と認知発達の関連性を考えてみよう。
5. 定型発達児の言語・認達・情動の発達的関連性について，年齢・発達段階によって，どのような能力が結びつきやすいか具体例を二つ以上あげて説明しよう。
6. 乳児が移動運動を獲得することに伴い，どのような情動表出が優勢になるかについて具体的な場面を想定して説明しよう。なお，養育者のかかわりを含めた論述も可とする。
7. 肢体不自由児の言語・認知・情動の発達的特徴を定型発達児と比較して説明しよう。
8. 肢体不自由児の発達支援や教育を考えるうえで，他の障害と比して，特に重要と考えられる点について説明しよう。なお，他の障害は具体名を自由に選択してよいものとする。

引用文献

1) 茂木俊彦：発達保障を学ぶ，全障研出版部，pp.16-27，2004.
2) 心理科学研究会：育ちあう乳幼児心理学，有斐閣，p.77，2000.
3) ワロン：身体・自我・社会（浜田寿美男訳編），ミネルヴァ書房，p.259，1983.
4) ファンデンボス GR 監：APA心理学大辞典（繁枡算男・四本裕子監訳），培風館，p.683，2013.
5) Fantz RL：The origin of form perception, *Scientific American,* **204**, 66-72, 1961.
6) ファンデンボス GR 監：APA心理学大辞典（繁枡算男・四本裕子監訳），培風館，p.422，2013.
7) Campos JJ, Kermoian R, Zumbahlen MR：Socioemotional transformations in the family system following infant crawling onset：Emotion and its regulation in early development（Eisenberg N, Fabes RA, eds.），New directions for child development, Jossey-Bass, pp.25-40, 1992.
8) Lewis, M. and Brooks-Gunn, J.：Social cognition and the acquisition of self, Springer US, p.316, 1979.
9) 江尻桂子：乳児における喃語と身体運動の同期現象Ⅰ－その発達的変化，心理学研究，**68**（6），433-440，1998.
10) Eckerman CO, Oehler JM, Hsu HC, *et al.*：Infants positive affect during en-face exchanges：effects of premature birth, race, and social partner, *Infant Behavior and Development*, **19**, 435, 1996.
11) 徳永豊：感覚過敏の理解と対応：よくわかる肢体不自由教育（安藤隆夫・藤田継道編著），ミネルヴァ書房，pp.102-103，2015.

12）高塩純一・口分田政夫・内山伊知郎他：姿勢制御・粗大運動に障害をもった
　子どものための機器開発，ベビーサイエンス，**6**，16-23，2006.

13）川間健之介：肢体不自由の行動特性：よくわかる肢体不自由教育（安藤隆男・
　藤田継道編著），ミネルヴァ書房，pp.26-27，2015.

📑 **参考文献**

②・髙橋純・藤田和弘編著：障害児の発達とポジショニング指導，ぶどう社，
　1986.

・Lois Bly：写真でみる乳児の運動発達（木本孝子・中村勇共訳），協働医書出
　版，1998.

・明和政子：心が芽生えるとき，NTT 出版，2006.

・人見真理：発達とは何か，青土社，2012.

・浅野大喜：発達科学入門，協同医書出版社，2012.

③ 医学的・心理学的介入

1 リハビリテーションとは

すでに一般化していることばである「リハビリテーション」とは何か，それを理解するために，その歴史や日本での始まり，またその意味や意義について解説する。

（1）リハビリテーションの歴史と日本の療育

「リハビリテーション」という用語は，古くは「ヨーロッパでの宗教的な破門から，それが取り消されて復権すること」を意味したといわれる。現在使われている「リハビリテーション」の概念は，ノーベル賞発案者であるアルフレッド・ノーベルと関係がある。1870年代に，ノーベルが発明・実用化したダイナマイトが利用された近代戦争によって，多くの障害者が生まれた。彼らを救済する概念として，「リハビリテーション」が使われるようになった。

日本でリハビリテーションということばが頻出するようになったのは1960年代である。当時国民病といわれ，死亡原因の第1位であったのは脳卒中（脳内出血，脳梗塞，脳血栓などの脳血管障害）である。しかし，医学の進歩により生存率が高まり，それによって障害者が増え，リハビリテーションが注目されるようになった。理学療法士及び作業療法士法の施行（1965年）が日本のリハビリテーション医学の始まりともいわれている。

それよりさかのぼって1920年代の昭和初期，**高木憲次**は「肢体不自由」という用語を提案し，肢体不自由児に特化した「療育」という新たな概念を提唱した。彼がドイツ留学中に学んだ**クリュッペル・ハイム**をモデルに1942年に日本で最初の肢体不自由児施設「整肢療護園」（現，心身障害児総合医療療育センター）」をつくり，「療育」の実現を目ざしたことは特筆すべきことである。

当時の「療育」とは，高木のことばを借りれば，「現代の科学を総動員して不自由な肢体を出来るだけ克服し，それによって幸にも恢復したら『肢体の復活能力』そのものを（残存能力ではない）出来る丈有効に活用させ，以て自活の途の立つように育成することである」[1]。

この「療育」は，肢体不自由以外の障害のある子どもの育成の総称として現在では広がっている。高木の「療育の理念」（表2−15）は，障害者の権利に関する条約にあるハビリテーション（社会参加に必要な能力の習得）の理念と軌を一にするものといえる。

高木憲次
（たかぎ けんじ）
整形外科医（1888〜1963）。東京帝国大学教授，日本肢体不自由児協会会長。日本の肢体不自由療育の草創・発展に寄与し，「肢体不自由児の父」と呼ばれる。治療・教育・職能授与の三つの機能を備えた施設の必要性を提唱し，1942年整枝療護園を開設した。

クリュッペル・ハイム
ドイツ語でKrüppel-Heim。1832年のドイツ，ミュンヘン市で初めて設立された肢体不自由児者のための救済事業による更生施設。

表 2−15　療育の理念（高木憲次）

> 　たとえ肢体に不自由なところあるも，次の社会を担つて我邦の将来を決しなければならない児童達に，くもりのない魂と希望をもたせ，その天稟をのばさせなければならない。
> 　それには児童を一人格として尊重しながら，先づ不自由な個処の克服につとめ，その個性と能力とに応じて育成し，以つて彼等が将来自主的に社会の一員としての責任を果すことが出来るように，吾人は全力を傾盡しなければならない。

（2）「リハビリテーション」の意味や使われ方

　リハビリテーションを日本に紹介した医師の上田敏は，「リハビリテーション」の概念に基づき，「全人間的復権」と日本語訳したが，定着しなかった[2]。

　医療的リハビリテーションは，医学としての大きな分類としてリハビリテーション医学と呼ばれ，予防医学（公衆衛生），治療医学に続く第三の医学，回復の医学といわれた時期もある。それぞれの対象は，予防医学は「健康」，治療医学は「疾病」，リハビリテーション医学は「障害」という概念になる。

　また，リハビリテーションは，前述の歴史的な経過からも戦争や事故や疾病による後遺症による障害，いわゆる中途障害を対象にした用語だが，一方，周産期や発達期の子どもに発症した障害に対しては，回復や復権するべきものはないという意味から，ハビリテーションという用語が適切だと使用された時期もあるが，日本では定着していない。

　現在「リハビリテーション」はその概念的な面より，具体的な支援やアプローチをさして使われることが多い。中途障害に対して「リハビリテーション」という場合は，医学的な機能回復や社会適応の療法の実施を意味する。また，子どもなど先天性の障害に対しても，言語・認知や運動の発達・機能向上の個別的な療法をさし，それ以外の保育などを「療育」として使い分ける傾向にある。

　一方で，児童福祉法では，直接的にリハビリテーションということばは使われないが，医療型障害児入所施設など障害児福祉のサービスの基準の中に医療リハビリテーションの職種の設置を義務づけるなどの規定をもってリハビリテーションを位置づけている。

　また障害者基本法や，障害者の権利宣言（1975 年）では以下のようにリハビリテーションが位置づけられている。

> 障害者基本法　第 14 条
> 　国及び地方公共団体は，障害者が生活機能を回復し，取得し，又は維持するために必要な医療の給付及びリハビリテーションの提供を行うよう必要な施策を講じなければならない。

> 障害者の権利宣言（国連総会採択，1975年）
> 　障害者は，義肢・**補装具**を含む医学的・心理学的・機能的治療を受ける権利を有し，医学的・社会的リハビリテーション，教育，職業教育，訓練とリハビリテーション，援助，カウンセリング，職業あっ旋，ならびに，その能力や技術を最大限に発達させ，彼らの社会への統合または再統合を行う過程を促進するようなその他のサービスを受ける権利を有する。

　「リハビリテーション」と「ハビリテーション」の概念は，広い意味で「障害のある人たちへの社会参加に向けての包括的な支援」を示している。したがって，それにかかわる分野や人は実際には多岐にわたる。

　一般的にはリハビリテーションと思われている医学的リハビリテーション以外にも，職業リハビリテーション，生活リハビリテーション，地域リハビリテーション，スポーツリハビリテーションや，最近は美容リハビリテーションなどさまざまな分野のものがある。

補装具
義肢，装具，車椅子など，身体機能の補完や代替のために身体障害者が長期間にわたり装着，使用する用具の総称である。

（3）肢体不自由のある子どものリハビリテーション

　肢体不自由児のリハビリテーション（ハビリテーション）における支援の主たるものは，包括的な発達の支援である。それにかかわる人は彼らが日々接するすべての人ということもできるが，主な職種として，表2-16にあるものがあげられる。これらの職種間での情報の共有や連携が子どもに与える利益は大きく，そのことが重要な課題となっている。

　リハビリテーションサービスを行ううえで大切なことは，子ども本人の自己決定の尊重である。そのため，本人の育成に責任があり，自己決定の補佐であり代弁者としての保護者と，当事者に心情的に近く利害関係者でもあるきょうだいなどの家族への支援は，リハビリテーションを進めるうえで特に重きを置かれてきた。放課後の預かり事業など児童福祉施策にも，その意味が含まれている。

　また，リハビリテーションの入り口ともなる障害の判定は，法律で定める資格を有する医師によって行われる。何らかの疾病の後遺症として身体に障害が生じたと判定されると，子どもであっても身体障害者手帳の交付を受け，制度的に「身体障害者」となる。身体障害には，肢体不自由のほかに，視覚障害，聴覚障害，内部障害がある。

表2-16　肢体不自由児のリハビリテーションにかかわる主な職種

医師　理学療法士　作業療法士　言語聴覚士　公認心理士
視能訓練士　義肢装具士　看護師　特別支援学校教員
放課後活動にかかわる児童指導員や保育士　行政機関のケースワーカー
児童発達支援管理責任者　相談支援専門員

2　肢体不自由児の医学的リハビリテーション

　　肢体不自由児の医学的リハビリテーションの歴史と，現在行われている具体的な各療法について簡単に紹介する。

（1）肢体不自由児のリハビリテーションの歴史

　1950年代，日本でリハビリテーションという用語も概念もまだ一般化していない中，前述の高木憲次による「整肢療護園」での障害のある子どもたちへの支援の実践が，日本の肢体不自由児のリハビリテーションの始まりの場であったといわれている。

　その後に高木の弟子たちは，全国に次々と肢体不自由児施設を開設した。

　整肢療護園には，医務部，教育部のほかに，克服部，職育部という機構があり，克服部には日常動作指導課，克服体操課，発声言語指導課，職能課があり，職育部には基礎的職業指導課，適応職種域判定課が置かれていた。この克服部や職育部の役割が，後に欧米より入ってきた医学的リハビリテーションにかかわる専門職である理学療法士（physical therapist：PT），作業療法士（occupational therapist：OT）に引き継がれている。

　前述のとおり，1960年代は日本の医学的リハビリテーションが本格的に始まったといわれる時代である。1965年に理学療法士及び作業療法士法（以下，PT及びOT法）が施行され，翌年に第1回目の国家試験が行われた。療育の手法であった「**克服法**」でも，考えたようには成果が得られなかった肢体不自由の原因疾患である脳性まひは，社会的にも大きな課題となってきていた。1968年，「脳性まひ」という診断名は厚生省研究班によって改めて定義された。

　1970年代になり，欧米より神経学的アプローチといわれた「**ボバース法**」「**ボイタ法**」が紹介され，高い期待の中で，医学的リハビリテーションの早期発見・早期治療の流れが急速に進んだ。「克服法」は本人の意思に基づくものであったが，これらの神経学的アプローチは乳幼児の時期からのハンドリングという徒手での操作を用いた徒手的運動療法といわれ，PTが中心となって取り組み，医学的リハビリテーションの主流になっていった。

　1980年代には，学習障害や自閉症を脳の損傷に起因する感覚情報処理の障害ととらえた「感覚統合療法」が米国より紹介され，主にOTが熱心に広めていった。また，歯科医師の金子芳弘がデンマークのバンゲード（Vangede）小児病院で行われていた摂食のための筋刺激訓練法を**バンゲード法**と名づけて紹介した。この方法は現在の摂食嚥下療法の基礎になっている。

　1990年代に入ると，最重度の運動障害に対しても取り組むようになり，関係者の努力により座位保持装置が補装具の種目に制定され給付されるようになった。医学はさらに進歩し，同時に重度・重症な子どもの生存を可能にし

克服法
整肢療護園で高木らが行っていた肢体不自由児の整形外科術とその後の療法，集団訓練，職能指導など，「自活の途に立つように育成する」ための治療法の総称。

ボバース法
イギリス人医師カレル・ボバース博士と理学療法士のベルタ・ボバース夫妻により提唱された中枢神経系損傷のリハビリテーション治療の概念。ボバースアプローチともいう。

ボイタ法
ドイツの小児神経医のV.ボイタ博士が開発した超早期診断・治療の方法。障害がはっきりする前の生後3か月までに診断し，障害の危険がある児に対して家庭で行うための治療法。

バンゲード法
口唇や舌などの筋の動きを高める訓練。

た。内部疾患の理学療法である「肺理学療法」が重度な肢体不自由児にも取り入れられ，「姿勢ケア」という概念も生まれてきた。

　2000年代になり，脳損傷を筋活動などの出力系に偏ってみてきた反省から，入力系も含めて脳神経系の発達や活動を全体でとらえる「認知運動療法」「神経リハビリテーション」の考え方が広がった。

　2010年代に入り，運動機能の発達を強く阻害し，徒手療法では改善に苦渋していた筋のけい縮や緊張に対して，欧米では主流になっていた「**ボツリヌス療法**」が日本でも2歳以上から行わるようになってきた。また，肢体不自由児の学習障害の原因として視機能も注目されるようになり，OTと視能訓練士が協働してアプローチが行われるようになってきた。

（2）理学療法

　英名を physical therapy という。PT 及び OT 法の定義では，「身体に障害のある者に対し，主としてその基本的動作能力の回復を図るため，治療体操その他の運動を行なわせ，及び電気刺激，マッサージ，温熱その他の物理的手段を加えることをいう」（第2条）とあり，PT は厚生労働大臣の免許を受けて，医師の指示の下に理学療法を業として行う者とされている。

　基本的動作能力とは，「寝返り」「起き上がり」「座位保持」「立ち上がり」「歩く」までをさすと，日本のリハビリテーション関係ではいわれている。しかし，子どもならば，運動障害のない子どもがおおむね3歳くらいで完成する，走って，ジャンプして，段差を上がり下がりできるような動作能力が実用的な基本動作能力であると考えるのが適当と思われる。実際，世界的に脳性まひの評価的尺度として使われる GMFM には，走行，早足歩行，蹴り動作，ジャンプ，片足跳びなどが評価スケールの中に入っている。また，スポーツリハビリテーションでは，競技能力までの回復を目標にしている。

　肢体不自由児に対しては，徒手による運動療法が多く行われている。運動機能獲得や維持のための関節運動や，装具・自助具を用いての介助での移動動作訓練，姿勢保持機能のためのバランス訓練などによりリハビリテーションを目ざす療法である。肢体不自由第1群の子どもに対しては，前述の「ボバース法」「ボイタ法」「認知運動療法」「神経リハビリテーション」などが現在の運動療法の主な方法である。重度な事例では，「姿勢ケア」や「肺理学療法」なども行われている。第2群や第3群の子どもに対しては，残存筋の筋力強化や整形外科術後の後療法として関節可動域訓練，後述の装具療法などアプローチがされている。肢体不自由のアスリートの身体機能管理のため，PT は整形外科医とともに重要な役割を担っている。

ボツリヌス療法
ボツリヌス菌がつくり出すボツリヌストキシンには筋肉を緊張させている神経の働きを抑える作用がある。それを有効成分とする薬を筋肉に注射する治療法である。

（3）作業療法

　英名は occupational therapy という。PT 及び OT 法の定義では，「身体又は精神に障害のある者に対し，主としてその応用的動作能力又は社会的適応能力の回復を図るため，手芸，工作その他の作業を行なわせることをいう」（第2条第2項）とあり，OT は厚生労働大臣の免許を受けて，医師の指示の下に作業療法を業として行うものとされている。

　ADL，職業，趣味，あそび，スポーツ，レクリエーションなどの広い意味としての作業を手段にしてリハビリテーションを目ざす療法である。肢体不自由児では，学習やあそびを通して子どもの発達を促す役割を担っている。特にあそびの拡大や獲得は，作業療法の手段であり目的でもある。あそびへの支援は，中でも個性が反映された人権的な支援である。肢体不自由第1群では，あそびのみならず，基本的な ADL など活動全般に制限が多く，多様なニーズがあるため，彼らの自立生活に向けて作業療法への期待は高いといえる。

（4）言語聴覚療法

　英名は speech-language-hearing therapy という。言語聴覚療法は，言語発達の遅れや，**口蓋裂**や喉頭摘出や運動障害などに伴う構音障害や，聴覚障害，脳の機能障害による失語症や書字障害，学習障害など言語コミュニケーションにかかわる疾病や障害全般を対象としている。言語聴覚士法（1997年施行）では，言語聴覚療法を行う言語聴覚士（speech-language hearing therapist：ST）を「厚生労働大臣の免許を受けて，言語聴覚士の名称を用いて，音声機能，言語機能又は聴覚に障害のある者についてその機能の維持向上を図るため，言語訓練その他の訓練，これに必要な検査及び助言，指導その他の援助を行うことを業とする者をいう」（第2条）と定めている。

　第1群の肢体不自由児では，言語発達の促進や構音の改善を担い，構音器官である口腔咽頭の機能を広げ，摂食嚥下機能にもかかわる ST が多い。人はコミュニケーションの中で育つ動物である。特に言語というメディアを使ってのコミュニケーションは生きていく力のひとつである。肢体不自由児の運動困難は，子どもが「自分のことを伝える（自己決定）」ということを妨げ，人として当然の権利を侵害する。言語聴覚療法はその権利の獲得に寄与する。

（5）義肢装具療法

　義肢装具療法は，その歴史を古代ギリシャまでさかのぼるといわれている。主に整形外科医やリハビリテーション科医，PT，OT らが，機能を評価し，義肢装具士らが工学的に作成された道具を使って，欠損した身体の部位や機能を補う療法である。

　義肢装具士法（1987年施行）の定義では，義肢装具士は「厚生労働大臣の免

口蓋裂
胎児初期に閉じる口蓋が，閉じずに口の中と鼻の中がつながった状態で生まれてくる先天的形態異常。母乳を飲む，食べ物を食べる，ことばを発音することに障害が生じる。

義　肢
四肢の物質的欠損（切断）に対して，外観や機能を補う器具の総称。上肢に用いるものを「義手」，下肢に用いるものを「義足」と呼ぶ。

許を受けて，義肢装具士の名称を用いて，医師の指示の下に，義肢及び装具の装着部位の採型並びに義肢及び装具の製作及び身体への適合を行うことを業とする者をいう」（第2条第3項）とある。

義肢装具療法には，装着するものだけでなく，自助具といわれる杖や車椅子，座位保持装置などもある。肢体不自由児では，立位・歩行のための装具や杖，移動のための車椅子，重度の子どもには日常の姿勢保持のための姿勢保持具などを，子どもの身体に合わせて作成し，子どもの機能の維持や改善，活動の拡大に効果を表している。

装 具
コルセット様の体幹装具や，下肢の筋力低下や関節の不安定さをサポートする下肢装具などさまざまな形状のものがある。

（6）視能訓練

視覚機能は，特に第1群の肢体不自由児では，生まれながらの見え方である場合が多いため，自分から違和感などを訴えることが少なく，手足などの運動障害に注目がいき過ぎると，問題が見落とされやすい。感覚障害全般にいえることだが，先天的な感覚障害は本人の訴えになりにくい。視覚認知の問題が手の不器用さや目と手の協調運動の障害に大きく影響していることが，肢体不自由児においても近年大きく注目されているため，まず視覚機能の評価は重要となる。

視覚認知機能の訓練治療を行う専門職として視能訓練士がある。視能訓練士法（1971年施行）では「厚生労働大臣の免許を受けて，視能訓練士の名称を用いて，医師の指示の下に，両眼視機能に障害のある者に対するその両眼視機能の回復のための矯正訓練及びこれに必要な検査を行なうことを業とする者をいう」とあり，主に眼科医師の下，視能検査を行い斜視や弱視の訓練治療に携わっている。作業療法が対象とするあそびや学習において，視覚認知機能は重要で，視能訓練士とOTの連携と協働は期待が高い。

（7）摂食嚥下療法

摂食嚥下療法は摂食嚥下リハビリテーションとも呼ばれる。主に第1群の運動障害の重度な肢体不自由児や重症心身障害児にある食べること，飲み込むことの発達や改善のための療法である。日本の摂食嚥下療法は，摂食嚥下機能の遅れや障害のある子どもたちから始まって，大人や高齢者に拡大していったリハビリテーションといわれている。現在，医療における国家資格や免許制の資格者がある療法ではないが，診療報酬（健康保険請求）上は医師，歯科医師，ST，看護師，准看護師，歯科衛生士，PT，OTが行ったものが請求できる仕組みになっている。摂食嚥下障害は，多様な要素が関係するため，一部の職種に偏らずという考え方の表れといえる。

（8）心理療法

　2018年，臨床心理士など学会認定の心理士が，厚生労働省所管の国家資格「公認心理師」となった。公認心理師法の定義では，公認心理師は，「保健医療，福祉，教育その他の分野において，心理学に関する専門的知識及び技術をもって，次に掲げる行為を行うことを業とする者をいう。①心理に関する支援を要する者の心理状態を観察し，その結果を分析すること。②心理に関する支援を要する者に対し，その心理に関する相談に応じ，助言，指導その他の援助を行うこと。③心理に関する支援を要する者の関係者に対し，その相談に応じ，助言，指導その他の援助を行うこと。④心の健康に関する知識の普及を図るための教育及び情報の提供を行うこと」（第2条）とある。

　心理療法は，いまだ医療的リハビリテーションの分野として，診療報酬上の位置づけはないが（2020年4月現在），肢体不自由児にとっては本人の成長・発達の中で障害受容の支援や，彼らの心の育ちの場である環境の支援は重要である。入所施設で子どもたちが長期にわたり入所し，生活し訓練をしていた時代から，障害の克服や改善に至るために，心の発達は重要と考え，心理を担当する職員は施設の必置要件としていた。

　一般的に心の成長・発達は運動発達や認知発達と密接に関係し，その変化は生涯にわたる。脳性まひなど第1群の疾患の子どもでは6歳前後から自分の障害を意識しはじめるといわれている。第3群の進行性筋ジストロフィーでは，歩いていて転びやすいなどの症状から，5歳くらいまでに診断確定し，10歳くらいには車椅子生活になっていることが多い。学齢前期から，障害の受容において心の危機に直面しやすい。周囲の人びととの関係調整なども含めて，心理的な支援が必要な場合も多い。将来の自立にとって心の健康は基本的なものであり，適宜適切な心理療法が求められている。

3 医療的ケア

社会福祉士及び介護福祉士法の一部改正（2012年施行）により，一定の研修を受けた介護職員らが認定特定行為業務従事者として喀痰吸引や経管栄養を業とすることが可能になり，これらの行為を医療的ケアと呼んでいる。

また，児童福祉法の一部改正(2016年6月施行)により，第56条の6第2項「地方公共団体は，人工呼吸器を装着している障害児その他の日常生活を営むために医療を要する状態にある障害児が，その心身の状況に応じた適切な保健，医療，福祉その他各関連分野の支援を受けられるよう，保健，医療，福祉その他の各関連分野の支援を行う機関との連絡調整を行うための体制の整備に関し，必要な措置を講ずるように努めなければならない」が新設された。この「人工呼吸器を装着している障害児その他の日常生活を営むために医療を要する状態にある障害児」を医療的ケア児と表現している。

もともとは養護学校（現在の特別支援学校）に喀痰吸引や経管栄養などの医療的なケアを必要とする児童生徒が増加する中で，教育現場で使われ始めたことばが「医療的ケア」である。本項では，医療的ケアの必要な児童生徒（以後，医療的ケア児）の状態像を説明するとともに，各ケアの種類と教育現場での対応について解説する。

（1）重症心身障害児（大島分類）と医療的ケア児

重度の肢体不自由と知的障害が重複した状態を重症心身障害といい，その状態の子どもを重症心身障害児という。これは医学的診断名ではなく，児童福祉の行政上の措置を行うための用語である。その判定のためにつくられたのが「大島分類」である。また，障害児に必要なケアの種類を点数化して（例えば人工呼吸器は10点など），ケアの合計が25点以上の場合に「超重症児」と呼ぶ。いずれも発生原因はさまざまである。

医療的ケア児を大島分類に加える形で図示したものが図2-14である。このように医療的ケア児は，運動機能や知的能力とは別の次元のもので，医療的なケア（介護）のニーズをもつ者をいう。

（2）医療的ケアと教育的支援

医療的ケアなどの内容と教育的支援について解説する。

1）栄養（経管栄養）

① 医療的ケアなどの内容と種類　何らかの原因で口からの食事が摂取困難になった場合，カテーテルで経腸栄養剤の栄養補給を行う。これが経管栄養法である。消化管機能自体が正常であれば，経管栄養を行う。経管栄養には，a. 鼻から食道を通って胃まで細い管を入れて留置する「経鼻経管栄養法」，b.

社会福祉士及び介護福祉士法の一部改正
介護福祉士による喀痰吸引の実施が次のように業に位置づけられた。「介護福祉士は，保健師助産師看護師法（昭和23年法律第203号）第31条第1項及び第32条の規定にかかわらず，診療の補助として喀痰吸引等を行うことを業とすることができる」（第48条の2）。
なお，介護福祉士以外の介護の業務に従事する者（保育士や教員，ヘルパーなどを含む）に関しては，附則第3条に同様の規定がある。

大島分類
第1節3参照。

カテーテル
カテーテルは身体の中の挿入された管のことで，身体の外にあるものはチューブ，回路などという。

経腸栄養剤
摂取する栄養は，液状で消化態または半消化態のミルクタイプ，半固形状で胃瘻から注入するタイプなどがある。最近では通常の食事をミキサーで半固形の液状にして摂取することが，食物繊維や微量元素などの摂取の観点から推奨されてきている。

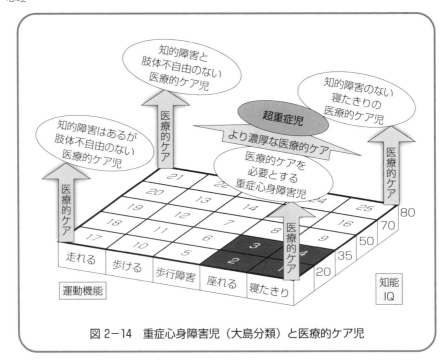

図2-14　重症心身障害児（大島分類）と医療的ケア児

食事ごとに口から管を胃まで挿入する「口腔ネラトン法」，c. 腹壁から胃に貫通する孔（あな）をつくってそこから経管栄養を注入する「胃瘻」，d. 胃の機能が低下している場合は完全消化された栄養を小腸に入れる「腸瘻」などがある（図2-15）。これらはカテーテルを使って胃や腸に必要な栄養を直接注入するため，経管栄養を「注入」と呼ぶ場合がある。

消化管の機能が失われている場合，末梢静脈や中心静脈から経静脈栄養を行わざるをえない。IVH（または TPN）は**中心静脈栄養法**のことである。

②　**教育的支援**　平成のはじめ，養護学校の給食時間に学校医が教室を訪問すると，経鼻経管栄養を行っている生徒のイルリガートルに造花が飾られ，音楽が流れる食事風景に出会った。病院では，短時間に手際よく患者に経管栄養を行うことが求められている。その学校医は病院と学校の文化の違いに大変驚いたという。

近年，経管栄養を必要とする児童生徒が増えてきたことから，経管栄養の児童生徒だけを集めた部屋（通称「注入部屋」）で対応している学校もみられるが，学校給食は単なる栄養補給の場ではなく，学校給食法第２条（学校給食の目的）「3　学校生活を豊かにし，明るい社交性及び協同の精神を養うこと」とあるように，教育活動の一環であることを忘れてはならない。

2007 年，胃瘻を施された児童生徒数は，1,340 人であったが，2018 年には4,410 人と３倍以上に増えている。学校給食のペースト食を食べた後，残りを胃瘻から注入する対応を行っている学校もある。経腸栄養剤では泥状便だった

中心静脈栄養法
心臓に近い太い血管である中心静脈に栄養を投与する栄養法を日本では，IVH（intravenous hyperalimentation）という用語が用いられているが，国際的には TPN（total parenteral nutrition）が用いられている。

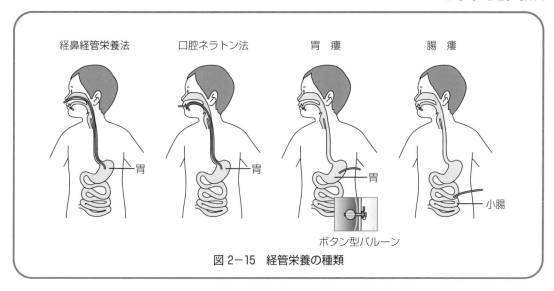

経鼻経管栄養法　　　　口腔ネラトン法　　　　　胃　瘻　　　　　　腸　瘻

胃　　　　　　　　　　胃　　　　　　　　　　胃　　　　　　　　　　小腸

ボタン型バルーン

図 2−15　経管栄養の種類

生徒が，ペースト食注入に代えて改善したという報告もある。経管栄養も食事であり，教育的な支援である。

2）呼吸（喀痰吸引）

①　**医療的ケアなどの内容と種類**　　閉塞性呼吸障害，拘束性呼吸障害，中枢性呼吸障害などさまざまな理由で，呼吸が十分にできず，気道内の分泌物を自力で排出することや飲み込むことができないため吸引器で取り除くことを**喀痰吸引**と呼ぶ。特定行為として認められている喀痰吸引は，鼻腔・口腔・**気管切開**部カニューレ内の 3 種類である（図2−16 ⓐ）。

近年，カニューレをつけない永久気管孔のみの状態（カニューレフリー）の児童生徒もみられるようになった。この場合，吸引カテーテルが気管粘膜に直接触れるため，特定行為としての吸引は行えない。しかし，多くの場合，カニューレという異物による刺激がなくなることで痰が減り，さまざまな姿勢づくりが可能になり，排痰法で気管切開孔まで上げた痰を介助者がティッシュや清浄綿で拭き取ったり，オリーブ管を先端につけた吸引器で吸い取ったりする対応は可能である。

経鼻咽頭エアウェイは，舌根部の閉塞を改善するためのチューブである（図2−16 ⓑ）。

②　**教育的支援**　　吸引は，カテーテルを身体に入れるため，本人にとっては不快な行為である。痰が詰まって呼吸が苦しい状態が，吸引によって取り除かれて初めて楽な状態になる。一方，呼吸が苦しくつねに不快な状態が続くと，自己の身体に対して否定的な感情をもつことが考えられる。吸引によって呼吸が楽になり，自己の身体に対して肯定的な気持ちをもたせることや，吸引

喀痰吸引
痰には，肺や気管から上がってくる狭い意味での痰に加え，唾液，鼻汁の三つが含まれている。喀痰吸引は，これらすべての分泌物を総称した広い意味での痰の吸引行為を表す。

気管切開
呼吸をしやすくしたり，痰を吸引しやすくするために，気管に孔を開けること。

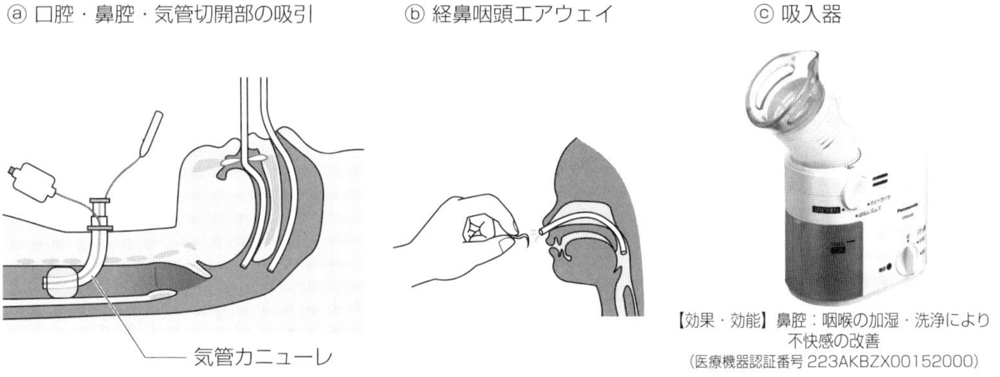

ⓐ 口腔・鼻腔・気管切開部の吸引　　　ⓑ 経鼻咽頭エアウェイ　　　ⓒ 吸入器

気管カニューレ

【効果・効能】鼻腔：咽喉の加湿・洗浄により
不快感の改善
（医療機器認証番号 223AKBZX00152000）

図2-16　喀痰吸引と呼吸改善

操作を機械的に行うのではなく，本人に「吸引しますか？」と確認するなど児童生徒と教員のコミュニケーションの場ととらえた実践が報告されている。

　また，吸引では肺の空気が吸い出されるため，特に気管切開部の吸引は短時間で効率的な吸引を心がける必要がある。そのためには本人の水分摂取量の確保，部屋の湿度などの環境，必要に応じて吸入器（図2-16ⓒ）で気道を加湿，呼吸介助のような適度な運動と排痰しやすい姿勢づくりなどを行い，痰が気管から咽頭まで上がったところでタイミングよく吸引することが大切である。経管栄養は時間対応であるが，喀痰吸引は必要なときの適宜対応なので，つねに一緒に寄り添う教員が対応できるとよい。呼吸が苦しいときに，適切な処置を行うことで，教員との信頼関係を築くことにもつながる。なお近年，在宅ではカフアシスト®などの喀痰を補強する器械の利用が広がっている。

3）呼吸（酸素療法と人工呼吸療法）

　① **医療的ケアなどの内容と種類**　　在宅酸素療法（home oxygen therapy：HOT）は，血中酸素飽和度が90％以下の**呼吸障害**（呼吸不全）の人が**携帯用酸素ボンベ**や**酸素濃縮器**を使用して呼吸を楽にする方法である（図2-17）。酸素（O_2）は燃えているものをさらに激しく燃やす支燃性のある気体なので，周囲での火気使用は厳禁である。

　呼吸障害には，血液中の酸素が不足する場合（低酸素症）のほか，二酸化炭素（CO_2）を排出できなくて血中の二酸化炭素濃度が増加する状態（高炭酸ガス血症）がある。血中酸素飽和度が低下して，酸素を補う意味で酸素流量を増やすと，呼吸中枢が反応して呼吸抑制を起こし，中枢性呼吸障害を引き起こす場合があるので，医療従事者でない者が勝手に酸素流量を変更してはいけない。

　呼吸筋のまひなどにより呼吸自体が十分行えなくなり，高炭酸ガス血症が認められる場合，換気を補助するために人工呼吸器が導入される。人工呼吸療法

呼吸障害
血中酸素飽和度が90％以下の状態。

携帯用酸素ボンベ
外出時に使用する。電気を使わないので停電時や災害時，装置の故障に備えての緊急ボンベの役割もある。酸素吸入には，つねに一定量を流す場合と，呼吸同調器を用いて本人の吸気のタイミングに合わせて酸素を送る方法がある。呼吸同調器を用いると酸素の消費が節約できて，使用時間を２～３倍に増やすことができる。

酸素濃縮器
小型の冷蔵庫サイズで，室内で使用する。空気中の約80％を占める窒素を吸着して取り除き，酸素濃度90％以上の空気をつくり出す装置。

図2−17 酸素療法

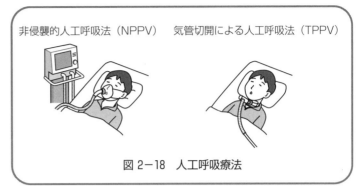

非侵襲的人工呼吸法（NPPV）　気管切開による人工呼吸法（TPPV）

図2−18 人工呼吸療法

には，鼻や口などにマスクを装着する非侵襲的人工呼吸法（NPPV）と，気管切開による人工呼吸法（TPPV）がある（図2−18）。法律上，喀痰吸引等研修（第3号）修了者は，人工呼吸器使用者のカニューレ内吸引を行う際のコネクター着脱については吸引の一連の操作として認められているが，呼吸器の電源を切ったり，設定を変更したりしてはいけない。

② **教育的支援**　児童福祉法の一部改正（2016年）では，医療的ケア児の代表格として人工呼吸器使用者をあげているが，酸素吸入や人工呼吸器に対する一般的なイメージには，病気や事故などで呼吸困難になった人が延命治療で使用する器械，生命維持装置，おそろしい・こわいなどがあると思われる。しかし最近では，高齢者がキャスター付きの酸素ボンベを手で引きながら街中を歩いたり，電車やバスなど公共交通機関に乗ったりする様子を見かけるようになった。酸素ボンベや人工呼吸器は，呼吸の弱さを補い，より快適な状態で社会参加を可能にするための道具ともいえる。このように発想の転換を行い，学校教育の段階においても，児童生徒の社会参加のために適切に支援することが望まれる。

4）排　泄

① **医療的ケアなどの内容と種類**　神経因性膀胱による排尿障害では，以前は手で下腹部（膀胱部）を押す手圧排尿（クレーデ法）が行われていたこともあるが，膀胱の尿が尿管を逆流して水腎症や腎炎を起こすという問題があった。現在は，膀胱にカテーテルを留置してバッグに尿をためる留置カテーテル導尿や，定時にカテーテルを挿入する間歇的導尿が行われている（図2−19）。実施前後の手洗いなど清潔操作で行うが，最も大切なのは膀胱の尿を空にすることで，膀胱炎などの炎症を防ぐためにも大切である。

② **教育的支援**　知的障害や手指のまひを伴わない児童生徒の場合，練習して小学生の間に自己導尿ができるようになる。教員が保護者や看護師と連携して，自己導尿の確立を「日常生活の指導」などの教育課程に位置づけた取り組みも報告されている。自己導尿ができるようになると卒業後の自立生活の幅

神経因性膀胱
尿をためたり（蓄尿），出したり（排尿）する神経の信号がうまく伝えることができなくなった状態のこと。

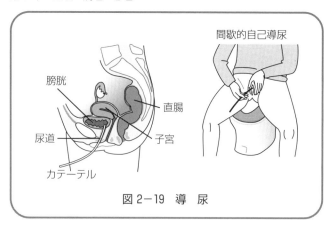

図2-19　導　尿

膀胱
直腸
尿道
子宮
カテーテル

間歇的自己導尿

図2-20　ストマパウチ
（装着例）

原則として医行為では
ない
厚生労働省は,「医師
法第17条, 歯科医師
法第17条及び保健師
助産師看護師法第31
条の解釈について」
(2005年7月, 医政発
第0726005号) におい
て, 次の行為を列挙し
た。①体温測定, ②血
圧測定, ③パルスオキ
シメータ装着, ④軽
微な切り傷などの処
置, ⑤医薬品使用（軟
膏, 湿布, 点眼薬, 内
服薬, 坐薬, 鼻腔への
薬剤噴霧）, ⑥爪切り,
⑦歯磨き, ⑧耳垢除
去, ⑨ストマパウチ内
排泄物廃棄, ⑩自己導
尿補助, ⑪市販グリセ
リン浣腸。

が広がる。

　なお自己導尿の補助（カテーテルの準備や体位の保持など）は, 2005年の厚生労働省の通知で「原則として医行為ではない」とされている。

5）その他

　①　**医療的ケアなどの内容と種類**
消化管の蠕動運動をつかさどる神経が先天的に欠如した, ヒルシュスプルング病の子どもの人工肛門への対応や, 1型糖尿病によるインスリン注射などがある。

　②　**教育的支援**　便をためるストマパウチの処置（図2-20）やインスリンの自己注射などが学校内で安心して行える環境を整える必要がある。なお, ストマ装具のパウチにたまった排泄物を取り除くことは「原則として医行為ではない」とされている。

（3）学校における医療的ケアに関する基本的な考え方

　文部科学省「学校における医療的ケアの実施に関する検討会議（最終まとめ）」（2019年2月）では,「学校は, 児童生徒等が集い, 人と人との触れ合いにより人格の形成がなされる場であり,（中略）児童生徒等の安全の確保が保障されることが前提である。こうした観点から, 学校における医療的ケアの実施は, 医療的ケア児に対する教育面・安全面で, 大きな意義を持つ」とした。医療的ケアを必要とする児童生徒にかかわるすべての者が責任を果たし, 学校における医療的ケアの実施にあたることが大切である。

4 拡大・代替コミュニケーション（AAC）

（1）AAC とは

　拡大・代替コミュニケーションとは，「augmentative and alternative communication」を訳したことばであり，「AAC」という略称が用いられる。米国言語聴覚協会（American Speech Language Hearing Association：ASHA）は，AAC について以下のように紹介している。

　「AAC とは，言語の表出と理解の両方，またはどちらかに困難を示す，重度で複雑なコミュニケーション障害（音声言語および文字言語）のある人たちのニーズを扱う臨床実践の領域である。AAC では，対象者の思考や要求，ニーズ，感情，アイデアの表出を援助するために絵（写真）を用いた**コミュニケーションボード**や線画，**音声出力装置**，触知可能な具体物，身振りサイン，ジェスチャー，指文字などのさまざまな技法や道具を活用する。対象者の話しことばを補うために用いる場合，AAC は拡大的な（augmentative）ものであり，話しことばが機能していない，または有していない対象者に対し，話しことばに替えて用いる場合，AAC は代替的な（alternative）ものである。AAC は，手術後の患者が集中治療中に用いる場合には一時的なものとなりうるし，生涯何らかの形で AAC を必要とする対象者が用いる場合には，永続的なものとなりうる」[1]。

　このように，AAC とは，特定の機器や支援技法ではなく，コミュニケーションに困難がある人の発信や自己決定を保障する幅広いアプローチをさす用語であり，対象者の状態像に応じて，コミュニケーション方法やツール，介入の目的や期間まで多様な様相を示しうることが前提とされている。

（2）AAC において用いられる支援方法やツール

　AAC に基づく支援は，ツールを使用しない方法（ノンテクコミュニケーション），電子的なツールを使用する方法（ハイテクコミュニケーション），ほかのツールを使用する方法（ローテクコミュニケーション）に大別される。

　ノンテクコミュニケーションでは，子どもの不明瞭な（制限された）発声を支援者が聞き取る（読み取る）方法や，**マカトンサイン**のような体系化されたサインや一般的な身振りサイン，ジェスチャーなどを介して，子どもとやり取りを行う方法がある。また，随意運動がより制限される場合は，子どもの発声や何らかの随意的な動きを「Yes/No」のサインとして用いる方法もある。子どもの実態によって，「手を挙げる」などの粗大運動から，瞬目や視線の移動，指先や瞼の動きなど微細な運動や表情変化まで，多種多様な動きがサインとなりうる。瞬目など，生理的に，または無意識的に生じうる動きを用いる際には，支援者が誤って読み取ってしまう可能性もあることを考慮し，ていねいな

コミュニケーションボード
ボード上に配置された文字やシンボルなどの記号を使用者がさし示す（選択する）ことで意思伝達を行う道具のこと。

音声出力装置
スイッチなどの操作により，電子的に合成された，または録音された音声が再生される電子的な支援機器の総称である。

マカトンサイン
言語障害などがある人のコミュニケーション手段として，手話を基に開発された手の動きなどによるサインをいう。

図 2-21　コミュニケーション
ボード

出典）公益財団法人明治安田こころの
健康財団

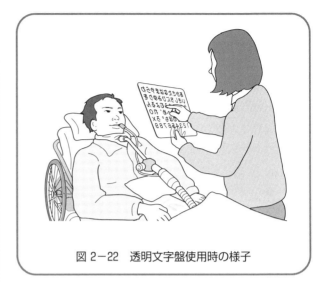

図 2-22　透明文字盤使用時の様子

透明文字盤
透明の素材でつくられ
たコミュニケーション
ボードの一種であり，
視線の動きを介して記
号の選択を行う道具で
ある。

VOCA
第 3 章 2 節 2 参照。

**重度障害者用意思伝達
装置**
重度の上下肢および言
語機能障害者で，装置
によらなければ意思伝
達が困難なものに給付
される補装具の総称で
ある。

確認を行うなど，やり取りにおける約束事も重要にな
る。

ローテクコミュニケーションでは，筆記具を保持す
るための補助具を用いて，手や足，口などで書いて表
出する場合だけでなく，コミュニケーションボード
（図2-21）や**透明文字盤**（図2-22）などを用いる場合も多い。コミュニケーショ
ンボードを使用する際は，ボードに並んだ文字や絵などの記号を，子ども自身
が指先や，口にくわえた棒などで直接さし示す方法や，支援者が選択肢を読み
上げながらさし示し，子どもが「Yes/No」のサインで応答する方法などが用
いられる。透明文字盤では，支援者がボードを挟んで子どもと向き合い，子ど
もの視線を読み取って意思伝達を行うことが可能となる。

ハイテクコミュニケーションでは，子どもが伝えたい内容を電子的に音声出
力することが可能となる。これらのツールは総称して音声出力コミュニケー
ションエイド（voice output communication aids：**VOCA**，ボカと読む）と呼ばれ
る。音声出力には，より多くの他者に伝わりやすく，本人にも表出した内容が
明確にフィードバックされる，といったメリットがある。

重度障害者用意思伝達装置の多くは，50 音表に基づく文字盤から文字を選
択して単語や文章をつづる機器（図2-23）である。ボタンや画面上の文字を
直接選択する方法や，機器本体，もしくはソフトが内蔵されたパソコンなどに
接続したスイッチで画面上のカーソルを動かして選択する方法がある。選択さ
れた文字列は機械的に合成された音声による読み上げも可能である。文字だけ
でなく絵やシンボルを選択肢として使用できたり，選択肢の大きさや個数など
を変えられたりと，子どもの実態に応じて使用方法を選べるものもある。

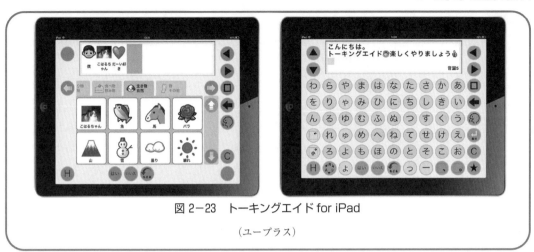

図2-23 トーキングエイド for iPad

(ユープラス)

ビッグマック（パシフィックサプライ社製）など，事前に録音されたひとつの音声をスイッチ操作により再生させるシンプルな機器もある。特別支援学校では，「Yes/No」の応答場面だけでなく，朝の会で音声言語のない子どもが挨拶係をする際など，さまざまな場面で工夫を凝らした活用がなされている。

近年，アプリなどをインストールするだけで，比較的安価に，手軽に一般のパソコンやタブレット端末，スマートフォンをVOCAとして活用できるようになってきている。電子メール機能などを使って，間接的でより広範囲なコミュニケーションを可能にするツールとしても，活用の広がりが期待される。

(3) AACによる支援や指導の導入にあたって

AACを導入する際には，教育的な観点から，活用場面ややり取りの内容および変化しうる子どもの状態像（言語能力や肢体不自由の状況など），指導目標などに応じて，ツールの有無や種類，記号の種類（文字，シンボルなど），選択肢の選び方などを柔軟に選択し，設定することが重要である。特定の方法や機器が特定の疾患名や代表的な症状などに応じて一律に適応されるものではないことに注意すべきである。また，子どもの微細な動きの読み取りや問いかけの方法・タイミングなどの支援者側のスキルや，子どもと支援者との関係性も，介入の成否を分ける重要な要素であることはいうまでもない。

5　障害支援機器，自助具

(1) 用語の整理

　日本では，「福祉用具」(technical aids) という語が，「支援機器」(assistive devices) と同義的に用いられている。福祉用具の研究開発及び普及の促進に関する法律（福祉用具法）では，「福祉用具」を「心身の機能が低下し日常生活を営むのに支障のある老人又は心身障害者の日常生活上の便宜を図るための用具及びこれらの者の機能訓練のための用具並びに補装具」と定義している。また，「アシスティブ・テクノロジー（assistive technology：AT）」も「支援機器」に近い用語であるが，元来 AT には，「支援機器」と「支援技術サービス」(assistive technology service) の二つの側面が含まれる。つまり，機器だけでなく，それらを活用するための機器の選定・導入・評価などにかかわるサービスも重視されている。国立特別支援教育総合研究所（2009）では，それら両方を含む用語としての「AT」と，機器のみをさす場合の「支援機器」とを分けて用いている。以上を踏まえて，ここでは「障害支援機器」について，「肢体不自由児者の日常生活や学校生活を支援するための機器や道具」に限定して紹介する。

　また，「自助具」(self-help devices) とは，身体の不自由な人が ADL などをみずから遂行しやすくするために工夫された道具の総称であり，「福祉用具」に内包されるものである。多くの特別支援学校では教材・教具の一部として活動に合わせたさまざまな自助具を自作し，活用している。ここでは，それらの教材・教具も含めて，「肢体不自由児が学校生活上必要な動作をみずから遂行しやすくするために工夫された道具」を紹介する。

　なお，特定の疾患などに対して特定の機器や道具が適応されるというものではない。実践においては，目の前の子どもの実際の困難に基づいて，教育的な目標に合わせて適切な機器や道具の選定が行われることが重要である。

(2) 障害支援機器の具体例

　移動や姿勢保持を支える支援機器には，さまざまな形状の杖や**歩行器**，車椅子・電動車椅子，**座位保持装置**などのほか，義肢や装具などがある。上肢を吊り下げることで机上での上肢の可動域を広げる B.F.O 型上肢装具機器（図2-24）なども用いられる。これらは上記の「補装具」に分類されるものである。日常のさまざまな活動を安定させるために，適切な姿勢の把握と姿勢保持の支援はきわめて重要であり，理学療法士（PT）などの専門家との連携も欠かせない。

　また，移動や姿勢保持以外のさまざまな活動を可能にする機器として，入力装置（スイッチ）などがある。図2-25は筆者が自作したスイッチと改造した市販の玩具を接続したものである。スイッチは数十 g の力で押せるため，重度の

AT
障害者を支援するための技術を示すことば。「福祉機器」「福祉工学」「支援技術」「支援工学」などと訳される。

歩行器
つかまりながら姿勢を保ち，歩行を補助する機器。

座位保持装置
生理機能の向上や変形拘縮予防，ADL の改善などを目的として座位を保持させるための用具の総称である。

図2-24　ポータブルス
プリングバランサー
（ハニーインターナショナ
ル）

図2-25　スイッチと玩具

肢体不自由がある子どもでも，随意運動を見いだし，適切な位置にスイッチを提示すれば比較的容易に操作が可能であり，玩具などを動かすことができる。

　スイッチ操作により接続した出力側の機器が作動する，という場面は，特別支援学校では多種多様な形で応用されている。例えば，VOCA を用いてコミュニケーションを取ったり，ミキサーをつないで調理に参加したりと，さまざまな実践が行われている。さらに，重症心身障害児にとっては，スイッチ操作により玩具の音が鳴る，光が点くといった結果が，自身の動きと環境との相互作用や因果関係を学ぶきっかけとなりうる。

（3）自助具の具体例

　筆記に関する自助具には，筆記具に取りつけて保持しやすくするベルトや取っ手，グリップを太くして握りやすくした筆記具などがある。また，つまみや取っ手をつけて，持ちやすさや押さえやすさに配慮した定規や分度器，上から片手で押すだけで使用できるはさみなどもある（図2-26）。ほかに特別支援学校で用いられる道具としては，握りやすいよう取っ手の形状が工夫された，または形状を変えられるスプーンやフォーク，片手で扱いやすいように傾斜や底面の滑り止め機能がついた食器などがある。また，音楽では片手リコーダーなど，肢体不自由児でも扱いやすい楽器なども市販されている。

　ここで紹介した補助具以外にも，手軽に自作できる簡便なものから，市販の製品まで多種多様な自助具が存在する。一般財団法人保健福祉広報協会が主催する国際福祉機器展[3]

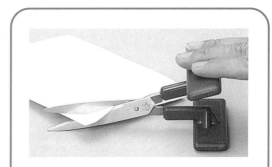

図2-26　片手ばさみ
（アビリティーズ・ケアネット）

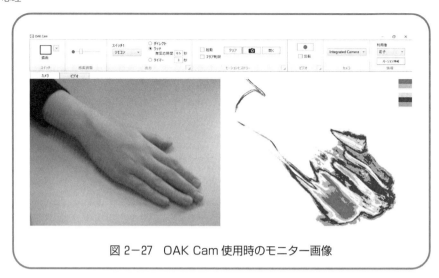

図2−27　OAK Cam 使用時のモニター画像

や，テクノエイド協会[4]はさまざまな自助具などを紹介している。

　近年，「触れるだけ」もしくは「見る，または動くだけ」で操作できる入力装置も増えてきている。これらは，進行性筋疾患などにより物理的にスイッチを押す力がないような子どもに，とりわけ有効である。例えば，PPS スイッチ（パシフィックサプライ社製）は，わずかな「ひずみ」や「ゆがみ」を感知するセンサーにより，微細な動きによる操作が可能である。また，視線入力装置は，マウスカーソルの移動やクリックなどのパソコン操作を「見る」だけで行えるものである。OAK Cam（テクノツール社製）はカメラで使用者の動きをとらえ，モニター画像上に仮想のスイッチをつくることで，微細な動きによる機器の操作を可能にするものである（図2−27）。近年，タッチセンサーなどの電子部品に加え，Tobii Eye Tracker 4C（トビーテクノロジー社製）などの視線入力装置までも比較的安価で市販されており，活用が広がりをみせている。

　また，**スイッチインターフェース**と呼ばれる，スイッチと出力側の機器との間に接続する装置も重要であり，これらも専用の市販品から一般的なマウスの改造品までさまざまである。例えばスイッチラッチ＆タイマーデュアル（パシフィックサプライ社製）は，スイッチを押し続けることが困難な場合でも，一度の入力で玩具を一定時間，もしくは再度入力するまで動かし続けられるような設定を可能とする。入力装置と出力側の玩具や機器，および介在する機器の組み合わせにより，幅広い実態に応じたさまざまな活動が可能となる。

　各種機器は，テクノエイド協会の障害者自立支援機器情報システム[5]や，AT2ED[6]のウェブページなどで用途に応じて探すことができる。さまざまな特別支援学校も，ホームページ上で自作の機器やその製作方法を紹介しており，幅広く情報を得ることができる。

スイッチインターフェース
スイッチとパソコンなどとを接続する機器の総称。スイッチ入力に「クリック」や「タップ」などの機能を与えるために必要となる。

演習課題

1. 日本社会の変化が，日本のリハビリテーションにどう影響を与えたか，考えてみよう。
2. 肢体不自由児の医学的リハビリテーションに複数の療法や専門職種があることの意義を考えてみよう。
3. 喀痰吸引が必要な状態について，なぜ必要なのかを呼吸障害と摂食嚥下機能障害の観点から説明しよう。
4. 「医療的ケアと社会参加」というテーマで，気管切開をしたり，人工呼吸器を利用したりしている著名人を調べてまとめてみよう。
5. AACの考えに基づく具体的な支援方法とツールについてさらに調べてみよう。
6. 重度の肢体不自由がある子どもを想定したロールプレイを行い，自作したコミュニケーションボードを使って実際にやり取りしてみよう。
7. どのような障害支援機器や自助具があるか，本文中に引用したウェブページを調べてみよう。

引用文献

1) 日本肢体不自由児協会編：療育の基本理念，療育，**1**（1），7-10，1952.
2) 米国言語聴覚協会 Augmentative and alternative communication HP［Practice Portal］
   https://www.asha.org/practice-portal/（最終閲覧：2020年3月17日，筆者訳）.
3) 保健福祉広報協会主催　国際福祉機器展 HP
   https://www.hcr.or.jp/（最終閲覧：2020年3月17日）.
4) テクノエイド協会 HP
   http://www.techno-aids.or.jp/（最終閲覧：2020年3月17日）.
5) テクノエイド協会 HP　障害者自立支援機器情報システム
   http://www.techno-aids.or.jp/assistive/（最終閲覧：2020年3月17日）.
6) 東京大学 AT2ED HP
   http://at2ed.jp/（最終閲覧：2020年3月17日）.

参考文献

2 ・日本肢体不自由児協会：高木憲次 – 人と業績，日本肢体不自由児協会，1967.
　・上田敏：目で見るリハビリテーション医学，東京大学出版会，1971.
5 ・国立特別支援教育総合研究所編著：特別支援学校におけるアシスティブ・テクノロジー活用ケースブック，ジアース教育新社，2012.

第3章
肢体不自由児の教育課程・指導法

❶ 教育課程

1 特別支援学校の教育課程

教育課程とは，「教育の目的・目標を達成するために，学校が計画的・組織的に編成して課する教育内容の全体的な計画」[1]である。また教育課程は，「教育学上は教育の目的・目標や方法とは一応区別される概念ではあるが，教育目標，教育内容，教育方法は深く関連している。目標なしに内容を選択することは不可能であり，逆に内容抜きで目標を立てることは無意味である。また，内容のない方法はありえないし，逆に方法を考慮しないで内容だけを組織しても意味はない」[1]ため，教育目標，子どもたちが学習する内容とその配列（何年生で学習するか），授業時数，学校行事の計画などが教育課程を構成する内容である。

特別支援学校の教育課程については，法令上は**学校教育法施行規則**にその編成について記されている。小学部は以下のとおり規定されている（中学部は第127条・高等部は第128条に規定）。

学校教育法施行規則
学校教育法および学校教育法施行令（政令，所管は内閣）の下位法に位置づけられる省令（所管は文部科学省）。学校教育の具体的なルールを定めている。

学校教育法施行規則第126条
　特別支援学校の小学部の教育課程は，国語，社会，算数，理科，生活，音楽，図画工作，家庭及び体育の各教科，道徳，外国語活動，総合的な学習の時間，特別活動並びに自立活動によって編成するものとする。
2　前項の規定にかかわらず，知的障害者である児童を教育する場合は，生活，国語，算数，音楽，図画工作及び体育の各教科，道徳，特別活動並びに自立活動によって教育課程を編成するものとする。

また，第129条には以下のとおり規定されている。

学校教育法施行規則第129条
　特別支援学校の幼稚部の教育課程その他の保育内容並びに小学部，中学部及び高等部の教育課程については，この章に定めるもののほか，教育課程その他の保育内容又は教育課程の基準として文部科学大臣が別に公示する特別支援学校幼稚部教育要領，特別支援学校小学部・中学部学習指導要領及び特別支援学校高等部学習指導要領によるものとする。

　以上のことから，特別支援学校では，学校教育法施行規則や学習指導要領を基に，児童生徒の発達に応じ，学校を取り巻く地域の環境などを考慮して教育課程を編成することになる。編成の主体は学校である。教職員の英知を集めて編成することが肝要である。

　なお，「自立活動」は小・中・高等学校の通常の教育課程にはない領域であり，特別支援学校・学級と通級指導教室に設定されている。自立活動の目標は以下のとおりである。

自立活動の目標
　個々の児童又は生徒が自立を目指し，障害による学習上又は生活上の困難を主体的に改善・克服するために必要な知識，技能，態度及び習慣を養い，もって心身の調和的発達の基盤を培う。

（注）高等部は児童又は生徒を生徒に読み替え
文部科学省「特別支援学校小学部・中学部学習指導要領」，2017

　自立活動は，健康の保持，心理的な安定，人間関係の形成，環境の把握，身体の動き，コミュニケーションの六つの内容で構成されている。自立活動の六つの内容は，例えば国語，社会などの学習の単位の名称ではない。子どもたちのある行動を見て，理解するうえでこの六つの内容の切り口からみていくことが有効である。

　特別支援学校には発達や障害の状態に応じてさまざまな能力をもった児童生徒が在籍している。肢体不自由児といわれる児童生徒は，その原因によって大きくは三つのタイプに分かれる。それぞれのタイプで，共通する大まかな特徴をとらえることができるが，児童生徒一人ひとりの実態や課題は個別的なものであるため，個別の教育支援計画や個別指導計画に基づいて指導計画を立てる必要がある。

　肢体不自由特別支援学校では，以下の四つの教育課程に編成されている。

（1）当該学年の各教科等を中心とした教育課程編成

　学校教育法施行規則の第126〜128条に示された各教科を中心として教育課程を編成する場合である。各学部によって違いがあるが，各教科のほかに，道徳科（小・中），外国語活動，総合的な学習の時間，特別活動，自立活動が内容となっている。「準ずる教育課程」と呼ばれる。

（2）各学部の下学年もしくは下学部の各教科を中心とした教育課程編成

　児童生徒の学習の進度を考慮して，下の学年の学習内容も含めて教育課程を編成する。また，小学部であれば**特別支援学校幼稚部教育要領**，中学部であれば特別支援学校小学部学習指導要領などの下の学部の教育内容も含めて教育課程を編成する。「下学年（下学部）適用の教育課程」と呼ばれる。

（3）知的障害特別支援学校の各教科を中心とした教育課程編成

　児童生徒が知的障害を併せて有する場合には，前述の学校教育法施行規則の第126条の２項（中学部は第127条第２項，高等部は128条第２項）に規定されている，「知的障害を有する児童生徒を教育する場合」に示されている各教科等を中心として教育課程を編成する。「知的代替教育課程」と呼ばれている。この教育課程編成は，後述する学校教育法施行規則第130条に基づいている。

（4）自立活動を中心とした教育課程編成

　児童生徒に重い障害があり特別の教育課程が必要とされる場合は，自立活動を中心とし，その他に各教科，道徳，特別活動で教育課程を編成する。学習内容が自立活動を主とするもので「自立活動を主とする（自活主）教育課程」と呼ばれている。この教育課程編成は，後述する学校教育法施行規則第131条に基づいている。

2　特別支援学校における指導の形態

　学校教育法施行規則の第130条と第131条は特別支援学校における指導の形態について規定している。

（1）学校教育法施行規則第130条「特別支援学校の教育課程」

　第130条には以下のとおり規定されている。

特別支援学校幼稚部教育要領
特別支援学校幼稚部の教育について定めたもの。学習指導要領の幼稚部版である。

学校教育法施行規則第130条
　特別支援学校の小学部，中学部又は高等部においては，特に必要がある場合は，第126条から第128条までに規定する各教科（次項において「各教科」という。）又は別表第三及び別表第五に定める各教科に属する科目の全部又は一部について，合わせて授業を行うことができる。
2　特別支援学校の小学部，中学部又は高等部においては，知的障害者である児童若しくは生徒又は複数の種類の障害を併せ有する児童若しくは生徒を教育する場合において特に必要があるときは，各教科，道徳，外国語活動，特別活動及び自立活動の全部又は一部について，合わせて授業を行うことができる。

　ここには，各教科の全部または一部を合わせて授業を行うことができるとされているが，これは「合科」と呼ばれている。また，第2項には，知的障害および複数の障害を併せ有する場合には，各教科と道徳・外国語活動・特別活動・自立活動（各領域と呼ばれる）の全部または一部を合わせて授業を行うことができるとされている。

　以上のことから，特別支援学校では，「各教科別の指導」と「各領域別の指導」および「各教科等を合わせた指導」の三つの形態を，児童生徒の実態に応じて選定することができるといえる。なお，「各教科等を合わせた指導」はその指導のねらいに応じて，「日常生活の指導」「あそびの指導（小学部）」「作業学習（主に中学部・高等部）」「生活単元学習」などと呼ばれている。

　実際の授業は前述の教育課程に基づいて，学習グループを編成して行われる。中学部を例にとれば前項，(1) の「準ずる教育課程」は各学年ごと（学校規模や生徒の人数に応じてグループを合同し，複式の授業を行う場合もある），(2) の「下学年（下学部）適用の教育課程」は1年～3年までをいくつかのグループに編成する。(3) の「知的代替教育課程」は，生徒の実態と課題，学習の進度に応じて，教科学習を中心に行うグループと，各教科等を合わせた指導を中心に行うグループに分かれることが多い。あくまで中心であって，教科指導を中心に行うグループも教科等を合わせた指導が設定されるし，教科等を合わせた指導を中心に行うグループも教科別の指導が設定される。(4) の「自立活動を主とする教育課程」は，心身の障害が重篤で健康の維持増進や人とのかかわりを学習の中心とするグループと，意思の疎通や外界への主体的なかかわりを学習の中心に置くグループに編成されることが多い。

　児童生徒は，以上の学習グループのいずれかに所属して教科等の学習を行う。なお，特別活動（学年活動や学校行事）においてはそれぞれが在籍する学年・学部単位での学習を行う。

（2）学校教育法施行規則第 131 条「訪問教育」

第 131 条には，学校に通学する場合のほかに，「教員を派遣して教育を行う場合」として「訪問教育」について述べられている。

> **学校教育法施行規則第 131 条**
> 特別支援学校の小学部，中学部又は高等部において，複数の種類の障害を併せ有する児童若しくは生徒を教育する場合又は教員を派遣して教育を行う場合において，特に必要があるときは，第 126 条から第 129 条までの規定にかかわらず，特別の教育課程によることができる。

訪問教育の概要（試案）
1979 年の養護学校の義務制に先立って明らかにされ，「特殊教育第 21 号(1978 年 7 月)」に掲載された。

文部省（当時）は 1978 年に「訪問教育の概要（試案）」を公表し，訪問教育についての基本的な内容を示した（①趣旨，②法的根拠，③対象，④教育課程など，⑤訪問教育担当教員の身分，処遇等の五つの内容からなっており，それぞれに本文と説明が記されている）。そこで，訪問教育は以下のとおり明らかにされた。

> **訪問教育**
> 心身の障害のため通学して教育を受けることが困難な児童・生徒に対する教育措置であること。訪問教育は，養護学校等における教育の一形態であること。
> 文部省「訪問教育の概要（試案）」，1987

このようにして，特別支援学校は通学して学習を行う形態と訪問を受けて学習を行う形態の二つのシステムをもつことになった。

なお，学校教育法第 81 条により，幼稚園，小・中・高等学校なども訪問教育を行うことができるが，現状としては特別支援学校が主である。

3 肢体不自由教育の歴史

前述のように，高木憲次は「肢体不自由」という概念を提唱した。それまでの身体障害を表す「不具」「片輪」「奇形」という侮蔑的な表現を批判するとともに，「不治」と考えられていた「肢体不自由」は，みずから動かせないだけであって，適切な治療で機能を回復できるとの意味も込められていた。そこには，整形外科学の発展があった。

（1）戦前における肢体不自由教育の草創

日本の肢体不自由教育はその草創から整形外科学の発展に依拠していた。ドイツで整形外科学を修め帰国した**田代義徳**は，日本で初めての整形外科学講座

田代義徳
（たしろ よしのり）
整形外科医（1864～1938）。東京帝国大学教授，東京市会議員。日本で最初の公立の肢体不自由児学校である東京市立光明学校の創設に尽力するほか，肢体不自由児の療育の発展に寄与した。

を担当し整形外科医の養成を行った。また，ヨーロッパを視察し，肢体不自由者の教育や就労の必要性を提案した。

当時は**小学校令**に就学猶予・免除の規定があり，障害児は学校教育を受けられない状況にあった。

大学退官後東京市会議員に転じていた田代は，高木や教育関係者とともに行政も巻き込んで，肢体不自由児の調査などを行い，1932年日本初の**公立の肢体不自由児学校**「東京市立光明学校」を開校した。光明学校の初期の教育では，次の四つの柱が設けられ，取り組まれた[2]。

① 普通教育：小学校とほぼ同じ教育課程で，経験主義に基づいた教育。

② 職業教育：身体的，知能的，趣味的能力を考慮し，それぞれの児童の能力の発見に重点を置いた指導。

③ 治療・矯正：校医の指示に基づき，マッサージ，日光浴，ギプス療法，治療体操，玩具治療から構成される。

④ 養　護：1時間の学習時間を30分とし，休憩を15分取る。

初代校医は**竹澤さだめ**で，彼女も肢体不自由教育の発展に尽くした整形外科医であった。

1942年の国民学校令によって，光明学校は「東京市立光明国民学校」になり，「皇国民錬成」が目標となる。しかし，戦局の悪化で学童疎開が実施され，「**現地疎開**」を経て長野県上山田温泉に集団疎開を行ったのは，1945年5月15日であった。なお，疎開から10日後の5月25日には空襲により校舎が焼失した。

(2) 戦後の教育制度の成立

1945年の敗戦により，日本の教育は「憲法−教育基本法体制」に移行した。教育は日本国憲法第26条に国民の権利として位置づけられた。

> 日本国憲法第26条
> 　すべて国民は，法律の定めるところにより，その能力に応じて，ひとしく教育を受ける権利を有する。
> 2　すべて国民は，法律の定めるところにより，その保護する子女に普通教育を受けさせる義務を負ふ。義務教育は，これを無償とする。

ある権利が実現するには他方で義務を果たすことが必要になる。これを「権利−義務関係」という。教育においては，国民の教育を受ける権利が実現するには，他方で，国民は「その保護する子女に普通教育を受けさせる義務を負ふ」こととなった。また，行政が必要に応じて学校をつくり，運営することは行政の義務である。一方，障害のある子どもたちに対しては，教育基本法などを審

小学校令
1900年の小学校令では第33条「学齢児童瘋癲白痴又ハ不具癈疾ノ為之ヲ就学セシムルコト能ハズト認ムルトキハ市町村長ハ府県知事ノ認可ヲ受ケ学齢児童保護者ノ義務ヲ免除スルコトヲ得」とされていた。

公立の肢体不自由児学校
私立では，1921年に開設した私塾「柏学園」が肢体不自由児療育事業の萌芽といわれている。また，1939年にはクリュッペルハイム東星学園が，1942年には高木憲次が整肢療護園を開設している。

竹澤さだめ（たけざわ）
整形外科医（1903〜1943）。東京市立光明学校初代校医，クリュッペルハイム東星学園医師。肢体不自由教育の発展に寄与した。

現地疎開
全校児童が学校に疎開すること。

教育刷新委員会
戦後の教育改革において，調査審議するために内閣に設けられた諮問機関である。この委員会の答申建議に基づいて教育基本法，学校教育法などが制定された。1946年8月に設置された。

議した**教育刷新委員会**において，委員川本宇之介は「『義務教育はすべて無償ということであります。無償というのは，単に授業料を支払わないという意味ではなくて，これらのハンディキャップのある生徒は，それぞれのハンディキャップに応じた教育が保障され』るようなものでなくてはならない」[3]と主張し，「教育刷新委員会総会は川本の意見を取り入れ，『学齢児童は心身に異常があっても，特別の方法により，その能力に応じて有効な教育を受けられる状態にある時は就学義務の猶予又は免除されないこと』を建議した」[3]。以上のように，教育基本法制定当時から障害児の教育権保障の理念は明確にされた。

　しかし実際には，就学猶予または免除の規定は残され（現行学校教育法第18条，学校教育法施行規則第34条），多くの障害児は学校教育を受けることができなかった。盲学校・ろう学校は1948年に義務制が実施されたが，養護学校（当時）の義務制は31年遅れて1979年まで待たなければならなかった。

（3）重い障害のある子どもたちと教育

　重い障害のある子どもたち（重症児）は就学猶予・免除によって学校教育の対象にされなかったばかりでなく，医療や福祉の場もなかった。そのような中でこの子たちに手を差し伸べた人たちがいた。**草野熊吉**は家庭裁判所の調停委員として生活の支援にあたっていたが，障害のある子の悲惨な生活を目の当たりにして，重い障害のある子どもの施設づくりを行った。1959年に病院の名目で開設し，1964年に重症心身障害児施設の認可を受けた。**小林提樹**は小児科医として日本赤十字社産院で障害児を診察する中で施設が必要なことを感じ，社会福祉大会などでその必要性を訴え，1961年に多くの人の協力を得て重症心身障害児施設を開園した。また，障害のある子の保護者の集まり「日赤両親の集い」を結成したが，これが後に「全国重症心身障害児（者）を守る会」につながっていく（1964年結成）。**糸賀一雄**は滋賀県庁勤務だったが，終戦後戦争孤児のための児童養護施設を立ち上げた。孤児の中には障害のある子どももおり，1963年に障害児施設をつくった。

草野熊吉
（くさの　くまきち）
家庭裁判所調停委員，秋津療育園創設（1904～1999）。幼児期のけがにより松葉杖を使用していた。

小林提樹
（こばやし　ていじゅ）
小児科医（1908～1993）。日赤産院小児科部長。1961年日本初の重症心身障害児施設島田療育園を設立した。島田療育園園長。著書『福祉の心』ほか。

糸賀一雄
第2章2節1参照。

関係者の努力
肢体不自由児の親であった作家水上勉は，1963年，雑誌中央公論に「拝啓池田内閣総理大臣殿」を発表し，重症児対応の貧しさを告発し，施策の改善を訴えた。

　以上のように，1960年代から重い障害のある子どもたちとその家族の問題は，本人と**関係者の努力**によって少しずつ社会に広がっていくが，教育においては，就学猶予・免除が一般的であった。

（4）養護学校義務制へ

　ここに一編の詩がある。「春」と題されたこの詩は就学猶予・免除を余儀なくされた子どもをもつ親の気持ちを鋭く代弁していた。

春

　春／みんながうきうきする春が　もうすぐやってくる／入学式　1年生／みんな晴れがましい顔／でも／ひろ子ちゃんのママは／また頭から　ふとんをかぶって泣くのかな／ことしで　3回目　入学式の日はいつもそうなの

　信君は　もう大きいけど　歩けないから　ママがおんぶ／ママつぶれそう

　学校に行きたくても／口がきけないし　歩けないから　入れてくれない／身障児の学校は　あるけれど／とても遠くて　通えないんだ／すぐ熱がでるもん／そして手足が　すごーく　痛いんだ

　かおるちゃんは　真っ赤なランドセルを　買ってもらった／学校へ行くと　ハリキッていたけど／やっぱり3年猶予して　そのままいけなかった

　今は　もういないけど　ママは／真っ赤なかおるちゃんの　ランドセルを机において／かわいい笑顔を思い出してる

　また　入学式が　近づいた／今年は　頭からふとんをかぶって／泣くママが　何人いるのかな

　　　　　　　　　　　　　　　　　「春」グループ連絡会ニュース，1971年12月30日発行

　障害のある子どもをもつ親や教育関係者は，憲法・教育基本法に基づいた権利としての障害児教育を求めて，未就学児の調査や養護学校設置の運動を進めていった。この運動は全国に広がり，行政を動かしていった。政府は1973年11月に養護学校義務制実施期日を1979年とする予告政令を公布した。東京都では国に5年先駆けて「希望者の全員就学」を実現していた。

　（当時の）文部省は義務制実施を控えて，それまで教育の対象外としてきた重い障害のある子どもたちの教育に対する対策を検討した。1975年には特殊教育の改善に関する調査研究会が「重度・重複障害児に対する学校教育の在り方について」を，1978年には「訪問教育の概要（試案）」を発表した。また，1978年に「教育上特別な扱いを要する児童・生徒の教育措置について」が通達され，就学猶予・免除の限定的運用の方針が出された。こうして，国民的な要求や運動を背景に行政も準備を進め，1979年4月「養護学校の義務制」が実施され，養護学校の「設置義務」が明確にされた。

予告政令
1973年11月に，1979年4月から養護学校の就学および設置の義務制を実施する旨の予告として，「学校教育法中養護学校における就学義務及び養護学校の設置義務に関する部分の施行期日を定める政令」が公布され，1979年度から養護学校教育が義務教育になることが確定した（文部省：学制百二十年史，1992）。

（5）特別支援教育とインクルーシブ教育

　2007年4月から特別支援教育制度がスタートした。その制度は，以下のとおりである。

「幼児児童生徒一人一人の教育的ニーズを把握し，その持てる力を高め，生活や学習上の困難を改善又は克服するため，適切な指導及び必要な支援を行う」

「すべての学校において，障害のある幼児児童生徒の支援をさらに充実していく」

　　　　　　　　　　　　　　　　　　　　　文部科学省：特別支援教育について，2007.

91

子どもたち一人ひとりを大切に育てていく学校や社会の実現が強く求められている。

4　特別支援学校の一日の例

　　図3-1は週時程（カリキュラム）の一例である。肢体不自由特別支援学校の中学部３年生で自立活動を主とする教育課程に所属しているＡくんの木曜日を例として，一日を追ってみたい。

　　Ａくんはスクールバスで登校している。停留所は家から５分程度のところで，車椅子で乗車する。停留所までは母親が送迎する。スクールバスはさまざまなコースがあり，そのコースに沿って停留所が設けられている。乗車時間は約30分である。十数人の友だちが乗る。学校への到着は８時40分ころで，学校のスクールバス乗降所には担任の先生が出迎える。自力で車椅子をこぐことができないＡくんは担任の送迎で教室へ向かう。途中たくさんの先生や友だ

		月	火	水	木	金
学級の指導	8：50〜9：00	学級の指導				
1	9：05〜9：55	自立活動 たいいく-からだ				
2	10：00〜10：50	自立活動 課題別学習 とつどい	自立活動 課題別学習 とつどい	自立活動 課題別学習 とつどい	自立活動 課題別学習 とつどい	自立活動 課題別学習 とつどい
3	10：55〜11：35	自立活動 特設の自立活動	生活単元学習 せいかつ	保健体育	音楽	自立活動 みる・きく・ おはなし
4（学級）	①11：40〜12：00 ②12：05〜12：35 ③12：35〜12：55 ④12：55〜13：30	①日常生活の指導，②給食，③昼休み，④日常生活の指導				
5	13：35〜14：25	特別活動	自立活動 月間設定の授業	日常生活の指導 課題別学習	自立活動 みる・きく・ おはなし	自立活動 ふれる・かんじる
6	14：30〜15：20	日常生活の指導 課題別学習	日常生活の指導 課題別学習	自立活動 特設の自立活動	日常生活の指導 課題別学習	日常生活の指導 課題別学習
学級の指導	15：25〜15：35	学級の指導				

図3-1　週時程の例（特別支援学校中学部　自立活動を主とする教育課程）

ちと会い，挨拶を交わす。教室は2階なのでエレベーターを利用する。教室で
は学年の友だちと短時間の朝の会を行い，グループの教室へ移動する。この時
間Aくんの体調が思わしくない（体温が高い，痰が絡んで呼吸状態が悪いなど）
ときは保健室に行ってみてもらうこともある。

　1時間目は「自立活動（たいいく-からだ）」。この時間はグループのメンバー
はそれぞれ個別で，水分補給や排泄，身体のケア（車椅子から降りていろいろな
姿勢をとったり，ストレッチやマッサージで身体をほぐしたり），担任との会話（連
絡帳を読んで昨日のことを話し合ったり）など，朝一番に生徒一人ひとりが必要
なことに取り組む重要な時間である。

　2時間目は「自立活動　課題別学習とつどい」。「課題別学習」は1時間目の
延長で生徒個々に必要なことに継続して取り組む。ちなみにAくんは，排泄
−水分補給（水分にとろみをつけてひと口ずつスプーンで取り込む）−少し休憩し
て−うつ伏せの姿勢でマッサージを受け，身体の過剰な緊張を緩和する学習に
取り組んでいる。マッサージを受けながら交わす先生とのいろいろな話は，重
要なコミュニケーションのひとつである。Aくんはことばを発すること（発語）
はできないが，笑顔や発声，顔の表情で応答する。本読みを行うこともある。

　つどいはグループのメンバーが輪になって集う全体学習である。朝の会とい
う場合もあるが，このグループでは10時15分過ぎから始まるので「つどい」
と呼んでいる。ことばを発する生徒はいないので先生が以下のような流れで進
める。

　① 始まりの挨拶：ウインドチャイムを当番の生徒が鳴らすのが合図である。
　② 呼名：先生が一人ひとりの生徒の名前を呼び，生徒は自分の「返事（声
　　を出す，笑顔になる，手を動かす，大きなため息をするなど）」で答える。み
　　んなが可能な範囲で一生懸命返事をするこの時間は，たくさんの拍手が起
　　きるときである。
　③ 予定発表：先生が今日の学習予定を発表し，ボードに絵を張っていく。
　④ 今月の歌：毎月1曲を決め，今月の歌として歌う。場合によっては楽器
　　を演奏することもある。
　⑤ 連絡事項：今日は早退をする，明日は通院のため欠席するなど，連絡帳
　　に記されている生徒に関する連絡を行う。

　Aくんは，呼名時には，笑顔で発声する返事が定着している。また，今月
の歌は大好きで，笑顔でよく発声する。

　つどいが終了すると排泄などの休憩を挟んで，3時間目である。木曜日は
「音楽」。「音楽」は，歌唱，楽器演奏，リトミック，鑑賞の4分野で構成され
ている。歌唱は，季節や行事を意識した選曲で，中学生という生活年齢も考慮
して歌う。生徒ははじめ聞くことが主になるが，回を重ねていくにつれて発声
したり，身体を動かしたりと歌を楽しむ様子がみられる。楽器演奏は，打楽器

連絡帳
学校と家庭が毎日取り
交わす文書で，学校か
らは，授業時の様子や
飲んだ水分の量，排泄
の回数，給食摂取量，
本人の体調やトピック
スなどを家庭に知ら
せ，家庭からは，家庭
での様子や食事，排
泄，睡眠，発作のこ
と，遅刻や早退，欠席
にかかわる本人の予定
などが記される。学校
と家庭をつなぐ大変重
要な文書である。

が中心となる。歌のリズムに合わせて自分ができる方法で打楽器を鳴らす。太鼓の皮に手をつけていて，先生が鳴らした振動を感じる生徒もいる。弦楽器はギターや箏を使用する。手を動かして引っかくようにすることで音を出すことができる。リトミックは，車椅子ダンスが中心である。車椅子に乗って教室いっぱい，時には廊下も使ってダンスを行う。車椅子の動きの速さの変化，左右に曲がる感覚を味わい，回転も取り入れてダンスを楽しむ。鑑賞は，さまざまなジャンルの曲をCDで聞いたり，先生の生演奏（歌唱，ピアノ，ギターなど）を聞く。表情が緩んでリラックスする生徒や腕でリズムをとるなど思い思いの行動で聞く。音楽はコミュニケーションといわれるが，一つひとつの活動場面で必ず先生との，もしくは友だちとのコミュニケーションが欠かせない。

　４時間目は給食と昼休みを挟んで，「日常生活の指導」の時間となる。まず，グループの教室から３年生の学年の教室（給食を食べる部屋）に移動する。３時間目の集団学習で高まったテンションをクールダウンすることも重要である。教室の床（じゅうたんやマットなどで降りられるようにしてある）に降りて姿勢を変えてリラックスしたり，排泄を終えたりしながら給食準備が整うのを待つ。それぞれのグループに分かれて勉強していた学年の友だちも続々と帰ってきて，教室は一気ににぎやかになる。この友だちの声が飛び交う雰囲気が気に入っている生徒が多い。

　Ａくんは初期食を経口摂取している。給食の時間は，給食用の座位保持装置に座る。摂食機能を高めるための唇周辺や口腔内のマッサージを行い，摂食の準備を整える。摂食中の姿勢も大事である。配膳された初期食，とろみをつけた牛乳をひと口ずつ，30分かけて食べる。「これは野菜だね」「はい，大好きなパンだよ」「デザートは甘いね」などの声かけ，友だちの話に耳を傾けていることも多い。給食後は座位保持装置から床に降りてゆっくりと休憩するほか，３年生のほかのグループの友だちと交流することも多い。

　５時間目近くになると排泄を済ませて，グループの部屋に移動する。「自立活動　みる・きく・おはなし」の時間である。「みる・きく・おはなし」は物語を題材にした学習である。前半は物語を聞いて，後半は物語に出てきたものに直接触れる学習を設定している。単元によって，草花・水・野菜・魚・綿やカイロ・お湯などである。Ａくんは触れることに関しては慎重で，まずしっかりと見て確かめ，それから先生といっしょにゆっくりと触れる。冷たいものでは手を引っ込めたり，表情をゆがめたりしながらも，何回か行うと落ち着いて触れることができるようになる。そのときのＡくんの行動に現れる気持ちを代弁しながら共感しつつ行動を支援していくことが必要である。

　６時間目は「日常生活の指導　課題別学習」である。前半は，そのときどきの個別学習を行う。Ａくんは本読みやタブレット端末を使った操作活動に取り組んでいる。本は，そのときどきに読みたいものを二択で選択する。また，タ

初期食
子どもたちの摂食機能（食べる力）に合わせて，内容や形状などを調整した食事を形態食という。一般的には，初期食・中期食・後期食に分かれ，食事の形態として粒々がなく滑らかで，一定のまとまりをもつよう調理されている食事を初期食という。離乳食や高齢者食も同様である。

ブレット端末では好きなアプリがあって操作しながら笑顔で楽しむ。後半は，下校の準備である。排泄を済ませ，体調や呼吸状態をみる。約30分のスクールバス乗車が安全にできるよう確認する。

　帰りの会は学年で短時間実施する。挨拶をしてスクールバスに乗車する。15時40分にバスが発車する。

　このように，自立活動を主とする教育課程では，一日の学校生活の中で，学習の時間は個別的な学習と集団での学習が半々の割合で設定されている。同じ教育課程の同じ学習グループに属していても，生徒たちの実態と課題は一様ではない。また，学習ではそのときそのときの個々の生徒たちの興味や関心に沿って進めていく必要がある。集団学習では生徒たちの課題の最大公約数的な部分に焦点をあて，集団の力を引き出しながら学習を進める。個別的な学習では，さらに課題を深化させ，一人ひとりに応じた内容や題材を考える。個別の学習での成果を集団での学習に返していきながら，集団学習での成果を個別の学習に反映させるというように，相補いながら全体として学習が進んでいくと考えられる。

[演習]課題
1. 特別支援学校での四つの教育課程と指導の形態について確認しよう。
2. 特別支援学校の教育の形態である訪問教育について理解を深めよう。
3. 肢体不自由教育の歴史を調べてみよう。
4. 特別支援学校での一日の学校生活についてイメージをもとう。

引用文献
1) 茂木俊彦監：障害児教育大事典，旬報社，p.133，1999.
2) 光明学園の歴史とその意義：東京都立光明学園第一回全国研究会資料，2018.
3) 清水寛・三島敏男編：障害児の教育権保障，明治図書，pp.121-122，1975.

参考文献
・猪狩恵美子・河合隆平・櫻井宏明編：テキスト肢体不自由教育－子ども理解と教育実践，全障研出版部，2014.
・西川公司・川間建之介：肢体不自由児の教育，日本放送出版協会，2010.
・全国訪問教育研究会：訪問教育入門－せんせいが届ける学校，クリエイツかもがわ，2007.

❷　指導法

1　自立活動

（1）自立活動とは

　自立活動は，障害のある幼児児童生徒のために設けられた指導領域であり，特別支援教育において教育課程上重要な位置を占めている。自立活動の目標は，特別支援学校小学部・中学部・高等部学習指導要領（以下，特支学習指導要領）（小・中学部2017年4月，高等部2019年）に示されている（p.85参照）。

　自立活動の指導は，授業時間を特設して行う「時間における指導」と，自立活動の視点をもって各教科等，学校の教育活動全体を通して指導にあたる「全体を通じて行う指導」の二つがある。障害のある児童生徒は，障害によって各教科などで育まれる資質・能力の育成に困難を生じやすい。学習活動の基盤となる心身の調和的な発達に着目した指導が自立活動なのである。

（2）自立活動の指導内容

　特支学習指導要領における自立活動の内容は，**自立活動の6区分**の下にそれぞれ3〜5項目（計27項目）が示されている。27項目は，指導内容を構成する具体的な要素を示したもので，児童生徒に対しすべてを指導しなければならないわけではない。児童生徒の実態把握に基づき，一人ひとりの障害の状態や発達段階，経験の程度などを踏まえて，27項目の中から必要とするものを選定し，それらの項目を相互に関連づけて具体的な指導目標や内容を設定していく。したがって自立活動の指導内容は決まったものではなく，個別の教育的ニーズに応じて担任が指導内容を具体化するのである。

　肢体不自由特別支援学校の在学者における重複障害者の割合は75.0％を占め（2017年度文部科学省の調査結果），近年，医療的ケアなどが必要な児童生徒らの就学が増えるなど，障害の重度化が著しい。また同じ障害であっても状態が異なったり，後遺症や遺伝性疾患などさまざまな起因による障害が増えたりと，障害の多様化も進んでいる。こうした状況を踏まえ，自立活動の内容設定も専門的な知識・技能が求められるようになってきている。主治医や理学療法士（PT）・作業療法士（OT）などの外部専門家や，校内の専門的な知識・技能を有する教員などからのアドバイスも参考にしながら，自立活動の指導を充実させる。

自立活動の指導
学校教育法第72条（2008年4月1日施行）において，「特別支援学校は，視覚障害者，聴覚障害者，知的障害者，肢体不自由者又は病弱者（身体虚弱者を含む。以下同じ。）に対して，幼稚園，小学校，中学校又は高等学校に準ずる教育を施すとともに，障害による学習上又は生活上の困難を克服し自立を図るために必要な知識技能を授けることを目的とする」としている。

自立活動の6区分
（1）健康の保持
（2）心理的な安定
（3）人間関係の形成
（4）環境の把握
（5）身体の動き
（6）コミュニケーション

(3) 特別支援学校での自立活動の内容

　児童生徒の障害の重度重複化・多様化を受け，自立活動の「時間における指導」の内容は幅広いものとなっている。肢体不自由特別支援学校の「時間における指導」では，障害の特性から，自立活動の6区分のうちの「(5) 身体の動き」に重点を置いた目標設定になる傾向が強い。姿勢や運動の困難さについての課題に取り組むことは大切だが，「できないことをできるようにする」といった身体の機能面の向上のみを改善するという視点だけでは，児童生徒のニーズを見誤ることもある。立てないより立てたほうがよいかもしれないが，立つことでその子ども自身の生活がどのように豊かになるのかという観点が欠けてしまうと，指導の時間が，教員からやらされる受け身的な学習となったり，自分のできなさばかりを感じる時間になってしまい，結果的にできるようなっても児童生徒の心が萎（な）えてしまうことにもなりかねない。車椅子での生活で友だちとともに楽しく活動できるような指導を大切にするなど，「(3) 人間関係の形成」や「(6) コミュニケーション」の区分での発達のほうを優先する指導が，将来にとって有効な場合もある。

　児童生徒が障害を受けいれ，主体的に生きていくうえで大切なことは何か，身体の機能面のみに偏らない全般的な児童生徒の把握と，調和的な発達を目ざすためにはどのような指導が必要なのかを吟味することこそが大切なのである。

(4) 自立活動の授業時数

　自立活動の指導に充てる授業時数は，特支学習指導要領では標準の時間数の設定はなく，各学校で児童生徒の障害の状態や特性および心身の発達の段階などに応じて適切な時間数を設定することとなっている。肢体不自由特別支援学校では，週当たり2〜4授業時間設定しているところが多い。

　また原則として自立活動に充てる授業時数は，各学年の年間総授業時数に含まれ，かつ各学年の各教科などの標準授業時数の半分を超えない範囲で設定できる。また児童生徒の過重な負担にならなければ，授業時数を標準より増やして設定することも可能であり，各学校で実態に応じ弾力的に運用できる。個々の児童生徒の教育的ニーズに応じた時間を設定していく必要がある。

(5) 自立活動の指導形態

　自立活動は，個別の教育指導計画に基づいた指導が基本となるので，指導形態は個別指導が基本となる。しかし個別指導でなければならないのではなく，指導目標（ねらい）を達成するうえで効果的な指導を進めるために，集団を構成して指導することも認められている。児童生徒それぞれの障害の状態や発達段階などに応じて，主体的に自己の力を発揮するためには，個別にていねいな

自立活動の指導に充てる授業時数
特支学習指導要領第1章第3節3 (2)のオにおいて「小学部又は中学部の各学年の自立活動の時間に充てる授業時数は，児童又は生徒の障害の状態や特性及び心身の発達の段階等に応じて，適切に定めるものとする」としている。

指導をするだけでは難しい。個別の学習の中でつけた力を仲間との間で発揮する学習活動を通して「社会参加」の基礎的な力を養うことが大切である。

　集団での指導の際には，個々の自立活動の指導目標（ねらい）課題を把握し，個の課題を明確にしたうえで，それを集団内でどのように達成していくのかを考えて授業計画を行わなければならない。このように児童生徒の個々の課題を基に，どの指導形態を選ぶのかは，個別の学習と集団での学習との効果を鑑みながら決めていくことが大切である。

（6）重複障害者等に関する教育課程

　重複障害者等の教育課程について特支学習指導要領では，「重複障害者のうち，障害の状態により特に必要がある場合には，各教科，道徳科，外国語活動若しくは特別活動の目標及び内容に関する事項の一部又は各教科，外国語活動若しくは総合的な学習の時間に替えて，自立活動を主として指導を行うことができるものとする（第１章第８節4）」としており，児童一人ひとりの障害の状態に合わせ柔軟に教育課程を編成していくことが可能である。卒業後の進路や生活に必要な資質・能力なども勘案しながら，各教科等を合わせた指導や自立活動を主とした指導を組み合わせることが大切である。

（7）主体性を育む自立活動の指導

　個別の指導計画を立案する際，「できない側面」などの目に見えるマイナス面が認知されやすい。「できること」を増やすことすべてを否定することはできないが，障害のある児童生徒は，これまでの生育過程の中でそれがもとで失敗経験や自己肯定感の低さを重ねている場合が少なくないことに留意が必要である。そのためその課題にダイレクトに取り組もうとしても拒否反応が起こったり，思うように効果が上がらなかったりする場合が少なくない。

　１人の子どもであっても，伸びている面や伸び悩んでいる面など個体内で発達のばらつきがある。実態把握の中ではそういった発達のばらつきをとらえることが指導のヒントとなる。まずは発達の進んだ側面（得意分野）を伸ばすことで自信をもたせ，活動に主体的に参加する経験を重ねる。その中で，課題に向かう力を高めることが，遠回りではあるが苦手なところにみずから挑もうとする力につながることもあるのである。

（8）自立活動の指導の実際

　「時間における指導」では，個別の指導計画に基づき肢体不自由に起因する学習上または生活上の困難を改善・克服するための実際の指導内容を立案していく。児童生徒の障害によって生じた機能不全を単に軽減させるための取り組みだけではなく，学習活動を通じて自分の身体とじっくり向き合いながら，障

害の自己理解と，身体をよりよい状態に保つための知識・技能を学ぶのである。また卒業後の地域での生活を鑑み，福祉制度や自身の障害への医療的知識や対応など，必要な知識を身につけることも大切である。

具体的な指導内容例としては，以下のようなものがある。

- ・関節の可動域確保，側弯への対応など，身体の変形拘縮の進行予防
- ・寝返りやあぐら座，膝立ちや立位など，立位板・クラッチ（杖）・歩行器の活用などで抗重力姿勢を育み，姿勢変換力・移動能力などの向上
- ・胸郭の動きを促し呼吸を深くするなど呼吸障害の改善
- ・摂食嚥下障害の程度に応じた摂食嚥下機能の改善，食事動作の改善
- ・身体の欠損状況や退行状況に応じて，残存する他の身体機能を基にした代償行動の工夫，自助具の活用など生活能力の獲得
- ・車椅子への乗り移りやトイレでの所作など ADL の向上
- ・ペグボードなど各種器具を用いた目と手の協応や手指の巧緻性の向上
- ・機能補助代替具（義足・電動車椅子・AAC など）の具体的な活用方法
- ・自分にできることとできないことを知るなど自身の障害理解
- ・障害者年金や医療制度・ヘルパーなどの生活支援制度などの学習

「全体を通じて行う指導」では，各授業において各自の肢体不自由の状態や身体動作の特性などに応じて効率的な学習法を工夫し，その技能を自分のものとしていけるように指導を行っていく。授業を進める中で実際に体験しながら，自分の身体状況に合った種々の困難への対応法を学習するものである。

具体的な指導内容例としては，以下のようなものがある。

- ・授業内容を理解することに気持ちを集中させるため，デジタルカメラや IC レコーダーなどを利用したノートテイクの工夫
- ・教科書に視線を向けやすいように書見台などの活用
- ・書字障害の軽減のためにパソコンや計算機の使用
- ・コミュニケーション障害の程度に応じたサイン・AAC などの活用
- ・肢体不自由の状況に応じた活動・休憩の時間設定や，休息時の姿勢
- ・体幹保持力に応じた椅子と机の調整や座位保持装置の工夫など

(9) 生活年齢に応じた指導内容の工夫

特別支援学校には，小学部から高等部まで 12 年間の教育期間がある。小学部から高等部まで一貫した教育を行っていくためには，それぞれの学年に応じた指導内容が求められる。

小学部低学年では，呼吸・食事・排泄など基本的な生活リズムづくり，抱っこや支え座位など積極的な抗重力姿勢の経験など，学習活動の基盤となる身体づくりに重点を置く。小学部高学年から中学部にかけては，身体づくりを継続しつつも，体幹に力を入れてまっすぐに保とうとする力を維持し，第二次成長

ペグボード
穴や突起などをつけた板に，手に持ちやすい円柱や棒などを刺すことで，手指の巧緻性・操作性や，目と手の協応動作を高めるためのリハビリテーション器具。さまざまな種類がある。

AAC
第2章3節4参照。

期の側弯や胸郭変形，歩行による足首の変形などに対応する。またやりたい気持ちの高まりが全身の緊張を高めてしまうことがあるため，自分の身体の特徴を知ること，自分でできることとできないことがわかるなど，身体と相談しながら生活する力を高める。高等部では，小・中学部の指導を継続しつつも，自分の障害や健康状態を正しく理解すること，今ある力で生活に生かせる動作，介護されやすい・介護者に協力する生活動作を学ぶこと，医療や福祉制度などを賢く活用する力など，卒業後の生活を見据えた学習内容が必要である。

　このように「時間における指導」における指導内容は，単に身体機能の向上を図るといった単純なものではなく，「障害による学習上または生活上の困難」に取り組む学習活動を通して，障害に対する自己理解と障害とともにどのように生きていくのかという児童生徒の自分づくりを支援するものである。

（10）正しい障害理解を深める

　児童生徒自身は，がんばれば自分でもできると思って努力を続けていることが少なくない。しかし実際には障害特性から努力や工夫をしても実現が難しいことも多い。一方で得意なことを続けることで自己肯定感が高まって積極性が高まる反面，障害特有の身体の使い方を繰り返すことで徐々に過剰な筋緊張となり活動が制限されてしまうケースもみられる。何でも一人でできることは大切であるが，社会に出て生活をするためには，着替えなどは手伝ってもらって空いた時間を趣味に使うなど，自分一人でできるけれども身体の緊張を強めないために人の支援を借りる選択をすること，また障害によって無理なことを理解して人に頼むことができる力を育むことも大切である。実際の生活と結びつけ，人の手を借りながら自分の身体とうまくつき合う方法を学ぶことも，自立活動の学習内容である。

頸髄症・頸腕症・腰椎症

全身の筋緊張の高まりなどから，首や腰の脊柱の骨が変形し，神経を圧迫してしまう症状。手足のしびれ，首や腰の痛み，座っていることが困難などの症状の後，進行すると手足のまひ，膀胱直腸障害などの重い症状をきたすおそれがあり，寝たきりになる場合もある。早期に対応すれば手術などの医学的処置で改善できる。

　卒業後社会人となってから，**頸髄症・頸腕症・腰椎症**や，足首の変形など二次障害を悪化させてしまって離職や日常生活の制限を余儀なくされる肢体不自由者は多い。障害特有の動かし方を繰り返すと経年的に症状が悪化しやすく，徐々に進行してしまうために本人も気づきにくい。「職場に迷惑をかけたくない」「自分だけわがままを言えない」などの理由から，ギリギリまで我慢してしまうために手術的対応などが手遅れになってしまう。これらの症状に早期に対応できるかどうかが，その後の人生に大きく影響する。肩こりがひどくて眠れない，段差につまずきやすくなった，おしっこの出が悪くなったなど，日常生活での兆候を早めに自分でつかみ対応する力が求められる。卒業生の二次障害のケースから学び，その情報を児童生徒に伝え，身体の異変にみずから気づき早めに対応できる力，卒業後も自分の身体を守るために医療とのつながりをもつ必要性を学ばせることも大切である。

AAC
第2章3節4参照

2　コミュニケーション指導

（1）コミュニケーションの発達段階を踏まえる

　コミュニケーションの発達に関してベイツらは，伝達意図が占める位置の違いによって発達を以下の3段階に区別した[1]。

> 「聞き手効果段階」（意図を聞き手が解釈する段階）
>
> 「意図的伝達段階」（意図を行為で伝える段階）
>
> 「命名伝達段階」（意図をことばで伝える段階）

　出生から間もない乳児は，音声や表情を含む多様な発信をするものの，それらの発信はまだ伝達意図をもっていない。しかし，乳児の表情や動きに聞き手である大人が気づき，その意味を推測してかかわる（応答する）ことによって，コミュニケーションが行われる（聞き手効果段階）。そして，そのような大人のかかわりが繰り返される中で，子どもは自身の発信とそれがもたらす結果とを関係づけて認識するようになり，結果を引き起こすために発信を意図的に自発するようになる（意図的伝達段階）。

　ここで重要なのは，コミュニケーション行動は関係性の中で発達していくという点である。子どもの発する表出に対して大人がどのようにかかわるかによって，その表出が強化されることもあれば，反対に表出が消失していくこともあるということに留意する必要がある。そして，この関係性は人だけでなく物や周りの環境との間でも成立する。肢体不自由のある子どもの中には周産期から運動機能に困難を抱えているケースも多く，コミュニケーションの発達において聞き手効果段階にいる子どもが多数みられる。聞き手効果段階においては特に，子どもの表出に対しての応答的環境をどう整えるかがコミュニケーション指導のポイントとなる。

（2）運動機能の困難への対応

　肢体不自由がある場合，コミュニケーションにおいて理解や表出の手段が限られたものになりがちである。1990年代に日本にも紹介されたAACの考え方では，乳幼児段階における自発行動と，それを基にしたコミュニケーションについて，その発達的意義を重視している。したがって，障害によってこれらのコミュニケーション機会が損なわれないよう，本人が自発できるあらゆる表出手段を活用することが提唱されるとともに，支援機器を含めた代替手段の導入も積極的に勧められている。

　コミュニケーション指導において，AACの考え方と具体的な技法を取り入れることは大変重要である。

ノンテク・ハイテク・ローテクコミュニケーション技法のどれかのみを用いるというのではなく，上手に組み合わせ最大限にコミュニケーションを引き出すことが AAC の基本である[2]。

（3）自発可能な表出で活動できるようにする

AAC は，子どもがその時点で自発することが可能な表出方法を用いてコミュニケーションできるようにする技法である。このような考え方は，コミュニケーションに限らず日常生活や学習などを含めた活動全般にあてはまる。運動機能に困難があると活動制限が生じやすく，経験は不足がちになる。子どもの今ある力を生かし，さまざまな活動を自発の動きで行えるようにすることで，主体的な経験の拡大を図り，深い学びにつなげていくことが大切である。

運動機能の困難がある子どもにとって，さまざまな活動を今ある力でできるようにするには，手立ての工夫が欠かせない。主体的な活動を支援する手立てとしてアシスティブ・テクノロジー（支援機器・技術，AT）を積極的に活用することが効果的である。テクノロジーということばが高度なハイテク機器を連想させるかもしれないが，AAC 技法の視線コミュニケーションボードのようなローテクのものも AT に含まれるととらえてよい。AT は住宅改造や移動のための機器（電動車椅子など）などコミュニケーション以外の支援技術を含んだ広い概念である。一方，AAC は指差しやジェスチャーなど機器を活用しないノンテクコミュニケーション技法を含んでいるので，AAC と AT の関係を図に表すと右に示したようになる（図3-2）。

（4）AT の活用で広がる可能性

コミュニケーション指導において AT を活用した AAC 技法を導入することは，特に運動機能の困難がある子どもにとって重要な意味をもつ。それは，AT の導入がコミュニケーションのみならず，生活全般における**活動制限や参加の制約**について，その改善に結びつく可能性をもっているからである。

活動制限や参加の制約
2001年に WHO によって示された国際生活機能分類（ICF）における概念である。

AT を活用した AAC 技法の代表例であるスイッチの利用を例に考えてみる。現在，運動機能の困難がある人が利用できる入力用のスイッチは，さまざまなものが開発されている。どんなに重い障害があっても，身体のどこか一部を自発的に動かすことができれば，その動きがわずかであっても（例えば，指先の動き，瞬き，口元の筋肉の動きなど），スイッチの入力に利用することができる。

VOCA
第2章3節4参照

自発の動きで入力できるスイッチがひとつでもみつかれば，そのスイッチを使って **VOCA** を操作することで，コミュニケーションに利用することができる。そして，入力可能となったスイッチがもたらす可能性はそれだけにとどまらない。おもちゃや電器製品，パソコンなど，さまざまなものを自分で操作する際に，そのスイッチを活用できるのである。さまざまな活動において，その

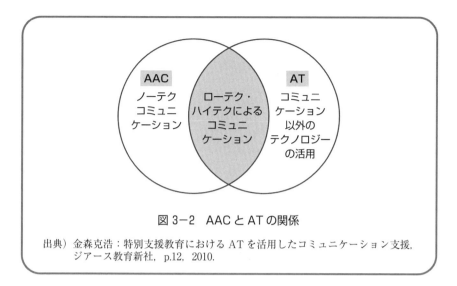

図 3-2　AAC と AT の関係

出典）金森克浩：特別支援教育における AT を活用したコミュニケーション支援，
ジアース教育新社，p.12，2010.

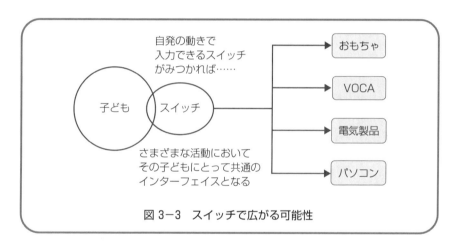

図 3-3　スイッチで広がる可能性

　子どもにとって共通のインターフェイスとなりうるという点が，AT としてスイッチを利用する際の最も重要なポイントとなる（図3-3）。

3　おはなし・ことば・かずの指導

　運動機能の困難に加えて知的機能に困難さがある場合の指導を，「みる・きく・ふれる・つかむ・ひっぱる・おす」などの動作を駆使して活動する「おはなしの学習」の中で展開することがある。さまざまな大道具や小道具，先生たちによる設定されたかかわりやその歌声，厳選された意図的なことばがけなどの情感あふれる働きかけをシャワーのように浴びる中で，子ども自身が声を出し身体を動かして，集団でのかかわり合いの中で今もっている力を精一杯に発揮できる「おはなしの世界（授業）」をつくり上げる。絵本や物語を題材にし

たそのような指導を,「おはなし」「ことば・かず」の授業と呼ぶことがあり,「各教科等を合わせた指導」の中に位置づけられる。その中では，国語・算数・音楽・体育など各教科の基礎となる力を育んでいく視点が重要となる。

(1) おはなしの指導のポイント

　題材に選んだ「おはなし（絵本）」によって，日常生活を体験学習化するものや，劇あそびの活動にするものがある。はじめは，絵本の読み聞かせや先生たちの劇を見せることで，内容を知らせたり受け止めさせたりする。十分におはなしの楽しさを感じ取らせたうえで，子どもたちに登場人物に扮して活動させる。その活動内容は，ねらいに合わせてわかりやすいもの・興味の湧きやすいものから少しずつ広げていくことが効果的である。可能な限りどの役をしたいかを一人ひとり選択させることも大切であり，その過程での迷いや人間関係の中に認識の発達や価値観の育ちを意図することができる。

　小学部の児童や幼児期の発達段階にある子どもたちの場合には，先生が「主人公やテーマ」に合わせたキャラクターにふん装して活動をリードし，興味・関心をもてるように教材を楽しく工夫することが効果的である。例えばおはなしの中に「はみがき・顔洗い」などの「日常生活の指導」の活動があれば「はみがきマン」を登場させて，実際に歯磨き指導をして「きれいになったかな」と確認する。大きめの口（歯）模型をつくり，貼りつけた汚れやバイキンを結んだヒモを引いてはがしたり，テコで動かしやすくした大型歯ブラシで磨いたりするような工夫をすることで，子どもたちが主体的に活動したくなったり意味をつかみやすくなったりする。

　「バイキンはたくさん取れたか？　まだ残っているか？」などを確かめ合うことで,「ある・ない」「多い・少ない」など量の概念を育てることにもつながる。教科学習につながる学習目標を，各教科等を合わせた指導の観点から組み入れることも重要である。

(2) 海の中を題材とした「おはなし」を例に

　「海底探検に行こう」などの題材で，大型遊具を活用する場面を設定することがある。大型ボールに乗って行うストレッチやカラーボールのプール，シーツブランコやトランポリン，車椅子による移動や車椅子ダンス，部屋を暗くしブラックライトを活用することでつくり出す幻想的な空間でのリラックスタイムなど，個々の子どもの障害や興味・関心などに合わせた多様な活動が考えられる。身体感覚を活性化する大きな運動をさせたり，物や人に合わせて自分の身体をコントロールする力をつけることを主要な目的とする。

　加えて，活動を単発的・訓練的に行うのではなく，ストーリーのあるおはなしの中で「ごっこあそび」的に「○○になったつもり」で行うようにする。

　おはなしの中で,「クラゲは無理に力を入れません……」などのことばがけをすると, 過剰な筋緊張をゆるめて脱力しやすくなる場合がある。「お魚は眠ってしまいました……」といいながら静かな BGM を流してのリラックスタイムを組み入れることで, 筋緊張をコントロールする力をつけることもねらいとなる。運動機能の困難さを軽減する視点に加えて, 自分流に身体を動かす主体者となるという指導上の視点が重要になる。さらに, 人とのかかわりの中で意欲を高め,「(自分ではない)○○の役」と考える力・演技をする認識の力を「ことば」を通して獲得させることも目標とする。

　「おはなしを楽しむ」こと自体を目的とするのではないが, 学習過程が「楽しい」ことはきわめて重要である。楽しむことで, もてる力を最大限に発揮したいと思う場面がつくり出される。そのうえで, 集中して見聞きする力, 手足・身体を思いに合わせて動かす力, 人と気持ちを重ねたり合わせたりしながら活動することの喜びを感じる力など, 人格の基盤となる力を育てていくことができる。「何分間集中することができたか」などと無意味に数量化するのではなく, 学習場面や意味づけの中で集中できることを大切に評価する必要があり, そのことが学習の目的となる。測定はしにくいが,「おはなしを楽しむ」感覚自体も「すき・きらい」の多様な受け止め方(感性の育ち)を含めて, 学習の中で育てていきたい力となる。

(3)「おいも掘り(綱引き)あそび」を題材としたおはなしの事例

【事例】B くん(男子, 15 歳)・C くん(男子, 15 歳)
　　B くんは四肢体幹機能障害, 重度知的障害。発声はあるが発語はない。
　　C くんは四肢体幹機能障害, 重度知的障害。発声はない。

　車椅子の姿勢が上向きになっていることが多い B くんは, 天井金具に通したロープの片方に, 手づくりのクッションさつまいもをつけて, その端を持った(おいもチーム)。C くんは, 反対側のロープに葉っぱをつけて茎と見立てた端を持った(子どもチーム)。2 人が両側に分かれて, おいものつるを引っ張り合うようにした。

　担任は進行・行司役となって「選手紹介」をしたり, 応援団になったりした。おいも役の B くんは指でヒモを挟んで持つことができたが, 子ども役の C くんは手首が拘縮して曲がったままなので手にかけたヒモを離すことができなかった。

　おいも堀り綱引きを始めた行司役が時間を唱える。「よ～い, はじめ! い～ち, に～い, さ～ん……」。B くんは, 毎回のように「じゅう」を聞くと「ガハハハッ!」と大笑いをした後で, そっと指を開いてヒモを離した。一方の C くんは"勝った!"とばかりにニヤリと笑った。「○○山(C くん)の勝ち～!」と勝ち名乗りを上げると, 2 人とも笑顔で喜んでそれを聞いていた。なんとも楽しい雰囲気が毎回繰り返された。

　　２人の「気持ち」は一般の勝ち負けの理屈とは違っている。手にしたヒモを通じて「相手」の力を感じ取り，おはなしを「演じる」意味と「勝つこと・負けること」の値打ちをそれぞれの思いの中で理解していた。担任は，この教材の中で２人の関係を結びつけることによって，人間的な価値の高まる場面（文学性につながる）を意図的につくり出した。またその中に，「聞く，数える」などの国語や算数の学習につながるねらいを込めていた。

（4）ICT を活用した事例

ICT
Information and Communication Technology
情報通信技術。
通信技術を使って人とインターネット，人と人がつながる技術で，特別支援教育の場での機器の活用が図られている。

【事例】Ｄさん（女子，15歳）
　　四肢体幹機能障害，気管切開，人工呼吸器使用。発声はできないがことばを理解し，表情での意思疎通が可能。

　Ｄさんは，重度の肢体不自由があるために，絵本をデジタルカメラで写してパソコンに取り込み，改造したマウスに大型スイッチをつなぐ工夫をすることで，「自分でページをめくったりおはなしを展開させることができる」ようにした（著作権への配慮が必要であるが，授業に利用する範囲では認められている）。

　自分で見聞きするだけであれば飽きてしまうので，ほかのクラスに読み聞かせに行くことにした。するとそのことで人を意識するようになり，スイッチを押すタイミングのできばえや，他者からの評価を上げることを目的とする思いが少しずつ育っていった。Ｄさんには「どの絵本を選ぶか」「どのクラスに見せたいか」などの自分の考えが生まれ，「小さな劇団」のような学習に発展していくこととなった。

　　見る人が変われば反応も変わる。また，回数を重ねると評価される視点も変わる。はじめは「やってみせるだけでほめられていた」のだが，「タイミングがよいか悪いか」に変化して，次には作品をどう理解しているかという意味での「演技力」らしきものも求められる。そしてさらには「その作品がおもしろいかどうか」という本質的なことまで思いが及ぶ。それは「文学教材の学習」であり「表現力の学習」となっている。教科としての「国語」科の中で目ざされる内容に直接的につながっていく「おはなし」の学習となった。

4　えがく・つくる

　　重い肢体不自由があると，道具を使用すること自体に困難さが生じやすい。そこで，手に絵の具を直接つけて感触を感じながら描く「ぬたくり」の表現活動を行ったり，粘土や紙ちぎりなど変化させやすい材料を用いての作品づくり

を行うことが多い。用具を握って持つ力がある程度ある場合には，ローラーや筆，はけなど使いやすい用具を使って描く方法をとることもある。握る力が弱い場合には，持ちやすいように形状を変化させた筆を使ったり，ヒモやマジックテープを使って手に用具を保持できるように工夫する。ヒモやゴムで上からつるす支援用具を工夫することも有効である。

　運動機能に困難さがある場合には，一人ひとりに合わせた支援具の準備が不可欠である。そのため「描かせる」ことに指導の視点が偏りやすく，「表現したい思いを育てる」ことに目が届きにくくなることへの注意が必要である。「図画工作・美術」へとつながっていく学習であることから，表現技法を教え作品をつくること自体を主な目的とするのではなく，表現できる楽しさを感じられる支援をする中で，表現活動を支えていくことが大切である。

(1)「つり筆」（毛筆をヒモで上からつるしたもの）を使った事例

【事例】Eさん（女子，13歳）

　　四肢体幹機能障害。気管切開，酸素吸入，胃瘻。発声はできないが，ことばをおよそ理解している。

　Eさんが，生まれて初めて毛筆を使って描いた作品がある（図3-4）。文字を決めて書いたのではなく，手の動きに合わせて線を描いた後に「学校へつながる『道・進・遊』などと読めるね」とお母さんがいったのを聞いて，Eさんが満面の笑顔をみせたという作品である。Eさんは，私が勤める特別支援学校の小学部の**訪問生**であった。

　病弱で入院することの多かったEさんは，文字が読めるわけではなかったと思われるが，この作品が文字を強く意識する機会となった。その後の学習の中でも「えがく」学習を行った。

　中学部に入学し，学部のみんなとの「出会いの場」があった。その中にいた1人である3年生のFさん。地域の小学校から中学部に入学してきていた彼女は，体幹や足首にまひがあり，うまく歩くことができなかった。しかし，自分を「障害者」と思いたくなくて「こんな学校になんか来たくなかった」と泣いていた。また，イライラすると教室から雨の中に飛び出すこともあった。

　その彼女が，初めての「出会いの場」でEさんと会った瞬間のこと。ストレッチャーに乗り，気管切開をして酸素吸入器を喉につないで呼吸しているEさんの姿を見て，Fさんはそのまま動けなくなっていた。Eさんもまた見つめ返し，2人の見つめ合いは長い時間続いた。

　その後，FさんはEさんの教室にやってきては話しかけるようになった。そして手紙を書いて手渡した。手紙をもらったEさんのお母さんが

訪問生
訪問教育を受けている児童生徒。

ストレッチャー
座位を取ることができない人のため，寝たままの姿勢で使用できるタイプの車椅子。けが人搬送用のものとは用途が異なる。

「Eは生まれて初めて（先生に書かされたのではなく），本当の手紙をもらいました」と語った。その手紙の中には，「元気になってたくさん学校に来てください」と励ましのことばが書き込まれていた（「自分は，学校に来たくないと泣いていたのに」との先生たちの声は，それぞれの心の中に大切に飲み込まれることとなった）。

　ある日のこと，Eさんの担任の先生が1枚の絵（図3-5）を持って，私のところに来た。「先生，Eさんが描きました。すてきな模様でしょ。がんばって描いたのですよ」と見せてくれた絵。タテヨコに回しながら見ていた私が「なんか『リ』という字に見えるなあ」とつぶやいた途端に，「あーっ！」と叫んで担任は走って行った。

　「Eさん，これ『リ』と書いたの？」と聞かれたことばに，Eさんは精一杯の笑顔で"yes"の意思を表現してくれた。それは，Fさんの名前の1文字目だった。これを書くために，30分以上集中力を発揮する時間が必要だったそうである。それは，Eさんが生まれて初めて書いた「文字」であった。後日，そのことを聞いたFさんは，とても深く感動していた。2人の特別な関係は続き，互いに励みになり，高等部を卒業後，Fさんは**就労継続支援B型事業所**でがんばって働いている。

　Eさんが高等部になり，美術の時間に「花」をテーマに絵を描くこととなった。それぞれに描きたい花を決めて，形や色の選択，用紙の中に花を描く絵の切り取り方などの指導がなされたが，運動機能に大きな困難のあるEさんは，続けていた「つり筆」を使って可能な範囲で描くことになった。

　側臥位（横向き）でしか活動できない身体の障害があるため，描く始点へと自分で筆を持って行くことが難しく，担任がEさんの表情を見て確認しながら画用紙に筆をつける支援をする必要がある。それは，思うように動かせない自分の身体との葛藤でもある。しかし「思うように身体を動

就労継続支援B型事業所
通常の事業所で働くことの難しい障害者に，就労支援（生産活動や知識・能力の向上のための訓練）を行う事業所のこと。雇用契約の有無によりA型とB型がある。

図3-4　Eさんが生まれて初めて筆を使って描いた作品

図3-5　Eさんが描いた「リ」の文字

かせない」というのは，だれも同じことである。支援をうまく利用する力をつけることができればよいのではないか。Eさんは，描きたい花に「ひまわり」を選んだ。

　気管切開をしているために話すことができない。立つことはもちろん座ることもできない。さらには，身体がブリッジ状に（後頭部が背中側に反ってお尻についている）変形してかたくなっているために，仰臥位（あお向け）に寝ることも腹臥位（うつ伏せ）に寝ることもできない。側臥位が通常の姿勢である。ストレッチャーに寝た姿勢のままで絵を描くことになり，ほかの人の何倍もの時間をかけることが必要となった。その中で，心を込めて描いた絵（図3-6）は，見る人の心にさまざまな思いを残すことになった。

図3-6　Eさんが描いた「ひまわり」の絵

5　運動・体育

　中学校学習指導要領（文部科学省2017年告示）によると，中学校の保健体育の目標は「体育や保健の見方・考え方を働かせ，課題を発見し，合理的な解決に向けた学習過程を通して，心と体を一体として捉え，生涯にわたって心身の健康を保持増進し豊かなスポーツライフを実現するための資質・能力を次のとおり育成することを目指す」とされ，三つの項目があげられている。この内容は特別支援学校中学部学習指導要領においてもほぼ同様である。肢体不自由のある児童生徒が生涯にわたってスポーツに親しむためには学校体育において「できた」「楽しい」「もっとやりたい」体験が必要だと考えられる。そのような体験を得るためにはスポーツ科学の応用領域である**アダプテッド・スポーツ**の概念[3~5]を踏まえておく必要があろう。

（1）アダプテッド・スポーツとは
　スポーツや身体活動を実施するときに，障害などの影響で何らかの配慮や支

アダプテッド・スポーツ
体育・スポーツ科学の応用領域であるadapted physical activity（APA）の概念を基に日本になじみやすい用語として矢部京之助らが提唱した。

援が必要となる場合は少なくない。その際には道具やルール，運動の方法などを実施者の特性に合わせて行うことが求められる。そのような実施者にアダプト（適応）した身体活動のことを日本ではアダプテッド・スポーツという。アダプテッドスポーツに関する詳細は，文献[3~5]を参照されたい。

　中学校学習指導要領解説（文部科学省2017）には保健体育で取り扱う球技の指導について以下のように書かれている。「指導に際しては（中略），学習課題を追究しやすいようにプレイヤーの人数，コートの広さ，用具，プレイ上の制限を工夫したゲームを取り入れ（中略）取り組ませることが大切である」。つまり，球技を指導する際には，公式のルールを守りながら指導するだけでなく，子どもたちの実態に合わせた工夫が必要であることが示されている。バットがうまく振れない生徒に対して，手のひらで打つことを認める，軽いバットを使う，短いバットを使うなどはその一例であり，あたっても痛くないソフトタイプのボールから導入する例などは多くの保健体育教員が実践していることではないだろうか。これらはまさに，アダプテッド・スポーツの考え方を保健体育に生かした例である。

　先述のとおり，保健体育の目標が生涯にわたってのスポーツライフを実現するための力の育成にあるということを前提にすると，体育の授業の中でアダプテッド・スポーツの考え方を取り入れ，児童生徒がもっている力で身体活動やスポーツを楽しめるような手立てを教員側が試行錯誤することは，特に肢体不自由児を対象とした場合にも重要であると考える。

（2）アダプテッド・スポーツの考え方を体育授業に生かすポイント

　児童生徒に合わせた体育を実践するためには，道具の工夫，ルールの工夫，ゲーム化の工夫などがあげられる。それぞれの例を示しながら具体的に説明したい。

1）道具の工夫

　スポーツを楽しむためには，道具を操作することが求められる場合が多い。球技におけるラケットやボール，陸上競技におけるハードルなどである。例えば，肢体不自由があるため，握力が弱く，ラケットを持ちにくい場合，グリップに巻くテープ量を多くし，太くすることで持ちやすくすることもできる。また，バスケットボールのシュートがうまく入らない場合にゴールを低くしたり，リングを大きくしたりする工夫も考えられる。

　さらに既存の道具を工夫するだけではなく，新しい道具を使用することもある。例えば，パラリンピック種目である**ボッチャ**では，重度の肢体不自由があり自身の手や足でボールを投げたり蹴ったりすることができなくてもランプと呼ばれる傾斜台（図3-7）を使用することで競技に参加することが可能となる。また，東京都等の特別支援学校で盛んに行われている**ハンドサッカー**で

ボッチャ
ジャックボールと呼ばれる白い的球に手もちのカラーボール（赤青）をいかに近づけるかを競う。

ハンドサッカー
体育の授業実践を基につくられた集団球技。重度の肢体不自由児も役割をもって参加できるようにさまざまなルール上の工夫が設けられている。

は，選手のポジションによっては各人
の課題に応じた方法でスイッチなどを
操作し，シュートに挑戦することがで
きる。

2）ルールの工夫

スポーツには必ずルールがあり，そ
のルールに則ってプレイが行われる。
しかし，一方ではルールがあることに
よって参加を制限されたり，そのス
ポーツを楽しめない児童生徒がいる
ことも事実である。そのような場合，
ルールを少し緩和したり，工夫するだ
けで，より多くの児童生徒の参加が保
障されることもある。例えば，車椅子

図 3－7　ボッチャ競技でランプを使用する選手

テニスではコートの広さやネットの高さ，使用する道具は通常のテニスと全く
同じである。しかしながら車椅子は動き始めが遅かったり，方向転換に時間
がかかったりするため，2バウンドまでに相手コートに返球すればよいという
ルールが適用される。2バウンドまで認めることでラリーが続き，躍動感のあ
るゲームが可能となる。

3）ゲーム化の工夫

ルールの工夫という考え方を発展させたものと理解してよいだろう。児童生
徒の障害の実態が幅広い特別支援学校においては，本人のがんばりではなく，
障害の程度によって勝ち負けが決まってしまうという場面に出会うことがある。
そこで，たくさん点を取ったほうが勝ちという競争型・対戦型ではなく，みん
なで協力して何回続けられるかを目標とするような協働型のルールを用いるこ
とが有効な場合もある。このようなゲーム化の工夫は，障害の重い児童生徒へ
の配慮というだけでなく，身体を自由に動かせる児童生徒にとっても相手の動
きやタイミングを考える機会となり，相互理解を深めるきっかけにもなりうる。

（3）体育・運動指導上の留意点

はじめに気をつけておきたいことは，健康面の配慮事項を確認しておくこと
である。例えば体温調整が苦手な児童生徒が運動する際には，水分補給をこま
めに行う必要があり，進行性の障害を有する場合，過度の運動負荷は進行を早
める危険もある。また，車椅子は金属などのかたい素材が使われているため，
接触，落車，転倒などにも気をつけたい。

指導する際に理想のフォームや望ましい方法が体育教員の頭の中にイメージ
されていることが多いが，身体にまひや欠損，拘縮などがある場合，一人ひと

りの最適なフォームや方法は異なっていてあたりまえである。体育教員はひとつのやり方にこだわらず，柔軟に児童生徒に応じた方法を模索する必要がある。その一方で，身体的な機能にばかり目が向いてしまうと児童生徒自身のニーズを見落としてしまう場合もある。例えば軽いラケットのほうが使いやすいため，おもちゃのプラスチック製ラケットを用意することもあるが，本人は公式のラケットを使いたいと希望している場合もある。本人のニーズを尊重しながら，身体の機能などを見極め，最適な道具や方法を探っていく姿勢が体育教員には求められる。また，体育やスポーツの場面に限ったことではないが，車椅子や装具，歩行器などの管理は日常的に行われるべきである。

ここで紹介したアダプテッド・スポーツの考え方を基に児童生徒が「できた」「楽しい」と思える体育授業が求められる。また，同時に「**するスポーツ**」だけでなく「**観るスポーツ**」「**支えるスポーツ**」としての視点も必要である。実際にプレイヤーとしてではなく指導者や審判としてスポーツにかかわり続けている肢体不自由者の例もある。障害のある児童生徒が生涯にわたってスポーツに親しむためには，学校体育でどのような経験を重ねるかが，非常に重要である。そのためには体育を担当する教員が想像力豊かに体育授業を創造していくことが求められるし，それこそが保健体育の大きな魅力だと考える。

> **するスポーツ，観るスポーツ，支えるスポーツ**
> 文部科学省はスポーツ立国戦略の中で，「する」「観る」「支える」というスポーツとのかかわりを重視している。

6　教科の指導

教科の指導については，重度重複障害のある児童生徒にも障害特性に応じた学習内容と指導方法があるが，ここでは特に知的障害がない（準ずる教育課程），もしくは知的障害が軽度（知的代替教育課程）の児童生徒に対する教科指導を中心に述べる。

コラム　スポーツや体育が得意と思えるように

パラアスリートを対象としたドキュメンタリー番組を視聴したことがある。その番組では馬場馬術で複数のメダルを獲得した経験のある，リーピアソン選手が紹介されていた。彼は両腕や膝，足首を動かすことが困難なのだが，インタビューの中で「僕は運動神経がよいので，体操選手になってもよかった」と答える場面があった。障害の程度にかかわらず「自分は運動能力が高い，体育が得意」と発言できるような，体育やスポーツの環境が整うことを願ってやまない。

参考：NHK BS 世界のドキュメンタリー（2012）パラリンピックを目指して～驚異の身体能力～. 2012 年 5 月 30 日放送. 原題：Inside Incredible Athletes，制作：Renegade Pictures（イギリス，2010 年）

（1）学習環境の設定と指導方法の確立（合理的配慮）

　まず最初に留意したいのは，児童生徒個々の実態に合った学習環境の設定である。身体に不自由があることで，字の筆記が難しかったり，構音障害により明瞭に話すことができない児童生徒がいる。また肢体不自由だけでなく，視覚や聴覚の認知に障害があり支援を要するケースや，発達障害や高次機能障害による学習の困難さを抱えるケースも多々みられる。こうした児童生徒を前に障害特性に応じた配慮なく指導を行うと，彼らは「できない」「わからない」子どもたちととらえられ，支援者による過剰な声かけや介助が必要となってしまう。しかし学習を始める前の時点で障害特性に応じた合理的配慮，つまりは学習しやすい環境の整備，配慮された教材と指導方法を整えることにより，主体的に学習することができるようになる。

　筋ジストロフィーのGくんは，手首より先の細かい動きはできるが，筋力の低下から，腕を持ち上げることができない。ノートやプリントに筆記する際は手首の位置を動かすことに難があるため，行が変わるたびに紙面を上にずらさなければならない。筆圧も非常に弱いため，筆記には大変な労力を要する。また教科書のページめくりも困難である。Gくんの場合，ノートテイクやテストの回答はパソコンを使用し，キーボード入力とする。また教科書はデジタル教科書を使用する，もしくは事前に紙ベースの教科書をスキャンしタブレット端末に保存しておく。この環境設定だけで他者の支援なく，かつ過度な負担なく主体的に学習することができるようになる。

　脳性まひのHさんは筋緊張が非常に強く，何かをしようとすると不随意運動を伴う。書字の際，字は大きく，読めないほど字形が乱れてしまうため，Hさんの手に支援者が手を添え，支援者が力をコントロールして書く形になる。口腔機能のまひから構音障害があり，発語には強い筋緊張を伴って労力を要するうえ，不明瞭なため伝わらないことが多々ある。Hさんの場合，まず極力書字を必要としない授業展開，教材，課題を整えたい。設問の回答を選択式や○をつける方式にするなどの工夫が考えられる。また書字の際は，パソコンやタブレット端末でのキーボード入力を基本とし，**ジョイスティックタイプ**のマウスや**アクセシビリティ**によるスイッチで操作すると，支援なく文書作成ができるようになる。発言・発表を伴う学習では，「トーキングエイド」「指電話」など，タブレット端末のVOCAアプリを使用する。入力した文章やあらかじめ保存してあるメッセージを読み上げてくれるので，発語に過剰な労力を要することなく，かつ相手に内容が正確に伝わる。

　2人に共通するのは，学習課題は「学習した内容を理解すること」「問題を解き，回答すること」「考え，自分の意思や意見を表現すること」であって，「書字すること」「ことばを話すこと」でないということである。教科の学習は訓練ではない。学習課題を明確にし，それ以外の要素は合理的な配慮を施すこと

ジョイスティックタイプ
筋力が著しく低下した者やまひが強い者の代替入力機器。レバーを倒すことでカーソルを操作する。

アクセシビリティ
障害のある人が情報機器を使用しやすくするための機能。テキストの読み上げ，白黒反転，外部スイッチでの操作などがある。

で「がんばらなくてもよい」という学習環境を心がけたい。

このほか，以下のような合理的配慮が考えられる。

・学習机は，高さを調整し，形状を個々の児童生徒に合わせると，姿勢を維持しやすく，手元の動作がしやすい

・手指にまひがある児童生徒がキーボード入力をする際，ローマ字入力ではなく平仮名入力にすると，同じ時間で２倍近い文字数を入力できる

・片方のまひが強く紙を押さえることができない場合，画板にクリップやテープで固定すると，利き手のみで字や絵を描くことができる

まずは児童生徒の実態把握が重要となる。授業の際は，本人・家庭と連携して障害・疾患などを要因とする学習上の困難を把握し，極力児童生徒が困難を感じることなく学習できるような合理的配慮の下で行いたい。

（2）情報による知識と実体験不足

肢体不自由児は一般的に，健康面の配慮や身体の不自由さからくる社会的なバリアから外出経験が少なく，幼少時のあそびの体験から青年期の社会的な体験まで実体験が不足している傾向にある。準ずる教育課程や知的代替教育課程に在籍する児童生徒も同様である。肢体不自由のある子どもたちは大人と過ごす時間が多く，テレビやインターネットの情報にも自分でアクセスできるので，さまざまな知識・情報を断片的に有する。そのため，話をするといろいろなことを理解しているように感じられるが，実際に見たり，聞いたり，やってみたりという実体験を伴わない場合が多いため，想像以上に物事への理解度が低く，思考・判断の力も幼いというケースが少なくない。

教科の指導にあたってはこうした背景を念頭に置き，情報・知識の詰め込みではなく，実質的な理解，深い学びとなるよう，以下の点に配慮する必要がある。

・児童生徒の身の周りのことと関連させる

・体験的な学習を多く設定する

・主体的に考え，まとめて表現したり，課題を解決する

（3）自己肯定感と主体性

準ずる教育課程や知的代替教育課程に在籍する児童生徒の中には，自己肯定感が低い者が少なくない。障害受容が未熟な心理状態では，自身が健常といわれる子どもたちのように，動く・話す・書くことなどができないことに対して，劣等感や無力感を感じてしまいがちである。また，保護者・教員が障害特性や合理的配慮を十分に考慮しないまま，健常といわれる子どもたちと同じ基準で評価・比較してしまうケースもあり，子どもたちは「みんなのように○○できない」という思いの積み重ねから意欲や主体性を失っていく。子どもに

障害受容
自身の心身の状況を受け止め，劣等感などを克服し，自尊感情を高めること。障害受容に至ることで，障害に対する自身の価値が変わり，主体的・意欲的に社会生活を送ることができるようになる。受容までにはいくつかのステップがあり，当事者はその経過においてさまざまな葛藤を要することとなる。

よってはその葛藤から二次的な障害として精神的な疾患を患うこともある。

　障害のある児童生徒を指導する際は，こうした心理面での実態把握も行い，自己肯定感や主体性に課題がある子どもたちに対しては，合理的配慮に基づいた学習環境と達成感が得られる指導内容・課題を提供し，成功体験から自信を積み重ねていくことが，キャリア教育の観点からも重要となる。

(4) 指導内容を考える際のポイント

　肢体不自由児には「見る・聞く」といった認知機能が発達段階の子どもたちから，知的障害がなく生活年齢相応の教科学習をする子どもたちまで幅広い学習ニーズがあるが，個々がもつ障害特性や課題があるため，定型発達の子どもたちと同じように専門教科の視点だけで指導することは適切でない。準ずる教育課程，もしくは知的代替教育課程においても，(1) から (3) までで述べてきたような自立活動的な視点も併せ，指導内容を組み立てていく必要がある。自立活動的な視点をもち，子どもたちの「生きていくための基盤となる力」を育むことで，各専門教科の学習もより深い学びへとつなげていきたい。

7　日常生活の指導

　「日常生活の指導」は，「各教科等を合わせた指導」のひとつである。肢体不自由特別支援学校に在籍する児童生徒の多くは，障害程度に差はあれ，知的障害を中心に複数の障害を併せ持つ重複障害児である。重複障害児は発達が未分化であるケースが多く，そのような場合，「国語」「算数」のように教科ごとの指導だけでは個々に合わせた成長・発達を促すことが難しい。このような場合，第1節で触れたように，「各教科等を合わせた指導」の中で総合的な学習活動を行うことができる。

(1)「日常生活の指導」の指導内容と指導上の配慮事項

　「特別支援学校学習指導要領解説各教科等編（小学部・中学部）」において「日常生活の指導」は，「児童生徒の日常生活が充実し，高まるように日常生活の諸活動について，知的障害の状態，生活年齢，学習状況や経験等を踏まえながら計画的に指導するものである」と示され，その具体的な内容として「衣服の着脱，洗面，手洗い，排泄，食事，清潔など基本的生活習慣の内容や，挨拶，ことば遣い，礼儀作法，時間を守ること，きまりを守ることなどの日常生活や社会生活において，習慣的に繰り返される，必要で基本的な内容である」と例示されている。

　肢体不自由特別支援学校において「自立活動を主とする教育課程」で学ぶ重度重複障害のある児童生徒たちの多くは，「ことばでの明確なやり取り」「数や

物の大小を意識する」といった教科的な学習の基礎となる力が未発達・未分化な状況にある。こうした児童生徒の指導では，週に3時間程度の「国語」や「算数・数学」だけでことばや数を学ぶのではなく，より生活に身近で，かつ毎日反復でき，そして総合的な学習活動の中で基盤となる力を育んでいく指導方法が有効である。

　図3-8は小学部の「自立活動を主とする教育課程」における週時程の一例である。

　まず月曜日から金曜日まで毎日，帯の時間帯で指導していることがわかる。そして時間帯も登校後，昼食後，下校前と，児童にとって日常生活行為に自然に取り組むことができる時間に設定されている。学習グループについては，登校後の「朝の会」，下校前の「帰りの会」として学級など小さなグループで「日常生活の指導」を行うことで，より実態に合わせた指導内容と支援環境を整えることができる。また着替えや排泄指導といった指導内容はより個別的な指導場面となるため，「日常生活の指導」では個別的指導と集団的指導を効果的に使い分ける必要がある。

　「日常生活の指導」の指導内容に含まれる身の周りの支度や衣類の着脱，排泄や掃除などは，肢体不自由を主とした重複障害のある児童生徒の場合，認識面・身体面などの課題から主体的に行うことが困難な取り組みが少なくない。また「日常生活の指導」は，前述のとおり毎日の反復により学習の積み重ねが期待できる学習であるが，児童生徒の実態に合った課題や役割を設定できないと，教員主導の活動になりがちで質の高い学びにつながりにくい。

　「朝の会」を簡単に分析してみよう。毎朝行う「朝の会」では，「挨拶や呼名の返事」「一日の流れを確認する活動で，授業名や給食など身近な単語を理解

月	火	水	木	金
日常生活の指導	日常生活の指導	日常生活の指導	日常生活の指導	日常生活の指導
自立活動	自立活動	自立活動	自立活動	自立活動
生活単元学習	音楽	生活単元学習	国語・算数	図画工作
自立活動	自立活動	自立活動	自立活動	自立活動
給食 昼休み	給食 昼休み	給食 昼休み	給食 昼休み	給食 昼休み
日常生活の指導	日常生活の指導	日常生活の指導	日常生活の指導	日常生活の指導
クラブ活動	国語・算数	自立活動	ホームルーム	
国語・算数	生活単元学習	生活単元学習	自立活動	
日常生活の指導	日常生活の指導	日常生活の指導	日常生活の指導	

図3-8　週時程の例（特別支援学校小学部高学年　自立活動を主とする教育課程）

する」などの国語的要素，一日の見通しをもつ自立活動的要素，「学級の出席
人数確認」「曜日確認」などの算数・数学的要素，「係活動」などのキャリア教
育的要素と，活動に複合的な要素を含むことができる。こうした活動を小さな
グループで毎日積み重ねることで基礎的な力が向上し，各教科での課題につな
がっていく。指導にあたっては，各児童生徒の障害特性に配慮し，以下の点を
踏まえて指導内容と課題設定を考えることが重要である。

- ・児童生徒の「わかること」「できること」を見きわめ，そこから「わかり
  そうなこと」「できそうなこと」を見いだし，児童生徒個々にとって適切
  な**最近接領域**となる活動と目標を設定すること（スモールステップ）
- ・「○○できない」ではなく「どのようにしたらできるか」を考えること。
  活動内容と展開を児童生徒にとってわかりやすく再構成し，主体的に取り
  組むことができる部分を抽出すること（構造化）。児童生徒ができるだけ独
  力で活動できるような自助具やICT機器の活用，活動環境の設定を行う
  こと（合理的配慮）

(2)「日常生活の指導」の指導例

1) 朝の会

発語が難しいＩくんは，iPad の DropTalk（図3−9）という，イラストをタッ
プすると音声が出るアプリを活用している。挨拶係では「おはようございま
す」，給食発表では，あらかじめ教員が録音しておいた当日のメニューが再生
される。**ICT機器による合理的配慮**で発語が困難という身体状況に関係なく活
躍することができる。毎日反復する活動の中で，係活動に主体的に取り組み，
機器を利用したコミュニケーションの習熟度を向上させている。このコミュニ
ケーション手段が定着し，国語の劇あそびで台詞を言ったり，学部集会で終わ
りのことばを言ったりするなど，活躍の機会がさらに増えている。

2) 排泄指導

Ｊくんは座位保持装置つきの便器に座り，登校後，
昼食後の定時排泄に取り組んでいる。取り組み始めて
10か月が経過し，おむつを濡らすことなく，便器で排
尿できることが増えてきた。また出ないときには声を
出して支援者を呼び，首を振って「出ない」と伝える
こともできるようになってきた。

Ｋくんは，表情を曇らせたり，声を出して，おむ
つに排尿したことを伝えることができる。トイレに行
きおむつを交換すると，笑顔で気持ちよさを表現し，
支援者もことばがけをして共感するようにしている。
快・不快を表現したり，要求を伝える力がついてきた。

（発達の）最近接領域
ヴィゴツキーが提唱し
た子どもの認知発達の
基本的な考え方のひと
つで，「個人的な問題
解決によって定められ
る実際の発達レベル
と，大人のガイドやよ
り能力のある仲間との
協働による問題解決に
よって定められる潜在
的発達レベルの差」と
される。児童生徒に
とって，「すでにでき
ること」と「手伝って
もらわないとできない
こと」の間にある，ス
モールステップの課題
のこと。

**ICT機器による合理的
配慮**
疾患や障害により存在
する障壁を，ICT機
器の活用や環境設定に
より解消・軽減するこ
とをいう。

図3−9 iPad の DropTalk

117

　このように「日常生活の指導」は重複障害のある児童生徒が自分なりの生きる力を身につけるうえで有効であり，そこで育まれた力が基盤となり，学校や社会での活躍につながるような展開が期待される。

8 摂食嚥下指導

　食べる機能は歩く機能と同様に学習して身につく機能である。安全においしく食べられるように指導するためには，食べる機能とその発達過程を理解することが重要である。

〔摂食嚥下指導における目標〕

・誤嚥や窒息を予防して，安全に食事ができる

・その子どもの食べる機能に応じて食事を楽しみ，食べる意欲をもつことができる

・食べる機能を基礎として，声を出す（話す），表情をつくるなど，コミュニケーションができる

（日本肢体不自由教育研究会：障害児摂食指導講習会資料，2011）

　これらの目標は，将来豊かに生きることの基礎となる力である。

（1）食べる機能とは

食 塊
すりつぶされた食物と唾液が混ぜ合わさった一塊のこと。

咽 頭
鼻の奥から食道の入口までをいい，食物と空気が通る部分で，上から上咽頭，中咽頭，下咽頭に分かれている。

舌 骨
下顎と咽頭の間にあるＵ字形の骨。首の筋肉によって支えられており，嚥下の際，前上方に動き喉頭を引き上げる。

喉頭蓋
喉頭の入口の蓋。

喉 頭
気管の入口で喉頭蓋，声帯を含む。

　食べる機能とは，食物を見ることから始まり，口に入れて処理し，飲み込んで胃に送られるまでをいい，五つの段階に分けて考えられている（表3-1）。

　成長してこの食べる機能が成熟してくると，固形物の場合，咀嚼と食塊の送り込みが同時並行して行われ，咽頭（中咽頭）に食塊がある程度集積されてから嚥下反射が起こる（プロセスモデル）。咀嚼しているときは，咽頭と口腔・鼻腔がつながっており，食物は口腔と咽頭にあるので，液体の場合は，5期モデ

表3-1　摂食嚥下の5期モデル

1	先行期	食物が口に入る前の段階で食物を五感（視覚・嗅覚など）を使って認知し，何をどのくらいどのように食べるか，予測し判断して行動する。
2	準備期	食物を捕食し，咀嚼・**食塊**形成するまでの段階。口唇，舌，口腔粘膜で食物の物性を感知し，舌，あご，口唇の協調した動きが引き出される。
3	口腔期	口腔から**咽頭**へ食塊を送り込む段階。口唇とあごの閉鎖により口腔内圧を高めることが重要である（随意運動から不随意運動へ移行）。
4	咽頭期	嚥下反射により食塊を咽頭から食道へ移送する段階。あごの閉鎖により**舌骨**が引き上げられ，**喉頭蓋**が**喉頭**をふさぎ，食道入口部が開く。頭をのけ反らせた姿勢は舌骨が上がりにくくなり誤嚥することがある。
5	食道期	食道の蠕動運動により食塊を食道から胃へ移送する段階。

ルであると考えられている。急な姿勢変換をすると，誤嚥する可能性があるので注意が必要である。

（2）食べる機能の発達

　食べる機能のどの発達段階でつまずいているのかを評価し，発達の順を追いながら指導をすることによって，無理なく確実に食べる機能を身につけることができると考える。向井はその発達を次の8段階でとらえ，獲得する機能を明らかにしている[6]。ここでは，乳幼児の各段階における口唇，舌，あごなどの動きの特徴やつまずき，適切な**食形態**，指導方法を述べる。

1）経口摂取準備期（哺乳期）

　哺乳反射という原始反射によって母乳を飲んでいる段階である。口唇やあごは閉じずに，舌を前後に動かしながら「乳児嚥下」で飲んでいる。学齢でこの段階にいる子どもは，誤嚥や口腔周辺の**触覚過敏**がみられ，経管栄養をしていることがある。誤嚥の可能性があるため医療機関と連携して指導する必要がある。あごを閉じて唾液を嚥下する練習から始める。必要に応じて過敏をとることや鼻呼吸の練習も行う。

2）嚥下機能獲得期（離乳初期）

　口唇とあごを閉じて嚥下する「成人嚥下」（5期モデル参照）を獲得する段階である。定型発達児では，首がすわり座位が安定する時期で，舌を前後に動かして食物を送り込み，飲み込む瞬間は，口唇を閉じて飲み込む。この段階につまずきがあると，舌を出したまま飲み込んだり，むせたりする。ここでは，頭部を安定させ，ペースト状の食物をボール部の平らなスプーンにのせ，捕食させた後，嚥下時に口唇とあごを閉じる介助をして舌を出さないで飲み込む練習をする。スプーンは口の奥に入れすぎないようにし，少量から練習する。粘り気の強いものや粒のある食物は不適切である。

3）捕食機能獲得期（離乳初期）

　上唇を下ろして食物を取り込む機能を獲得する段階である。この時期のつまずきとして，口を開けすぎることやスプーンを噛んでしまうことがある。ここでは，ペースト状の食物をボール部の平らなスプーンにのせ，下唇の中央部に当て上唇を下ろす介助をして口唇で取り込む練習をする（図3-10）。

4）押しつぶし機能獲得期（離乳中期）

　口唇を閉じて舌と上あごで食物を押しつぶして食べる機能を獲得する段階である。特徴としては，舌の上下運動や**口角**が左右対称に引かれる動きが観察できる。つまずきとしては，つぶさずに丸飲みしたり，舌を突出したりする。絹ごし豆腐のような形があって舌で押しつぶせるかたさの食物を捕食した後，あごと口唇をしっかり閉じさせ，舌と口蓋でつぶす動きを学習させる。押しつぶしができるようになったら，スプーンで液体を飲む練習（ひと口飲み）を始め

食形態
摂食嚥下機能に合わせて調理した食物の形態。そのまま嚥下できるペースト状の形態，押しつぶして食べる形態，歯茎などで噛める形態，普通の形態で分けられることが多いが，名称はさまざまである。

触覚過敏
感覚の異常で触感覚を適切に受け取ることができない状態をいう。触れた途端に極端に嫌がったり泣いたりする。

口　角
上唇と下唇の左右の接点のこと。

図 3-10　口唇で取り込む練習

出典）下山直人編著：重複障害教育
　　　実践ハンドブック，全国心身
　　　障害児福祉財団，p.51，2009.
　　　より改変

図 3-11　液体摂取の練習

出典）下山直人編著：重複障害
　　　教育実践ハンドブック，
　　　全国心身障害児福祉財団，
　　　p.51，2009.　より改変

る。あごを閉じさせ，液体の入った大きめのスプーンを横にして下唇に当て，やや頭部を前傾させ上唇を水面に触れさせ，すすって飲む練習をする。全部飲み込むまであごは閉じたままにする。流し込むとむせることがあるので流し込まないようにする（図3-11はコップだがスプーンでも同様の介助をする）。

5）すりつぶし機能獲得期（離乳後期）

　食物をすりつぶし唾液と混ぜ合わせる咀嚼を獲得する段階である。前歯でかじり取った食物を舌の先で左（または右）の小臼歯に送り咀嚼する。あごは臼磨運動をし，舌は左右に動き，口唇は閉じ，噛んでいる側の口角が非対称に引かれるなどの動きが観察できる。つまずきとしては，丸飲みや食べこぼしなどがある。煮野菜など少しやわらかい食物を小臼歯に置いて咀嚼する練習をする。みじん切りの食物はかえって咀嚼しにくくなることがあるので，注意が必要である。次に前歯でかじり取りをさせて，舌先で片側の小臼歯に送って口唇を閉じたまま咀嚼できるように練習をする。機能の向上に合わせて食物のかたさを増していく。

　この段階までは，食物の量や置かれる位置が適切に行われることによって各機能が獲得されるので，介助されて食べる「介助食べ」となる。

6）自食への段階（自食準備期，手づかみ食べ機能獲得期，食具食べ機能獲得期）

　手づかみ食べは，食物を手に持ち，口まで運んで食べることである。肩，肘，手，指を調整して操作する力が重要である。食具食べは，スプーンやフォーク，はしなどの食具を使って食べることである。この時期は高度な目と手の協調した動きが必要とされるので，姿勢が重要な要素となる。つまずきとしては，こぼしたり，食器に口をつけて食べたりすることである。また，早期

小臼歯
犬歯のすぐ後ろの2本の臼歯。さらにその奥は大臼歯という。

・肘を体幹から離して
　前方に出す
・左手はテーブルに
　置いて身体を支える

図3−12　食具食べの練習

の食具使用は，食物を口の奥に入れてしまい丸飲みが誘発されることがあるため，注意が必要である。手の機能が未熟なので子ども独りだけで食べさせずに，介助して手の動かし方を学習させる（図3−12）。スプーンでは，口に入れる方向や位置，ボール部にのせる食物の量には十分に配慮する。手の機能の発達に応じてスプーンの柄の太さを変えたり（太い→細い），皿をすくいやすいものにしたり，すべり止めを使用するなど，補助具の工夫が必要である。

（3）摂食嚥下機能の実態把握と課題設定

　子どもが食べているときの各器官の動きを観察して，摂食嚥下機能の発達段階を評価する。①障害や疾病，②成育歴，③生活リズム，④口腔の形態，⑤鼻呼吸の可否，⑥過敏の有無，⑦摂食時の姿勢，⑧介助法と食環境，⑨食形態，⑩摂食嚥下機能（摂食嚥下機能や発達段階のどこにつまずきがあるのか）。

　次に，摂食嚥下機能の実態や困っていることから具体的な課題を設定する。その子どもの年齢や置かれている環境，保護者の考えなども考慮して安全に食べることを優先し，最も効果的でかつ実現可能な課題を設定する。姿勢，指導方法，**必要な訓練**，食内容（食形態と栄養），食環境に分けて具体的な指導の手立てを立案する。

（4）具体的な摂食指導

1）過敏への対応と鼻呼吸の練習

　触覚過敏がある場合，過敏のある部位に手のひら全体で一定の圧を均等に加え，触れられることに慣らしていく。また，鼻疾患がないのに鼻呼吸ができない場合は，口を閉じて鼻呼吸の練習を5秒くらいから始め，30秒くらいまで徐々に時間を伸ばす。これらは，食事以外の時間で練習する。

必要な訓練
バンゲード法（p.66参照），過敏をとる指導，鼻呼吸の練習，唾液による嚥下の練習などがある。

2）姿　勢

体幹と頭部を安定させ，各部の関節を適度な角度に屈曲させ，リラックスした姿勢をとる。

未定頸で摂食嚥下機能の未熟な子どもは，体幹を倒したほうが行いやすい。体幹の角度にかかわらず，頸部は軽く前屈した姿勢をとる（図3-13）。頭をのけぞらせた姿勢は誤嚥しやすくなるので注意する。椅子座位で自食する場合の姿勢は，図3-14を参照する。

未定頸
首がすわらないこと。頭部を自分でコントロールして動かすことができず，重力に影響される状態をいう。

3）指導方法

発達段階ごとの指導を参考にする。食べる前のことばがけや食物を見せること，上唇を下ろして捕食させることにより食物のかたさ，大きさなどを子どもに感知させることが大切である。子どもの食べる様子をよく観察して，できない部分を支援し，自分でできる部分を増やし，望ましい動きを引き出すようにする。少しでもよい動きで食べられたときには大いに賞賛し食べる意欲をもたせ，食べる主体は子どもであることを念頭に置いて指導する。

特別支援学校における摂食嚥下指導では，給食の食形態，アレルギー対応，服薬などきめ細かく対応する必要がある。そのため栄養士や調理員，栄養教諭・養護教諭との学校内の連携は不可欠であり，保護者や関係機関との連携も重要である。また，リスク管理も重要で，個々の子どものリスクの洗い出しや指導体制，緊急事態を想定した組織的な訓練，感染症対策などについてが考え

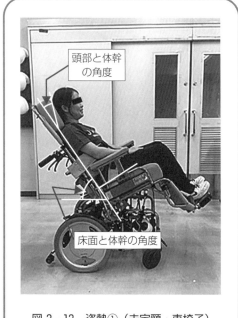

図 3-13　姿勢①（未定頸・車椅子）

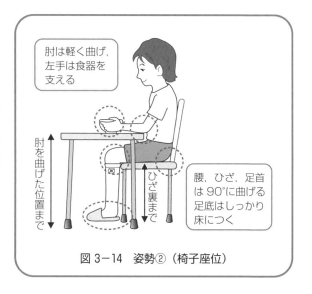

図 3-14　姿勢②（椅子座位）

肘は軽く曲げ，左手は食器を支える

肘を曲げた位置まで

ひざ裏まで

腰，ひざ，足首は90°に曲げる足底はしっかり床につく

ておくべき事柄である。そして，何より重要なことは教職員の共通理解を十分に深めることである。このような対応によって，子どもたちが安全に楽しくおいしく食べることができる。

演習課題

1. 特別支援学校の教育課程独自の領域である自立活動の指導内容の6区分に即して，具体例を調べてみよう。
2. 自立活動を立案する際に大切にしなければならない点について考えてみよう。
3. 運動機能の困難を支援するAACの具体例をあげ，その効果を説明してみよう。
4. 聞き手効果段階においてAACを活用する意義について説明してみよう。
5. 「おはなし」の題材を選ぶときに大切な視点は何か，考えてみよう。
6. 事例でEさんが描いた「リ」の文字や「ひまわり」の絵から，肢体不自由児者が表現手段をもつことの意義を考えてみよう。
7. これまでの体育やスポーツの経験の中からアダプテッド・スポーツの考え方が使われていた例をあげてみよう。
8. 車椅子を使っている生徒と歩行器を使って移動する生徒がいっしょにサッカーを楽しむための工夫を考えてみよう。
9. あなたが担任する学級に，身体のまひが強く，話すこと，文字を書くこと，移動することが難しい車椅子を利用している生徒がいます。まひがあるため時間がかかりますが，タブレット端末をスイッチなどで操作し，インターネット検索，文書作成，音声出力による会話ができます。教科指導を行ううえで，当該児にとってどのような学習環境と指導方法の工夫が必要か考えてみよう。
10. また，あなたが担当する教科において，当該児が自己肯定感を高めることができるような単元・個別の課題（役割分担）を考えてみよう。
11. 担任している児童は文字が読めず，理解できることばが「トイレ」「給食」など生活に馴染みのある単語が10個程度であるとき，朝の会で一日の流れを理解できるようにするためには，どのような工夫が必要か考えてみよう。
12. 右半身にまひがあり，まひのある手足が曲がりにくく衣類の着脱に苦労している。また，荷物の整理を片手で行うため，持参した巾着袋を開けながら衣類をしまおうとすると，袋がつぶれたり閉じたりしてしまうことができない。家庭との連携を含め，どうしたらうまくできるようになるかを考えてみよう。
13. 例にならって次の摂食嚥下機能の発達段階ごとの口唇閉鎖，口角，舌，あごの動きを一覧表にまとめてみよう。

	口唇閉鎖	口角の動き	舌の動き	あごの動き
経口摂取準備期（例）	できない	動かない	前後	単純上下
嚥下機能獲得期				
捕食機能獲得期				
押しつぶし機能獲得期				
すりつぶし機能獲得期				

14. 未定頸の子どもが食べるときの姿勢で，避けなくてはならないことは何か，また，その理由を考えてみよう。

引用文献

1) Bates E, Camaioni L, Volterra V：The acquisition of perfomatives prior to speech, *Merrill-Palmer Quarterly*, **21**（3）, 205-226, 1975.
2) 中邑賢龍：AAC 入門コミュニケーションに困難を抱える人とのコミュニケーションの技法, こころリソースブック出版会, p.12, 2014.
3) 矢部京之助・草野勝彦・中田英雄編：アダプテッド・スポーツの科学～障害者・高齢者のスポーツ実践のための理論, 市村出版, 2004.
4) 植木章三・曽根裕二・高戸仁郎編：イラストアダプテッド・スポーツ概論, 東京教学社, 2017.
5) 齊藤まゆみ編著, 教養としてのアダプテッド体育・スポーツ学, 大修館書店, 2018.
6) 向井美惠：摂食機能療法—診断と治療法—, 障歯誌, **16**, 145-155, 1995.

参考文献

② ・金森克浩：特別支援教育における AT を活用したコミュニケーション支援, ジアース教育新社, p.12, 2010.
⑤ ・日本ボッチャ協会 HP
　 http：//japan-boccia.net/（最終閲覧：2020 年 7 月 20 日）.
　 ・日本ハンドサッカー協会 HP
　 https：//handsoccer.jimdo.com/（最終閲覧：2020 年 7 月 20 日）.
⑧ ・東京都教育委員会編：障害のある児童・生徒の食事指導の手引 – 食事指導の充実のために, 東京都, 2003.

❸　特別支援学級の学級経営と教育課程・指導法

1　特別支援学級の位置づけと現状

　特別支援学級は，必要に応じて，小・中学校に設置されているものである（学校教育法第81条第2項）。

　なお，特別支援学級（肢体不自由）の対象となる障害の程度は，文部科学省通知で以下のように示されている。

> 補装具によっても歩行や筆記等日常生活における基本的な動作に軽度の困難がある程度のもの
> 　　　　　　　　　　　文部科学省「障害のある児童生徒等に対する
> 　　　　　　　　　　　早期からの一貫した支援について（通知）」，
> 　　　　　　　　　　　25文科初第756号，2013.

　ここでの「軽度の困難」とは，特別支援学校（肢体不自由）への就学の対象となる程度ではないが，例えば，筆記や歩行などの動作が可能であっても，その速度や正確さまたは持続性の点で同年齢の児童生徒と比べて実用性が低く，学習活動，移動などに多少の困難がみられ，小・中学校における通常の学級での学習が難しい程度の肢体不自由を表している。

2　特別支援学級の教育課程

　特別支援学級の教育目標の設定とそれに基づく教育課程の編成については，学校教育法に定める小学校，中学校の目的および目標を達成するものでなければならない。ただし，障害の程度や児童生徒の実態によっては，障害のない児童生徒に対する教育課程をそのまま適応することが必ずしも適当でない場合がある。そのため，学校教育法施行規則第138条（特別支援学級に係る教育課程の特例）には，「特別支援学級に係る教育課程については，（中略）特別の教育課程によることができる」と規定されている。特別の教育課程については，学習指導要領に以下のようにその編成が示されている。

> 小学校・中学校学習指導要領　第１章　総則　第４　２　(1)
> イ　特別支援学級において実施する特別の教育課程については，次の
> とおり編成するものとする。
> (ア)　障害による学習上又は生活上の困難を克服し自立を図るため，
> 　　特別支援学校小学部・中学部学習指導要領第７章に示す自立活
> 　　動を取り入れること。
> (イ)　児童（生徒）の障害の程度や学級の実態等を考慮の上，各教
> 　　科の目標や内容を下学年の教科の目標や内容に替えたり，各教
> 　　科を，**知的障害者である児童（生徒）に対する教育を行う特別
> 　　支援学校の各教科**に替えたりするなどして，実態に応じた教育
> 　　課程を編成すること。
> 　　　　文部科学省「小学校・中学校学習指導要領総則 第１章 第４
> 　　　　　　　　　　　　　　２ (1) イ （告示)」, 2017.

知的障害者である児童（生徒）に対する教育を行う特別支援学校の各教科
第1節1 参照。

文部科学省著作教科書
文部科学省において著作・編集された教科書。特別支援学校（知的障害）用は国語科，算数・数学科，音楽科の３教科があり，段階が☆印で示されていることから星本と呼ばれている。

学校教育法附則第９条による教科用図書（一般図書)
特別支援学校や特別支援学級などで，文部科学省検定済教科書または文部科学省著作教科書に，使用に適した教科用図書がないなど特別な場合に使用できる教科用図書（一般書店で扱っている図鑑や絵本など）のこと。

特別の教育課程の編成の考え方
・当該学年の内容＋自立活動
・当該学年の内容＋下学年の内容＋自立活動
・下学年の内容＋自立活動
・下学年（当該学年）の内容＋特別支援学校（知的障害）の各教科
　の内容＋自立活動
・特別支援学校（知的障害）の各教科の内容＋自立活動

　教科書については，児童生徒の個々の障害の状態や発達の段階に応じて，文部科学省検定済みの教科書，**文部科学省著作教科書**，**学校教育法附則第９条による教科用図書（一般図書)**を使用する。

3　指導の際の配慮事項

　指導にあたっては，児童生徒の個人差を考慮し，個別指導やグループ指導といった授業形態を積極的に取り入れたり，教材・教具の開発・工夫を行っている。さらに，個々の児童生徒の障害の状態や学習状況などに応じて，通常の学級の児童生徒との「交流及び共同学習」を行い，教科学習を効果的に進めたり，社会性や集団への参加能力を高めるための指導にも配慮している。

(1) 指導内容の設定

　肢体不自由特別支援学級においては，児童生徒の活動が制限されたり，移動

やコミュニケーションに時間を要したり，また，教育課程に自立活動の時間が
設定される場合がある。そのため，指導内容を適切に設定し，重点を置く事項
に時間を多く配当するなど，計画的に指導することが必要となる。

（2）基礎的・基本的な事項の重点化

　指導内容の設定にあたっては，児童生徒の身体の動きの状態や生活経験の程
度などの実態を的確に把握し，それぞれの児童生徒にとって適切な指導目標に
基づく内容を設定していく。また，指導内容の設定とともに，各教科の目標と
指導内容との関連を十分に研究し，その重点の置き方や指導の順序，まとめ方
を工夫し，指導の効果を高めるようにする。

（3）自立活動の時間における指導と各教科等との関連

　各教科，特に，音楽，図画工作，美術，家庭，技術・家庭，体育，保健体育
などの内容には，自立活動の「身体の動き」や「コミュニケーション」などに
関連した内容も含まれている。身体の動きやコミュニケーションなどが困難な
児童生徒に対して，各教科における実践的・体験的な活動を展開する際には，
障害による学習上または生活上の困難を主体的に改善・克服するように指導や
援助を行う。そのためには，特に自立活動の時間における指導との密接な関連
を図り，学習効果を高めるように配慮しなければならない。したがって，個別
の指導計画の作成にあたっては，一人ひとりの児童生徒についてどのような点
に配慮して指導を行うのかを明確にしておく必要がある。

（4）教室環境

　教室の配置は，移動の困難があることを考慮する必要がある。災害時などの
避難や登下校などでの教室等の出入りを考えると，1階の教室が望ましいが，
交流学級や特別教室などの活用も踏まえながら検討する必要がある。また，児
童生徒自身が可能な限りみずからの力で学校生活が送れるように環境の整備を
行う。その一部を例示する。

　1）教　　室

　教室内を自由に移動できるスペースを確保し，自力で開閉ができるドア，
車椅子に座ったまま手が届き操作しやすい蛇口が設置された手洗い場（図3-
15），手が届きやすい位置への棚の設置を行う。

　2）廊　　下

段差の解消，手すりの設置を行う。

　3）トイレ

車椅子で対応しやすいトイレ，バランスが取れる手すりの設置を行う。

交流学級
特別支援学級に在籍し
ている児童生徒が，一
部の教科や学級活動，
給食などでの時間を，
通常の学級（同学年）
で過ごす際に所属する
学級をさす。

図3-15　手洗い場

図3-16　カットテーブル

図3-17　書見台

（5）補助具や教材の工夫

　効果的な学習を行うためには，身体各部を操作しやすい適切な姿勢や疲労しにくい姿勢の保持に十分配慮するとともに，課題を見聞きして理解することに困難がある認知の特性に応じた指導の工夫をする必要がある。その一部を例示する。

1）姿勢を安定させるための補助具など

　車椅子のままで使用できるカットテーブル（図3-16），教科書などを立てて置ける書見台（図3-17），肘かけがある椅子，座面が安定する椅子などがある。

2）筆記をしやすくするための補助具など

　紙やノートが動かないようにペーパーウェイトやバインダーで固定する，鉛筆などを握りやすくするためにゴムグリップを装着する，書く負担を減らすためにパソコンやタブレット端末を活用するなどの工夫を行う。

3）視覚的な認知がしやすい教材の工夫

　見やすい色（コントラスト）や形の工夫（文字の拡大や見やすいフォントの使用など），見るべき情報量の焦点化（文字の拡大，１行のみ見えるようにスリットのついた台紙）などを行う。

4　特別支援学級の一日の例

> 【事例】Ｌくん（男子，７歳）
> 　小学１年生　教育課程：当該学年に準ずる教育課程（図3-18）
> 　Ｌくんは，歩行器を使ったり，車椅子を操作して移動しているが，階段は大人がおんぶをしている。知的発達に遅れはなく，当該学年の教科などを学んでいる。友だちとの関係もよく，自分から身近な話題を発信して会話を楽しんでいる。文字を書くことはできるが筆圧が弱く，書く量が多いと疲れてしまう。慣れていないことに対して，消極的になり活動を嫌がることがある。また，集団活動をする中で，順番を待つのが苦手でイライラ

する場面がみられる。

　Lくんが交流学級で学習する際には，在籍学級の担任または学習支援員などがそばについている。書くことへの配慮としては，鉛筆は3Bを使用して濃く書けるようにしている。板書時に，書く量が多いときはキーワードのみを書いて，残りの文字は担任が書き足している。線を書く際には，担任がものさしを押さえている。また，経験が少ないことを行う場合には，事前に予告したり，在籍学級で予習するなどして心理的負担の軽減に努めている。

　給食は，咀嚼が弱いため，食前に食材を1cmに刻んでスプーンを使って食べている。清掃は，床の雑巾がけを行い，雑巾を絞るときはほかの児童に頼んでいる。

	教科など	単元（題材）名	学びの学級
1校時	国　語	すずめのくらし	交流学級
2校時	算　数	のこりはいくつ	交流学級
3校時	生　活	がっこうだいすき	交流学級
4校時	図画工作	せんせいあのね	在籍学級
5校時	体　育	みずあそび	在籍学級

※朝の会は交流学級で，給食と清掃は在籍学級で行う。
　給食と清掃はほかの特別支援学級と合同で行う。

図3−18　一日の時間割（小学1年生）

【事例】Mさん（女子，10歳）

小学4年生　教育課程：特別支援学校（知的障害）学習指導要領を参考とした教育課程（図3−19）

　Mさんは，ゆっくりではあるが自力歩行をし，階段などの段差は，そばで教員が支えながら移動している。知的発達の遅れがあり，各教科を知的障害特別支援学校の各教科に替えて学んでいる。身体に熱がこもりやすく，衣服の調整や水分補給の指示が必要である。発語はないが，人とのかかわりは好きで，要求や拒否は身振りで周囲に伝えている。指示理解は，教員が身振りを入れながらことばをかけると伝わることがある。鉛筆やクレヨン，筆を渡すと点や線を描く。

　交流学級では，音楽の授業をいっしょに行い，その際には支援員がMさんのそばについている。歌唱のときは，支援員が手をつないできっかけをつくると，友だちの歌唱に合わせてリズムを取ろうとする。また，打楽

器は M さんが持っているばちを支援員が軽く支えると，自分でリズム打ちをする。周囲の児童が演奏しているときは，その様子をよく見ている。

　朝の会や給食は，ほかの特別支援学級の子どもと合同で行っている。小学校では形態食の提供が困難なため，給食は食前に食材を 5 mm 程度に刻み，水分などで食材がまとまるようにし，摂食しやすいようにしている。スプーンを操作することはまだ難しく，ひと口程度の量をスプーンにのせると自分で食べることができる。牛乳は，誤嚥防止のためとろみ剤を使用して，飲み込みやすくしている。

	教科など	単元（題材）名	学びの学級
1校時	日常生活の指導	朝の会	在籍学級
2校時	生活単元学習	母の日のプレゼント	在籍学級
3校時	自立活動	バランスよく歩こう	在籍学級
4校時	国　語	はらぺこあおむし	在籍学級
5校時	音　楽	いろんな木の実	交流学級
6校時	算　数	三つまでの数の対応	在籍学級

※清掃は交流学級で，給食は在籍学級で行う。
　朝の会と給食はほかの特別支援学級と合同で行う。

図 3−19　一日の時間割（小学 4 年生）

5　学級経営上の留意事項

　特別支援学級を経営するにあたっては，学校や学年の目標に即し，児童生徒の障害の状態および特性などを考慮して，表3−2のように学級経営の目標や方針を明確にする必要がある。

　特別支援学級は，在籍人数が 1 人もしくは 2 人という学級も多い。少人数の長所としては，充実した個別の指導ができることや自分たちのペースで学習ができることである。一方，短所としては，同学年の友だち同士で切磋琢磨する機会が少ないことや，学習の場で話し合い活動や発表の場がつくりにくいことがある。そこで，学級経営を行ううえで重要になってくるのが，「交流及び共同学習」である。交流及び共同学習については，以下のように位置づけられている。

表3-2 学級経営案の項目例

学級目標
• 目ざす児童生徒の姿（担任，保護者，本人の願い）
学級の実態
• 学級の構成や傾向
• 個々の児童生徒の障害の状態や学習の様子
学級経営の方針（具体的実践事項）
• 学習指導面
• 生活指導面
• 特別活動，学校行事，集会などへの参加の仕方
• 健康安全指導，避難訓練
• 教室環境，備品
• 交流及び共同学習
• 家庭，地域，関係機関との連携（通学方法）

障害者基本法第16条
　国及び地方公共団体は，障害者が，その年齢及び能力に応じ，かつ，その特性を踏まえた十分な教育が受けられるようにするため，可能な限り障害者である児童及び生徒が障害者でない児童及び生徒と共に教育を受けられるよう配慮しつつ，教育の内容及び方法の改善及び充実を図る等必要な施策を講じなければならない。
（2項略）
3　国及び地方公共団体は，障害者である児童及び生徒と障害者でない児童及び生徒との交流及び共同学習を積極的に進めることによつて，その相互理解を促進しなければならない。
（4項略）

（2011年8月改正）

　交流及び共同学習を積極的に進めるためには，まず全教職員が，肢体不自由のある児童生徒について正しい理解と認識をもつ必要がある。そのための方法としては，校内研修会や個別の指導計画などで共通理解を図ることなどが考えられる。また，通常の学級に在籍している児童生徒に対しては，障害理解を促す教育を行うことが大事である。その際に，「身体が不自由だからかわいそう」「身体が不自由だからできない」と感じさせるのではなく，「障害があってもできることがある」「どのような工夫があるとできるのか」などの視点をもたせることが大切である。

　交流及び共同学習を進めるにあたっては，相互の触れ合いを通じて豊かな人間性を育むことを目的とする交流の側面と，教科などのねらいの達成を目的とする共同学習の側面があり，この二つの側面を分かちがたいものとしてとらえ，推進していく必要がある。そのためには，例えば，上肢が動きにくいため書くことが困難な児童生徒が教科学習を交流学級で行う場合には，教科のねらいを達成するために，書くことへの負担軽減を個別で配慮しながらほかの児童

生徒とともに学べるよう支援内容を検討しなければならない。

　また，肢体不自由のある児童生徒が，学校生活を送るうえで周囲の教員など が意識しなければならないのが，安全面の確保である。学校行事などに参加す る際には「どうすれば活動できるか」という考え方をもちつつ，移動や活動に 時間がかかることを踏まえて時間にゆとりをもつこと，慣れない場所での転倒 や物への接触がないかの予測をすることなどが大事である。特に，避難訓練の 際には，一人の教員では移動介助ができない場合もあるため，複数で対応でき るように事前に教員間で個別の指導計画等を活用して連携を図ることが大切で ある。

[演習課題]

1. 車椅子を使用している児童生徒の教室環境について，必要なことをあげてみよ う。
2. 上肢がうまく使えない児童生徒が，交流学級で教科学習をする際の困難さと， その支援方法をまとめてみよう。

[参考文献]

・文部科学省初等中等教育局特別支援教育課：教育支援資料，2013.
・全国特別支援学級設置学校長協会編：「特別支援学級」と「通級による指導」ハ ンドブック，東洋館出版，2012.

個別の指導計画，個別の教育支援計画

1　個別の指導計画

（1）個別の指導計画作成にあたって

　個別の指導計画は，特別な教育的ニーズがある子ども（障害がある子ども）に適切な教育を施すために1年間で達成を目ざす長期目標と，学期ごとや半年ごとに達成を目ざす短期目標を作成し，それぞれの目標を達成するための教育支援の内容を明確化したものである。特別な教育的ニーズは，一人ひとりの子どもによって異なる。そのため個別の指導計画は，一人ひとりの子どもについて作成するものである。

　個別の指導計画は，一般的に対象となる子どものプロフィール，本人・保護者の願い，長期目標・短期目標，支援の手立て，評価からなる。その書式は，全国一律のものではなく，各学校の状況などに応じて作成されている。

　個別の指導計画を作成するにあたっては，対象となる子どもの発達の状況や，過去および現在における教育・福祉・医療などの支援の状況や家族の状況をアセスメントする必要がある。子どものプロフィールには，それらの情報が記載されている。子ども一人ひとりのアセスメントに基づいて，子どもがどんな資質・能力を身につける必要があるのか，学校が保護者（そして，可能な限り本人）と検討し長期目標・短期目標についての合意形成を図ることが求められる。

　特に，肢体不自由や知的障害が非常に重い重度・重複の子どもたちは，意思や願いを周囲の人たちが読み取ることが困難であるために，意思や願いがあることすら気づいてもらえない危険性がある。そのような子どもたちは，障害のない人からは，意思やその表出がないように見えるかもしれない。しかし，実際には微妙な表情の変化や視線・発声などさまざまな形で意思を表出している。その点では，その子どもに重度の障害があるというよりも，周りの人にその子どもの意思を読み取ることの重度の障害があるといってもよいだろう。子どもの思いや願いを読み取り長期目標・短期目標に反映することは，自分の人生を主体的によりよく生きていく力，いわゆる「**生きる力**」を育むためにも大切なことである。

（2）学習指導要領と個別の指導計画

　2017年，2019年告示の特別支援学校学習指導要領では，小・中学校や高等

生きる力
1996年に文部省（当時）中央教育審議会が出した諮問の中で述べられている資質・能力である。生きる力を育成するために2002年の学習指導要領改訂で「総合的な学習の時間」が創設された。

133

社会に開かれた教育課程
今日の地域社会や世界の中で身につけるべき資質・能力の観点から教育課程を明確化したもの。

カリキュラム・マネジメント
各学校が目ざす資質・能力を子どもたちに育み，社会に開かれた教育課程を実現するために各教科等の指導を体系化したもの。

学校の学習指導要領と同様に各学校において**社会に開かれた教育課程**と育成すべき資質・能力を明確にすることを求めている（以下，2017 年・2018 年・2019 年に告示された小学校・中学校・高等学校・特別支援学校の一連の学習指導要領を現学習指導要領と表記する）。そして，各学校において育成する資質・能力の観点から**カリキュラム・マネジメント**を推進することとしている。個別の指導計画も特別な教育的支援を必要とする一人ひとりの子ども教育的ニーズの観点に立った作成・活用は当然必要だが，それらの現学習指導要領の改訂の趣旨に従った作成・活用も求められている。したがって，長期目標・短期目標の作成にあたっては，本人・保護者の願いを最大限尊重するともに子どもが在籍する学校が育成を目ざす資質・能力の観点から検討する必要がある。

　特別支援学校には「自立活動」という特別の領域がある。特別支援学校に在籍する子どもは各教科などの指導だけでなく，自立活動の指導が必要である。特に重度・重複の障害がある子どもに対しては，自立活動を中心とした教育課程の編成が行われることが多い。個別の指導計画を作成するにあたっては，自立活動の観点も取り入れる必要がある。

（3）個別の指導計画の目標・評価
1）目標と評価の一体化
　個別の指導計画の長期目標・短期目標は具体的で評価可能なものでなければならない。現学習指導要領では，根拠に基づく教育が求められており，**PDCA サイクル**による検証・改善が求められている。一人ひとりの子どもへの指導の充実のためにも PDCA サイクルによる評価と改善が重要である。そのためには，計画を作成する段階で目標を明確化しておく必要がある。

PDCA サイクル
P（plan：計画），D（do：実践），C（check：評価），A（action：改善）という一連のプロセスを通じた業務管理の手法である。

　学校現場ではしばしば，子どもたちに１年の目標や学期の目標を書かせ，教室に掲示している。しかし，目標を書かせることが目的化してしまい，書いた目標を達成できたかどうかの評価がなされないままにされている例も多い。これでは，目標は達成しなくてもよいことを子どもたちに教えることになる。「生きる力」を育むためには，子どもたちに目標をもって学ぶことや主体的に問題解決しようとする態度を育成する必要がある。個別の指導計画を作成・活用するにあたっても，支援した後の評価のあり方を明確することが求められる。

　評価のあり方を明確にするためには，まず，目標が明確かつ具体的である必要がある。「友だちと仲よくする」というようなものであってはならない。「友だちに自分の意思を伝えられる」といった行動に関する目標や「友だちに意思を適切に伝えようとする」といった態度に関する目標を明確にすることが重要である。「友だちに自分の意思を伝えられる」という行動は，代替コミュニケーション機器を活用し「遊ぼう」という音声を相手の子どもに伝えることができ

るかどうかで観察・評価可能となる。また，「友だちに意思を適切に伝えよう
とする」という態度は，上述の代替コミュニケーション機器の使用だけでなく
ほかの適切な手段によって子どもが自発的に意志を伝達しようとするように
なったかで，観察・評価が可能になる。

2）教員・子ども自身・保護者による評価法

現学習指導要領では，従来のペーパーテストのような教員による一方的で一
面的な評価になりがちな評価法から抜け出し，多様な評価をするように求めて
いる。従来のペーパーテストも含め，子どもにどのような資質・能力が身につ
いたかを評価することが求められている。この点は，特別支援学校の児童生徒
も同様である。特別支援学校ではとかく「活動ありき」になりがちといわれて
いる。どのような活動をしたかではなく，一連の教育活動を通して子どもにど
んな資質・能力が身についたかを評価する必要がある。

その資質・能力とは，現学習指導要領では，「生きて働く知識・技能の習得」
「未知の状況にも対応できる思考力・判断力・表現力等の育成」「学びを人生や
社会に生かそうとする学びに向かう力と人間性等の涵養」とされている。評価
にあたってもこれらの観点から行うことが重要である。そのためには，教員に
よる評価の多様化だけでなく，子ども自身による評価が大切になる。子どもに
多様で効果的な知識・技能が身についたとしても，本人がそれを主体的かつ効
果的に生かそうとする資質・能力が身についていなければ「生きる力」にはつ
ながらない。

子ども自身が目標達成を評価できるようにするためには，評価法に工夫が求
められる。知的に遅れのない子どもたちであれば，子どもとの評価は比較的容
易であろう。しかし，知的障害を合併していたり，重度・重複の障害がある場
合，子どもに評価してもらうことは一般的に困難である。その場合，教員や保
護者などの第三者からの観察に頼らざるをえない。その際の評価の視点で重要
なのは，特定の場面で指導・支援して身についた行動や技能がほかの場面でも
観察されるようになったか，教員などの直接的なかかわりなしに，もしくはよ
り少ないかかわりで子どもがその行動や技能を使うようになったかを評価する
とよい。これらは生きて働く知識・技能の観点から評価できる。また，直接指
導・支援した以外の行動や技能を子どもが使うようになったかを評価すること
で，未知の状況における思考力・判断力・表現力などの観点などからも評価で
きる。

また，評価にあたっては保護者による評価も重要である。保護者は，学校生
活以外の場面における主たる養育者であり共同生活者だからである。養育者
として，子どもの成長・発達に積極的かつ効果的に関与するためには，学校と
の連携の下，養育者としての資質・能力の発達が必要である。また，子どもが
学校で身につけた資質・能力を学校以外の生活場面において発揮できるように

なるためには，共同生活者である保護者の子どもに対するかかわりが重要である。保護者の子どもに対する見方とかかわり方が，地域社会とのつながりや卒業後の生活において，共同生活者としての家族や地域の人びとの理解や子どもの社会参加に大きく影響するためである。

(4) 個別の指導計画を達成するための手立て

　長期目標・短期目標の作成だけでなく，それらを達成するための個に応じた支援の手立てについての合意形成も必要である。支援の手立てを検討するにあたっては，一人ひとりの子どもの能力や特性をアセスメントすることが重要である。その子どもの興味・関心や発達検査などの結果から示唆される全体的な発達の状況，および強い能力（強み）と弱い能力（弱み）を明らかにすることが重要である。特に興味・関心や強みについてのアセスメントは，子どもの教育活動への意欲を高めるだけでなく，自尊感情を高めるために重要である。一方，子どもの弱みについてのアセスメントは，弱みから派生する学習・行動上の困難を軽減するための合理的配慮を明らかにするために重要である。また，障害者自身が合理的配慮の提供をみずからの権利として求めること（自己の権利擁護，セルフアドボカシー：self-advocacy）の教育としても重要なものである。

　具体的な支援の手立てを決める場合，子ども一人ひとりの特性に応じたものが求められる。特定の診断名・障害名であっても，一人ひとりの特性には違いがある。「脳性まひだから」や「筋ジストロフィーだから」といった観点で一律に支援の手立てを決めることはできない。2016年施行の「障害を理由とする差別の解消の推進に関する法律」（以下，障害者差別解消法）に伴い，各省庁から出された対応指針においても診断名・障害名による合理的配慮ではなく，一人ひとりの障害の状態に応じた合理的配慮を求めている。また，小・中学校の現学習指導要領においても，従来の障害への配慮事項ではなく子どもの困難さに応じた配慮を例示している。

　一人ひとりの障害の状態と強みを考慮した支援の手立てが必要である。運動機能の障害で発音（構音）に障害がある子どもに「正しく発音できるまで聞き返す」というようなかかわりは支援とは呼べない。発音がうまくできなくても話した内容が確実に相手に伝わったかどうかを本人が実感できるように「話した内容を適切な発音で復唱する」といった手立てが適切である。また，子どもが話すことへの自信や意欲が低い場合，代替コミュニケーション機器を用いて担任があらかじめ録音していた音声を本人が再生することで，話すことが苦手であっても自分の意思を効果的に相手に伝えられるようにすることが支援である。端的にいえば，子どもが支援の手立てを見たときに「その支援があれば助かる」「その支援があればできるようになりそう」と思える手立てが必要なのである。

2 個別の教育支援計画

（1）個別の支援計画と個別の教育支援計画・個別の指導計画の関係

　教育・福祉などの分野ではさまざまな指導計画や支援計画がある。個別の教育支援計画は，福祉分野における個別の支援計画に相当するものである。個別の支援計画と個別の教育支援計画・個別の指導計画の関係は，図3−20のようになる。

　このように，個別の支援計画は，主に就学前の子どもたちが利用する児童発達支援センターや児童発達支援事業所（p.151参照），在学中の子どもが利用する放課後などのデイサービス，主に卒業後に利用する就労支援事業所や障害者支援施設などの福祉機関で作成・活用するものである。一方，学校が作成・活用するものが個別の教育支援計画である。今日，障害のある子どもは学校だけでなく，さまざまな福祉機関を利用している。特別支援学校に在籍している子どもが同時に複数のデイサービスを利用している例も珍しくない。学校が子どもの教育を行うにあたっては，子どもが利用している福祉機関や医療機関などの関係機関とのふだんからの共通理解と連携が求められている。そのため，学校などに子どもの関係者が集まって**支援会議**を行うこともまれではない。

　また，個別の教育支援計画は，学校の中だけで作成することはできない。保護者の承諾を得て，子どもの関係機関と連携して作成・活用する必要がある。子どもに関係する人たちが，立場を超えて，共通理解の下，一貫した教育や支援を行うことが求められている。今日，多くの子どもたちが就学前から児童発達支援センターなどの専門福祉機関を利用している。それらの子どもたちは入学の前から個別の支援計画をすでに作成・活用している。福祉機関などの関係

支援会議
支援を必要とする児童生徒の関係者が情報を共有し，よりよい支援が行えるよう開かれる会議。校内の教職員で行う会議と教職員のほかに保護者や関係機関が参加する会議がある。

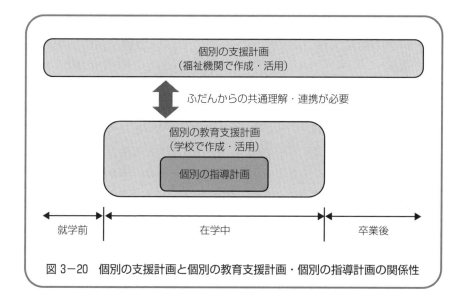

図3−20　個別の支援計画と個別の教育支援計画・個別の指導計画の関係性

チーム学校
教育課程改善の実現や，複雑・多様化した課題解決のため，組織としての学校のあり方や業務などを見直し，チームとしての学校をつくり上げていこうという取り組み。

機関との連携は「社会に開かれた教育課程」や「**チーム学校**」の観点からも求められている。個別の支援計画にある目標を学校がすべて必ず受け入れなければならないことはない。しかし，福祉機関での目標・支援と学校のそれが異なっていれば，子どもは日々の生活において混乱し，卒業までに育成したい資質・能力を育成することも難しくなる。学校は独自に子どもの教育目標を設定することはできる。しかし，子どもが現在そして将来の生活において必要となる資質・能力の観点から子ども像を福祉機関と共有しつつ，学校で育成することができる資質・能力を明らかにする必要がある。

（2）個別の教育支援計画に基づく指導計画の作成

　個別の指導計画は本来，図3-20にあるように個別の教育支援計画に基づいて作成されるべきものである。個別の教育支援計画は，学校卒業後までを見通して子どもにどのような資質・能力を育成する必要があるかという観点から作成・活用される計画である。一般に3年を目途に作成することが多い。そして，個別の教育支援計画という長期的視野に立って，年度ごとにどのような資質・能力を育成するのかの計画が，個別の指導計画である。

　学校現場においては個別の指導計画が先に導入され，その後，個別の教育支援計画が導入されたため，個別の教育支援計画よりも先に個別の指導計画を作成している例がある。学校卒業後の資質・能力という観点がない個別の指導計画は単年度で成果をあげたとしても，学校組織としての一貫性のある教育を行うことはできない。個別の教育支援計画に基づいて個別の指導計画を作成しなければ，担任によって教育目標や支援内容が異なるといったことにつながりかねない。現学習指導要領が求めるカリキュラム・マネジメントの点からも，個別の教育支援計画を作成し効果的に活用することが求められている。

（3）個別の教育支援計画の作成にあたっての保護者・関係機関との連携

　個別の教育支援計画作成にあたっては，まず，保護者の承諾が必要である。学校外の機関との連携を行うにあたっては，個人情報保護が重要だからである。機関同士の個人情報の共有には，個人情報の主体である当事者もしくは保護者の承諾が必要となる。学校では当事者が未成年である場合がほとんどであるので，保護者の承諾が必要となる。承諾にあたっては，関係機関とどのような情報をなんのために共有するのかを明確に説明し同意を得る必要がある（説明責任）。

　保護者の承諾の下，成育歴・療育歴・治療歴・教育歴，家族状況・生活状況，福祉サービスの利用状況，発達検査などのアセスメントの情報を収集し，学校における子どもの教育支援の目標を定めることになる。個別の指導計画と

同様，教育支援の目標を定める際には保護者や可能であれば本人が参画・同意することが求められる。さらに，教育支援の目標についての関係機関との共通理解も必要である。

　次に，教育支援の目標に従って，関係機関の役割の明確化を図ることが必要である。特別な支援を必要とする子どもの中には専門性の高い医療や理学療法，作業療法，言語聴覚療法などの専門性の高い支援を受けている者もいる。それら専門機関で子どもが受けている支援の目標や目的を学校が理解し，専門機関で受けている支援の成果を学校で生かす方法を教えてもらうことで，学校における教育支援の質を高めることができる。例えば，姿勢保持の困難がある子どもに理学療法や作業療法の視点から学校生活や学習における配慮事項や指導法についての助言を受けることが可能となる。特別支援学校には，学校における医療的ケアを必要とする子どもが多く在籍しているが，その子どもについて，**教員ができる医療的ケア**への助言をもらったり，教員ができる範囲を超える医療的ケアについての役割分担も明確となる。また，学校で課題となっている障害の状態や学習・行動上の問題などを専門機関と共有することで，より専門性の高い支援を子どもが受けることが可能になる。

（4）個別の教育支援計画・指導計画の評価

　学校は保護者（可能なら本人も）や関係機関との共通理解の下，作成した教育支援の目標に基づいて具体的な学校における教育的支援内容の明確化を図る必要がある。そして，その教育的支援内容を年度ごとに作成・活用する個別の指導計画に位置づける。さらに，年度ごとの個別の指導計画の作成・活用が個別の教育支援計画の目標達成に資するものであったかの検証を，個別の指導計画を評価するにあたって行う必要がある。特に年度末は，次の学年の個別の指導計画や次の学校などの段階のための個別の教育支援計画（移行支援計画）の作成に向けて，個別の教育支援計画の達成状況や有効な支援方法などについて評価する必要がある。個別の教育支援計画，特に移行支援計画では，子どもが次の学年や次の学校などの段階に進むとき「○○の支援のおかげで，自分は○○ができるようになったので，次の学年や段階でも同じ支援を受けたい」「次の学年や段階でもっと資質・能力を伸ばすために次は○○ができるようになりたいので，○○の支援を受けたい」と思えるような評価が必要であろう。

　子どもは成長・発達する存在である。入学時点の子どもの姿がそのまま大人の姿になるわけではない。子どもの成長・発達の道すじは，障害の状況や特性などさまざまな要因により一人ひとり異なる。そのため，個別の教育支援計画も見直しが必要となる。おおむね3年を目途に改めることが多いようであるが，必ずしもそれにこだわる必要はない。保護者の意見を十分に聴取し，必要に応じて改訂することも重要である。

教員ができる医療的ケア
近年，医療的ケアを必要とする子どもが特別支援学校で増加しており，2012年度より必要な研修を受けた教員がその一部を行うことができるように法改正された。

これら一連のプロセスを経て個別の教育支援計画を作成し，効果的に活用することが現学習指導要領では求められている。そして，個別の指導計画とともに個別の教育支援計画も，特別支援学校だけでなく特別支援学級に在籍する子どもや通級による指導を受けている子どもに対しても作成・活用が義務化されている。また，通常の学級に在籍し通級による指導を受けていない特別な支援を必要とする子どもに対しても，必要に応じて個別の指導計画や個別の教育支援計画を作成・活用することが求められている。

(5) 相談支援ファイルの活用

ところで，障害のある子どもは，早期発見・早期支援の体制整備が進むにつれて，乳幼児期からさまざまな支援を受けているケースが増えている。それぞれの場で個別の支援計画などが作成・活用される結果，膨大な量の資料が蓄積されることになる。また，子どもの年齢が高くなると保護者は，乳幼児期からの成育歴や療育・教育歴などさまざまな情報を，そのときどきで出会う教員や関係機関に１から説明しなければならない例も多い。

そこで，市町村によっては相談支援ファイルを導入している。相談支援ファイルには乳幼児健診の際の情報や就学前の療育歴・保育歴，就学後の個別の指導計画や個別の教育支援計画などさまざまな情報がまとめられている。そのため，保護者は何度も同じような話をすることから解放されるとともに記憶のあいまいさからも解放され，子どもの支援に必要な情報をそれぞれの専門家が収集することができる。相談支援ファイルは，市町村によって作成している部署が違ったり名称が異なったり，保護者に渡す時期や手続きに違いがあったりする。相談支援ファイルがある子どもには，個別の指導計画や個別の教育支援計画をファイルにとじ，学校を卒業した後も必要に応じて，確認や活用ができるようにしておく必要がある。

3　個別の指導計画などを作成するうえでの留意点

(1) 日々の授業に活用するための「個別の教育支援計画」と「個別の指導計画」

図3-21に「個別の教育支援計画」と「個別の指導計画」「学習指導案」の関連を図式化したものを示す。

「個別の教育支援計画」の作成で把握された本人や保護者の願い（図3-21①）を，その子どもの発達の状況や周囲の環境などの情報を基に支援の目標や内容を明確にし「個別の指導計画」を作成し（図3-21②），それに基づき日々の指導が行われる（図3-21③）。

この図3-21の例は，肢体不自由特別支援学校小学部，自立活動を主とした

教育課程のNくんの例である。Nくんは楽しいことに表情で気持ちを表現することができるが，身体機能の制限ゆえに表情以外でのコミュニケーション表出に制約がある。

「個別の教育支援計画」により，コミュニケーション面の課題を把握し（図3-21 ①），その情報を基に，国語をはじめとした各教科や自立活動を含む学校教育全般においてコミュニケーション面における支援の目標や内容を明確にした「個別の指導計画」（図3-21 ②）に基づき，日々の指導が行われる。また，「個別の指導計画」を具体化した指導が各教科や自立活動などにおける指導である。学習指導案にて明記され，教職員間で連携した指導が行われる（図3-21 ③）。学校には，これらのさまざまな計画を関連づけながら，課題を明確にして日々の指導・授業を行うことが求められる。

図3-21 「個別の教育支援計画」と「個別の指導計画」「学習指導案」の関連

（2）「個別の教育支援計画」「個別の指導計画」とPDCAサイクルについて

　日々の学習指導案（略案）の作成（plan），指導（授業）の実施（do），目標が達成できたかどうかの評価（check）と指導の改善（action）の積み重ね，繰り返しにより「個別の指導計画」に反映させ，PDCAサイクルを用いて日々の指導の内容や方法について評価し（check），改善（action）していく。また，「個別の指導計画」の評価を「個別の教育支援計画」にも反映させ，支援会議において，本人や保護者，関係機関と協議し，「個別の教育支援計画」の目標の達成状況を評価し（check），支援の内容や方法について改善していく（action）。

　「個別の指導計画」や「個別の教育支援計画」は，年度や学期のはじめや終わりなど，学校として決められた時期にのみ作成・評価するのではなく，その都度，評価・改善していくことで，より課題を明確にした日々の指導，子ども一人ひとりに対し，個に応じたきめ細やかな指導を実施することができる。

（3）「個別の指導計画」作成における，目標と評価の記載の仕方について

　現学習指導要領では，育成する三つの資質・能力「何を知っているか，何ができるか（知識及び技能）」「知っていること・できることをどのように使うか（思考力，判断力，表現力等）」「どのように社会・世界とかかわり，よりよい人生を送るか（学びに向かう力，人間性等）」の観点からの指導計画づくりが求められようになった。その際，子どもが「何ができるようになるのか」「何を学ぶか」「どのように学ぶか」という視点で考えることが必要である。

　「個別の指導計画」の目標の記載においては，「何ができるようになるのか」をより具体的な目標を設定する必要がある。例えば，「興味・関心の幅を広げる」「手の操作性を高める」「○○に慣れる」といった課題（目標）の場合，「どんな興味・関心を高めるのか」「どんな操作性を高めるのか」「どのように慣れるのか」などのように，目標があいまいになるため，評価・改善がしづらい。

　適切な目標の設定のためには，「興味・関心」「操作性」「慣れる」の中身を，子どもの内面の記述を含めて，スモールステップでもう少しで達成できる目標を，ていねいに「具体的に言語化する」必要性がある。目標が具体的であれば，目標を達成するための学習内容（何を学ぶのか）や，それを達成するための支援策，学習方法（どのように学ぶのか）も明確になってくる。また，児童生徒自身も，目標を意識しながら活動に取り組むことができるようになる。

　評価の記載の仕方も同様である。「○○をした」「○○を楽しんでいた」といったような様子の羅列ではなく，個々の児童生徒に応じた「具体的な」評価，子どもの「姿が見える」評価になっているかを確認する必要がある。具体的な表情や表出など細かな動きや変化を含めた具体的な表現に変えることで，だれに

でもイメージがしやすくなり,「具体的な評価」が「具体的な目標設定」につながる。

(4) 教職員, 保護者, 関係機関などとの連携について

子ども一人ひとりに応じた指導のため,「個別の指導計画」や「個別の教育支援計画」を「連携のツール」とした活用が求められる。例えば, 半年先や数年先, 卒業後に「できたらいいな」と本人や教職員が願うことや, 保護者が「できていて欲しい」と望むような生活場面を聞き取り, それらを踏まえて作成する。作成後は学級担任だけではなく, その子どもの指導にかかわっている教職員とともに子どもの実態や保護者のニーズに適しているかどうか「個別の指導計画」を検討する「ツール」にすることにより, 複数の視点からの共通理解の基に指導することが大切である。時には, 日常的な姿勢や筋緊張の状態の変化などを自立活動専任教員や理学療法士 (PT), 作業療法士 (OT) などの外部専門家や医療関係者から情報を得て, 必要な学習内容, 支援内容を設定していくことも重要である。

また, 子どもの身体の成長や家庭状況の変化などを踏まえ, サービスをどのように利用するか福祉関係機関と連携し「個別の教育支援計画」を見直すことが求められる場合もある。いずれにしても子ども本人や保護者の願いや**困り感**を聞き取り,「いかに寄り添えるか」が指導・支援計画作成の出発点である。

困り感
近年では,「障害」という漢字とことばで状態像を表現することよりも,「困り感」といったことばで表現されることが多くなった。表記されている漢字に対する否定的な意味合いに対する配慮や, 障害者手帳などで定められている以外の新たな状態像に対する提言が増えてきていることへの対応と考えられている。

演習課題

1. 居住する地域で使われいる個別の教育支援計画, 個別の指導計画の書式を調べてみよう。
2. 特別支援学校学習指導要領に示されている個別の教育支援計画, 個別の指導計画の活用について, 特別支援学校, 特別支援学級, 通級による指導, 通常の学級について, まとめてみよう。
3. 個別の教育支援計画, 個別の指導計画を用いた連携を推進するための留意点を, 作成過程と活用場面に分けて, 整理してみよう。
4. 個別の教育支援計画の目標と計画を記載するときの留意事項をまとめてみよう。
5. 個別の指導計画の目標と評価を記載するときの留意事項をまとめてみよう。

❺　学校内での連携・組織的対応

　運動機能の困難がある場合，運動機能に対する支援方法や身体の痛みや変形，合併する症状への気づき，対応を知っておく必要があるが，こうした状況への対応は担任教員個人ではなく，関連部署との連携によって校内組織において検討，推進していく。また，就学・入学時に得た情報を基に，年齢，成長に応じた組織的対応ができるよう，指導・支援について校内での理解を進めておくことが求められている。

1 自立活動に関する連携

　自立活動では運動機能の困難による「身体の動き」が中心ではあるが，合併する障害による「コミュニケーション」なども，指導項目となる。肢体不自由特別支援学校ではこうした内容に詳しい教員が自立活動担当として配置されていることが多く，自立活動の時間における指導だけでなく，学校生活全般において，自立活動の視点を取り入れるときの助言を得ることができる。また，外部専門家としてPT，OT，言語聴覚士（ST）などからの助言・指導を受けたとき，その内容理解や日ごろの教育活動に反映させる方法を自立活動担当教員に相談することができる。多くの学校では個別の指導計画作成時や評価時にケース会（支援会議）が行われており，こうした時間を設定することにより，組織的な対応が可能となっている。

　資料としては個別の指導計画，観察記録，指導記録などが活用できる。さらに授業や日常生活場面の映像資料があると，ケース検討が深まるとともに，自立活動担当教員が日常生活をイメージして助言することが可能になる。限られた時間の中で充実した指導を検討するためにも，相互に情報提供しやすいシステムや環境をつくることが重要である。

　特別支援学級や通常の学級における自立活動については担任教員が担うことになるが，運動機能の困難がある児童生徒を担任したことがある教員が校内にいる場合には，観察記録や写真，ビデオなどを用いて相談し，複数の目での実態把握と指導・支援方法の検討を行うことが望ましい。また，運動生理学・病理学，リハビリテーションに詳しい保健体育科教師に運動機能の基礎知識を学ぶことなどもひとつの方法である。その際には運動機能困難の原因により，一律の方法では対応できないことがあることも忘れてはならない。

2　健康に関する連携

(1) 養護教諭の役割と連携

　運動機能の困難がある場合，さまざまな健康問題が起こる可能性があり，担任教員と養護教諭との連携は重要である。養護教諭は全校の幼児児童生徒の健康管理を行うが，日々の健康観察は一番身近な担任教員が行うことになる。日ごろから健康状態を養護教諭に報告し，いつもと違う様子がみられたときには相談するなど，こまめな報告・連絡・相談により，健康状態の変化に対して早期の対応が可能になる。また，心疾患，腎疾患，アレルギーなど，主治医から「学校生活管理指導表」が出ている場合，多くは保健室で保管されている。この指導表の内容や，日々の生活で留意する点を養護教諭と確認しておくことで，体調悪化や急変を防ぐことができる。また，定時薬服用のダブルチェックや，てんかん発作や喘息発作などの臨時薬の使い方などの保護者への確認など，服薬などの管理についても，担任教員だけで行うのではなく，養護教諭と連携して行える体制をつくっておく必要がある。

　このほか，主治医からの情報収集など，医療機関との連携時には養護教諭が関与することで，担任教員が医療用語や状態像を理解するときの助けになるとともに，校内での対応において協力関係が深められる。

(2) 学校看護師の役割と連携

　運動機能に困難がある幼児児童生徒の中には医療的ケアを要する者も多い。2017年度に文部科学省が行った調査結果は表3−3のとおりである。

　学校看護師は主に医療的ケアへの対応を行っており，養護教諭は学校保健全般を担っていることから，校内におけるそれぞれの役割を確認したうえで，適切な対応を行う必要がある。一方で，学校看護師は非常勤であることが多く，幼児児童生徒在校時間のみの勤務となっていると，教職員との打ち合わせや情報交換・情報共有がしにくい。また，病院内とは環境が異なる学校の中での医療的ケア実施においては，学校看護師が学校の制度・仕組みなどを理解できるようにすることも必要である。こうした課題について管理職だけでなく，担任教員や養護教諭も認識して，組織的の対応を検討していくことが求められている。

　表3−3にあるように，医療的ケア児は特別支援学校だけでなく，小・中学校にも在籍しており，各校で医療的ケアや看護師の職務への理解を深めるともに，担任教員と学校看護師との連携を進めることで，安全・安心な学校生活をつくっていくことが望まれる。

表 3 - 3　2017 年度特別支援学校などの医療的ケアに関する調査結果　　　（人）

	対象幼児 児童生徒数	行為延べ数	看護師数	医療的ケアを 行っている教員数
特別支援学校	8,218	26,883	1,807	4,374
公立の小・中学校	858	1,248	553	－

出典）文部科学省：平成 29 年度特別支援学校等の医療的ケアに関する調査結果，2018.

（3）医療的ケアに関する校内会議

　文部科学省は「学校における医療的ケアの実施に関する検討会議最終まとめ」で，「医師又は看護職員を含む者で構成される安全委員会」を設置し，「校長の管理責任の下，関係する教諭・養護教諭，看護師等，教育委員会の委嘱した学校医・医療的ケア指導医等が連携し，対応を検討できる体制を構築することが必要」としている。特別支援学校はもちろんのこと，医療的ケア児が在籍する小・中学校を含むすべての学校において，医療的ケア安全委員会を設置するなど，対象者の安全確保や教職員などの研修体制の整備が求められている。

3　就学・入学に関する連携

　障害のある子どもたちの就学に際しては教育委員会が設置する就学支援委員会などにおいて，対象児の情報が収集されている。こうした情報に加え，学校における教育相談や一日入学，入学前健診などで得た情報を，校内で共有し，基礎的環境整備や合理的配慮を検討することが求められている。編入学，中学校以降の入学も同様であり，運動機能の困難がある場合，特別支援学校においては，教室環境の整備や教科担任などへの情報提供などが必要である。通常の学校においては，施設などの改修・改良や支援員・看護師などの配置などが必要な場合がある。こうした対応は教育委員会と学校の組織的対応となるが，入学前に全校の教職員が内容を理解し，説明できるようにしておく。

　就学・入学後は主に担任教員が指導・支援していくことになるが，運動機能の困難への対応は多種多様である。個別の指導計画を基に，複数の教職員が連携し，校内組織の効率的な活用が求められる。

演習課題

1. 特別支援学校のさまざまな職種の役割と連携方法について考えてみよう。
2. 他職種，他部署と連携するときの留意点について考えてみよう。

第4章
肢体不自由児者の生涯発達支援

1 就学前の発達支援

　肢体不自由児の早期発見と早期からの支援は，身体の障害の重度化や関節の拘縮などを予防するだけではなく，心の発達および保護者・家庭支援の面においても重要である。

1 乳幼児健康診査

　肢体不自由を含めた障害の早期発見のシステムとして，**乳幼児健康診査（健診）**が行われている。乳幼児健診は母子保健法第12条および第13条に定められており，市町村に実施を義務づけている。対象は「満1歳6か月を超え満2歳に達しない幼児」「満3歳を超え満4歳に達しない幼児」とされている。前者が「1歳6か月児健康診査」（1歳6か月児健診），後者が「3歳児健康診査」（3歳児健診）である。

　それぞれの検査項目は次のとおりである（母子保健法施行規則第2条）。

　①1歳6か月児健診：「身体発育状況」「栄養状態」「脊柱及び胸郭の疾病及び異常の有無」「皮膚の疾病の有無」「歯及び口腔の疾病及び異常の有無」「四肢運動障害の有無」「精神発達の状況」「言語障害の有無」「予防接種の実施状況」「育児上問題となる事項」「その他の疾病及び異常の有無」

　②3歳児健診：上記の1歳6か月児健診の内容に以下の2項目が加わる。「眼の疾病及び異常の有無」「耳，鼻及び咽頭の疾病及び異常の有無」

　その他，任意健診として新生児，乳児を対象に以下の時期の健診を設けている自治体もある。

・新生児
・生後6か月に達するまで（乳児期前期）
・生後6か月から1歳に達するまで（乳児期後期）

乳幼児健康診査（健診）
乳幼児健診は母子保健法で定められた「1歳6か月児健診」「3歳児健診」のほか，さらに近年は発達障害の早期発見や就学支援の重要性を鑑み，「5歳児健診」を行う自治体が多くなってきている。乳幼児の健康状態の把握や病気や障害の早期発見により適切な支援につなげていくことが大きな目的であるとともに，保護者が困り事や不安を相談する機会としても重要である。

147

表4-1　1歳未満の健診のポイント

生後１か月児健診	・先天性異常の有無 ・ビタミンＫの状況（この時期はビタミンＫが不足しがちでビタミンＫ欠乏性出血が起こりやすい） ・母親の産後うつや育児不安
生後３〜４か月児健診	・首のすわりの状況 ・音への反応（聴力） ・物を動かしたときに目で追うか（追視） ・ワクチンの定期接種状況（この時期になると予防接種ができるワクチンが増えてくるため）
生後６〜11か月児健診	・寝返り，ひとり座りができるか ・ハイハイの状況 ・つかまり立ちやその兆候について ・離乳食の進行状況について（離乳食を開始している時期になるため） ・保護者への歯磨き指導

　「生後１か月児健診」「生後３〜４か月児健診」「生後６か月〜11か月児健診」のポイントについて表4-1に簡潔に記す。

　これらの一般的事項を踏まえて，以下の三つの群で多くみられる疾患における乳幼児健診時での主なチェックポイントについて記す。

（1）第１群　脳の損傷に起因する障害―脳性まひ

　早期発見の観点から６か月ころ，１歳ころに判断できるチェックポイントについて以下に記したが，当然，それらが１歳６か月，３歳でもスムースにできない場合には，専門医につないでいく必要がある。

1）６か月ころ

　①　引き起こし反射　　両手を持って乳児を引き起こすと，通常は首は平行または前屈傾向を示し，手足は屈曲傾向を示す。首が背屈し下肢が伸びる傾向がないかどうかをチェックする。

　②　脇の下を支えて下肢をつかせる　　通常は５か月児は下肢をつかせてもピョンピョンするか体重を支えようとしないことが多い。しかし，けい直性のまひがあると尖足位となり，そのままの姿勢でピョンピョンさせると伸展，尖足傾向の増大がみられる。そのような傾向の有無をチェックする。

　③　物のつかみ方（片方の手の極端な優位性）　　片方の手でのみのつかみ方をチェックする。つかみ方の未熟さや，一度握ると握ったままの傾向が強いかどうかをみる。

　④　座　位　　通常は５〜６か月児になると座位が取れるようになることが多い。座位が取れずに前方へ丸くなったり，後方に倒れたりするかどうかをチェックする。

尖　足
足先が下に向いた状態で固まっている状態。

⑤　腹臥位　　胸をあげて両手で状態を支えることができるかどうかをチェックする。

2）1歳ころ

①　横パラシュート反応　　座位にして後方から脇の下を支えて，子どもの手を自由にして身体を左右に倒そうとすると，通常は倒れそうな側の手のひらを開いて体重を支えようとしたり，反対側に頭を傾けて体勢を立て直そうとする。そのような反応があるかどうかをチェックする。

②　縦パラシュート反応　　脇の下を持って子どもの身体を上下逆さまにして地面に垂直に近づけると，通常は頭を後ろに反らして地面のほうを向き，手のひらを開いて両手を地面に向けて伸ばして身体を支えようとする。そのような反応があるかどうかをチェックする。

③　つかまり立ちの可否および立位介助時の筋肉の緊張・弛緩の状態　　脇の下を支えて立ったときの異常な筋緊張（身体がつっぱる感じ）または弛緩（ゆるんで力が入らない）の程度・状態をチェックする。

④　物のつかみ方（指先の精緻性）　　物の種類によってつかみ方に変化があるかどうかをチェックする。通常は指でつまむ場面がみられるようになるが，まひがあると手のひらでつかむ，手全体でつかむ様子しかみられない傾向がある。

（2）第2群　脊髄・末梢神経の損傷に起因する障害―二分脊椎

　脊髄神経組織の一部が飛び出して皮膚の表面にこぶを形成しているなどの重症例では出生後すぐに診断がつくが，外見的に目立った部分がない場合には健診で発見されるケースもある。その際のチェックポイントを以下に記す。

①　足の指や足関節の動きの異常　　脊髄の損傷部位によって，さまざまな運動障害がみられる。しかし出生直後は運動機能の判定が困難であるため，成長を待って判断することになる。軽度の場合は足の指・関節の動きの異常のみというケースもあるので，注意深くチェックする必要がある。重度の場合は下肢を全く動かせない場合もある。

②　便秘の日数および便失禁　　二分脊椎児は大腸の動きが悪く便秘になりやすい。また便意がないため便失禁がある。さらに肛門周囲の皮膚感覚がないため，便失禁を感知しにくい。

③　肛門の周囲の皮膚の潰瘍の有無　　ただし二分脊椎でなくてもこのようなことは考えられる。

④　キアリ奇形に伴う症状の有無や程度　　キアリ奇形の影響で，呼吸や嚥下に影響が出る場合がある。その影響で「ミルクを飲む際や食事の際にむせることが同月齢の子どもと比べて多い」「呼吸が一時的に止まることがある」「睡眠時にいびきをかくことが多い」という症状が現れることがある。

キアリ奇形
合併することの多い奇形で，脳が通常よりも少し低い位置まで存在する。

1）3歳児健診・5歳児健診時

①　腰の痛みやしびれなどの感覚障害および下肢運動障害の有無・程度
脊髄と周辺組織の癒着の影響で，身体の成長とともに脊髄が周辺組織に引っ張られ，腰に痛みやしびれなどの感覚障害が起きたり下肢運動障害が起こるケースがある。乳児期には表出しない身体の成長に伴う症状であるので，3歳児健診，5歳児健診時のチェックポイントである。

②　排便や排尿の機能　　1歳6か月児健診では判断が難しいこともあるが，早めに気づくことが望ましい。3歳児健診や5歳児健診時に聞き取りをしっかりとすることで，排尿排便障害から二分脊椎の発見につながるケースもある。便秘や下痢の頻度などは保護者のみならず保育者などの記録の活用など，関係する支援者の連携が有効となる。

（3）第3群　骨・筋肉レベルの疾患に起因する障害
－進行性筋ジストロフィー

ここでは，乳幼児健診で確認できる症状をもつ型，日本人に多い型という観点から，「デュシェンヌ型」と「福山型」のチェックポイントを記す。

1）デュシェンヌ型

①　3歳児健診・5歳児健診時における歩行異常の有無　　「走りが遅い」「転びやすい」「階段の昇降時には手すりが必要」などの事項をチェックする。

②　ふくらはぎの異常な太さ（仮性肥大）の有無　　これらのチェックにより血液検査を受け，診断につながることがある。

2）福山型

①　首のすわり　　筋肉の力が弱く，首のすわりが遅い。通常は平均すると3〜4か月だが，福山型の平均は8か月といわれている。よって，6か月児健診時にはまだ首がすわっていないことが多い。

②　座位の保持　　通常は平均すると7か月で座位が保てるようになるが，福山型は2歳前後のケースが多いといわれている。よって，6か月児健診，1歳児健診，1歳6か月児健診時にはまだ座位が保てないことが多い。

③　知的な発達状態　　福山型は知的な発達に遅れがみられる。

④　顔面筋罹患　　顔面の筋肉が著しくやわらかく筋力が弱いため，表情に乏しく，口はポカンと開けていて他児と比べて流涎が多くみられる。頬はふっくらとしている。

⑤　ばんざい時の肘の状態　　座位がとれるようになった子どもに，座った状態で「ばんざい」をするように要求した際に，肘が伸びて十分に高く上がるかどうかをチェックする。筋力が弱く，肘が曲がったままになり高く腕が上げられない。

⑥　足の関節の拘縮　　尖足の有無，足を床についた状態のときに踵が浮い

流　涎
よだれが口から流れ出ている状態。

150

ていないかどうか，**開排**の有無をチェックする（3歳児健診で行う。1歳6か月児健診では筋ジストロフィーでなくてもみられることがある）。

開　排
仰向けで寝たときに足が＜＞の形に開いている状態。

これらのチェックにより異常が発見された場合には，保護者への以下の働きかけが重要である。

・専門の医療機関の受診の指導や療育の案内
・身体機能（特に咀嚼機能，嚥下機能）を考慮した摂食・栄養指導
・家庭における安全な環境整備や事故防止についての指導・相談

2 児童発達支援事業所

（1）法的位置づけ

2012年の児童福祉法の改正により，それまでは障害種別に分かれていた療育の場（「知的障害児通園施設」「肢体不自由児通園施設」「難聴幼児通園施設」など）が「児童発達支援事業所」「児童発達支援センター」に再編された。この改正で厚生労働省は「障害のある子どもが身近な地域で適切な支援が受けられるように，従来の障害種別に分かれていた施設体系が一元化」されることを目的として示しており，地域性を重視した再編であることが読み取れる。

（2）児童発達支援事業所と児童発達支援センターの違い

児童発達支援事業所は未就学の障害児に対する通所による支援を行う事業所であり，市町村に登録されている。児童発達支援事業所の設置者は，市町村，社会福祉法人，特定非営利法人，株式会社などで，児童発達支援センターに比べて数が多い。一方，児童発達支援センターは児童発達支援事業の内容（通所による利用者支援）に加え，「地域の障害児やその家族への相談」「障害児を預かる施設への援助・助言」の機能をもつ，児童福祉法で定められた児童福祉施設の一つである。地域の中核的な療育支援施設と位置づけられている。よって児童発達支援センターの数は児童発達支援事業所の数と比べると少なく，設置者も市町村や社会福祉法人のケースがほとんどである。その中で，医療の提供の有無によって医療型児童発達支援センターと福祉型児童発達支援センターに分かれている。

（3）実態と課題

地域性を前面に出した2012年の児童福祉法改正ではあったが，実態としては医療を必要とする肢体不自由児を受け入れている施設は非常に少なく，いまだ長距離の通園を余儀なくされているケースがある。体力的な問題を抱えている子どものほうが，通園に体力と時間をかけなければばらないという問題がある。

肢体不自由の子どもを児童発達支援センターに通所させようと保護者が考え

ていたが，保護者が第二子を妊娠したために遠距離の送迎が難しくなり通所を諦めざるをえなくなった事例もある。専門性の保障ということが地域性とともに求められており，その課題が解消されていない地域があるということである。

　また，児童発達支援事業所は療育環境の設置基準もなく，かつ非常に少ない職員で認可されるため，事業指定が非常に取りやすい状況にある。そのため全国で急増し，その活動実態は多様化しており，必ずしも十分な専門性を有している事業所ばかりではないという問題もある。

（4）療育内容（活動内容）

　児童発達支援事業所の具体的な療育内容（活動内容）について，一日の流れに沿って記す。

9：00	登園，保護者からの連絡事項の確認，着替え，おむつ交換やトイレットトレーニング，健康状態の確認
9：30	自由あそび，子どもの様子の観察 　あそびを通してスキンシップも交えながら，子どもの精神状態の把握と安定を図っていく。
10：00	朝の会 　友だちに興味・関心を向ける，また友だちの関心事と自分の関心事とのつながりを感じるなど，社会性の芽が育まれるような支援を行う。
10：30	小集団での活動（主活動と称されることが多い） 　大きな流れ（例えば買い物ごっこ，音楽など）を設定することが多いが，その中でも課題（ねらい）は子ども一人ひとりにあったものとすることが望ましい。
11：15	おむつ交換やトイレットトレーニング 給食準備 　調理室から運んだ給食を，子どもの実態に合わせて，フードプロセッサーなどを用いて食べやすい，誤嚥しにくい食形態にする。 　経管栄養が必要な子どもがいれば，その準備をする。
11：45	給食，摂食介助，服薬，歯磨き
13：00	自由あそび 　一人ひとりの子どもの興味・関心のあるあそびが深まるように寄り添いながらかかわる。 　友だちと興味・関心の重なる事柄・要素について探る。
14：00	帰りの会，降園 個別プログラム

3　療育期の発達支援

　就学前の肢体不自由児の発達支援の場としては，児童発達支援事業所，児童発達支援センターのほかに，現在では通常の保育所，幼稚園，認定こども園で受け入れられているケースも増えてきている。要因としては国や自治体の通知などによりインクルーシブな考え方が少しずつ広がってきていることもあるが，一方，地方においては少子化により各園が園児数を確保しようと努めていることもあげられる。2016年3月に厚生労働省により発表された調査によると，就学前の身体障害児の「日中活動の場」は表4−2のような結果となっている。

（1）保育所，幼稚園，認定こども園での発達支援

　入園案内などで「障害児保育」を掲げている場合でも，その実態はさまざまである。その対応を大まかに分類すると以下のようになる。

①　園の現状は変えずに，障害のある子どもがその状況に適応できる場合のみ受け入れる。入園後にその子どもが適応できないと判断すると退園を迫る。

②　基本的には園全体の状況や担任によるクラス活動は変えずに，障害のある子どもの担当者（園ではフリーの先生，副担任の先生などと呼ばれていることが多い）に対応が任せられている。担当者がその子どもがクラスでの活動にできるだけ取り組めるように特別な配慮・支援を行う（例えば製作活動の際に紙を切る作業を手伝うなど）。

③　担任の先生を含めたレベルで，所属する学級全体での配慮がされている。いわゆるクラス全体の活動が既決されていて，それへの「適応」ができるように「フリーの先生」「担当者」が工夫するという上記②の対応のみではなく，学級全体の環境や活動を工夫・創造する。

④　クラスだけではなく園全体で，その子どもの特性を踏まえた環境構成や活動への配慮が行われている。

　上記①や②は「はじめに子どもありき」ではなく「はじめに活動内容ありき」の状態で子どもにそのことへの「適応」を求めるという考え方である。②は①よりも，適応できるようにていねいにかかわろうとしているが，根底の方針は同じである。一方，③や④は，障害のある子どもも含めた懐の深い日常を創造

表 4−2　就学前の身体障害児の日中活動の場

自　宅	保育所	幼稚園	通園施設	その他
34.4%	32.8%	16.4%	11.5%	4.9%

出典）厚生労働省：平成18年身体障害児・者実態調査結果，2016.

しようという基本姿勢がある。それが「学級」という範囲内のものか，それとも園全体という範囲のものかという点で③と④は異なる。

　例えば④の事例としては次のようなものがある。

> 【事例】○くん（男児，4歳）
> 　幼稚園の年中組のときに入院して片足を切断する手術を受けた○くんが幼稚園に戻ってきた。
>
> 　その園では例年，年中組までは1階の教室で過ごし，年長組になると2階の教室になるという慣例があった。しかし○くんが年中組の間に片足を切断することになったことを知り，園長の判断で○くんが復帰する次年度の年長組の教室は1階にして，年中組が2階の教室を利用するという配慮を行った。
>
> 　この案を園長が提案した際に，一部の教諭から次のような意見が出された。「1人だけのためにほかの子ども全員を巻き添えにする，迷惑をかけるのはいかがなものか」「ほかの年中組の子どもたちは，年長さんになったら2階の教室に行けることを楽しみにしている」「2階の教室に上がることで，自分たちはお兄さん，お姉さんになったという自覚も芽生える」。
>
> 　これらの意見に対する園長の応答は次のようであった。「お兄さん，お姉さんになったことの自覚が芽生える方法は，教室を2階に上げるという方法しかないのか」。

　この問題に対しては，次の二つの観点から考えることが有用であろう。ひとつは代替の方法の有無。もうひとつはどの程度の「迷惑」なのか。

　上記の事例ならば，自分たちがお兄さん，お姉さんになったという自覚をもつことは，教室の階を上げるという方法以外にも存在する。よって代替の方法があるということである。一方，片足を切断した子どもが2階の教室になってしまうと自由遊びの時間に園庭には出にくくなる（このケースでは医師から「階段の上り下りが義足を使用するための特段の練習とはならず，むしろ義足を使う練習をするためには，転倒の危険性を考えるとまずは平らな安全な場所から始めたほうがよい」という意見書もあった）。このニーズに対して，教室を1階にしなくてもすむ代替の方法として「エレベーターを設置する」ということは，経済的な事情などから負担が著しく困難である。つまりこちらのニーズには代替の支援方法が見あたらない。

　「ニーズが高い」という表現があるが，その意味は次の二つの意味で使われている。まずひとつ目として「ニーズをもっている人の人数が多い」という意味である。そしてもうひとつは「そのニーズに応じた支援が行われなかった際のマイナスが大きく，また代替の方法がない」場合にも「ニーズが高い」とい

う表現が使われる。

　ほかの子どもたちが自分たちはお兄さんやお姉さんになったと自覚するためには「教室を2階に上げること」以外にも，「縦割り保育を行うこと」「年下の子どもの面倒をみる機会をもつこと」などで，その自覚を促すことは可能である。つまり代替の方法があるため上記の後者の意味でのニーズは高いとはいえない。一方，足が不自由な子どもが自由に園庭に出るためにエレベーターを設置することは現在不可能であり代替の方法がないということから，教室を1階にすることは後者の意味でのニーズは高いといえる。

　通常の園で障害のある子どもを受け入れる場合に，この「ニーズが高い」という表現には二つの意味があるということ，特に後者の意味を意識しないと，障害のある子どもは「少数派」として排除されることになりかねない。

（2）施設による発達支援

　施設，特に児童発達支援センターには保育士のほかに，理学療法士（PT），作業療法士（OT），言語聴覚士（ST）などが勤務しているケースがあり，多職種における支援を行うことができるのが大きな特徴である。多様な専門性と子どもを中心に据えたチームとしての総合力の発揮が期待される。

　一般的には通常の保育所などと比べると少人数で細かい部分にまで目が届きやすく，その子どもの困り感や課題の把握や個別対応も行いやすい環境がある。また小集団の中で，友だちとのかかわり合いを通して育ち合う部分にも目を向けた取り組みが多くの施設で行われている。

　療育内容の大まかな一日の流れについては本節2の（4）に示したが，ここでは障害児発達支援事業所でのひとつの取り組みの具体例について詳述する。

【事例】Pくん（男児，5歳）
　　けい直型脳性まひで自力での立位はできない。発声はあるが発音が不明瞭。

　はじめは個別プログラムで「身体の機能訓練」として立位保持装置を用いて立位になる時間を設定していた。日常の活動を通してQ先生と信頼関係を築いていった。Q先生は自由あそびの時間などでのかかわりからPくんがボールに興味をもっていることに気づいた。自由あそびの際にボールをPくんが腕で押すと転がっていき，それをPくんは目で追っていた。

　Pくんは個別プログラムの立位の時間は当初，あまり好きではなかった。その理由は，床に横になっているときも自力での移動は困難なものの，立位保持装置にいわば「はまった」状態になってしまうと，移動という観点からするとさらに自由がきかなくなってしまうからと推測できた。そこでQ先生は，「立位になってよかったとPくんが思えることはないか」

「Pくんの好きなことでつながることはないか」と考え，「立位の状態での
ボールあそび」を取り入れていった。

　立位保持装置に備えつけてあるテーブルの上にボール（ハンドボールく
らいのサイズのゴム製のボール）を置き，それをPくんが集中して伸ばした
腕をゆっくりと動かしてボールに触れる。するとボールはテーブルの上か
ら落ちて転がっていく。床にいたときと比べると「ボールが弾む」「遠く
まで転がる」「勢いがある」など，Pくんにとっては「おもしろい！」と
思える要素がたくさんあった。さらにQ先生が「Pくん，先生がせっか
くテーブルの上に乗せたのを落とさないで！」と笑顔で語りかけたり，「う
わーっ，Pくんのボールが先生にあたった〜！　やられた〜！」とオー
バーに倒れてみたりと，楽しみ方のバリエーションを増やしていった。

　そのような取り組みを重ねるうちにPくんは腕をとても積極的に動か
すようになり，さらに「とって」「ボール，二つ」「あたった」など，さま
ざまなことばをみずから口に出し，その明瞭度も高くなっていった。

「やらされている訓練」ではなく，生活やあそびの中に潜んでいるその子ど
もの課題を伸ばすきっかけとなる事柄と，子どもの興味・関心とを結びつけて
いくことが，非常に有効かつ重要である。

　さらに施設が重視していることとしては保護者への支援があげられる。就学
前特有の問題として，保護者の障害受容の問題がある。

保護者の障害受容に向けた心理の過程
「ショック⇨否認⇨悲しみと怒り⇨適応⇨再起」
（M.H. クラウス，J.H. ケネル，1985）[1]

　就学前の施設や保育所などの保護者には，「適応」の段階で留まっているケー
スも少なくない。「当たり前の社会，環境」が既決されていて，いかに適応を
目ざすかという発想に留まっており，その子どもに合った環境を準備，創造し
ていくという視点がもてていない，あるいはそのような視点をもつことへのた
めらいを感じている保護者に出会うことがある。そのようなケースでは，障害
も含めて丸ごと子どもを受け止めて，その子どもなりの幸せを求めていくとい
う「再起」に向けた支援が，就学前の保護者への支援として求められる。

演習課題

1.　幼稚園の年中組の女の子で，二分脊椎のため排尿や排便のコントロールが難しくおむつをしている幼児に対して，同じクラスの友だちが「まだおむつをしている」「年少さんだってもうおむつしていない」と指摘したとき，保育者としてどのような対応ができるか，考えてみよう。

2.　肢体不自由と聴覚障害の重複障害の児童が，児童発達センターを利用している。聴覚特別支援学校に進学が決まり，県内に1校しかないため，保護者は片道2時間の送迎をすることとなった。弟が1歳で認定こども園に通っており，これまでは15時30分に迎えにいっていたが，送迎のため18時まで預かってほしいと園に伝えたところ，保護者が就労していないことから，「保育に欠ける状態」とみなされず，断られた。このことについて保護者から相談を受けた児童発達センターはどのようなことができるか，考えてみよう。

引用文献

1）M.H.クラウス，J.H.ケネル：親と子のきずな（竹内徹・柏木哲夫・横尾京子訳），医学書院，p.334，1985.

参考文献

・愛知県あいち小児保健医療総合センター：愛知県母子健康診査マニュアル 第9版，2011.
・群馬県HP「児童発達支援センター」.
https://www.pref.gunma.jp/02/d4200202.html（最終閲覧：2020年11月5日）.
・群馬県HP「指定児童発達支援事業所」.
https://www.pref.gunma.jp/02/d4200201.html（最終閲覧：2020年11月5日）.
・厚生労働省：平成18年身体障害児・者実態調査結果，2018.
・厚生労働省：児童発達支援ガイドライン，2018.
・新潟県福祉保健部・新潟県医師会：乳幼児健康診査・保健指導の手引き 改訂第5版，2014.
・一般社団法人日本筋ジストロフィー協会HP.
https://www.jmda.or.jp/（最終閲覧：2020年11月5日）.
・日本脊髄外科学会HP「二分脊椎」.
http://www.neurospine.jp/original35.html（最終閲覧：2020年11月5日）.

❷　卒業後の発達・社会生活支援

1 キャリア教育

(1) キャリア教育とは

　中央教育審議会（文部科学省，2011）は「今後の学校におけるキャリア教育・職業教育の在り方について（答申）」において，キャリア教育を「一人一人の社会的・職業的自立に向け，必要な基盤となる能力や態度を育てることを通して，キャリア発達を促す教育」と定義した。この答申において，キャリアは「人が，生涯の中で様々な役割を果たす過程で，

　自らの役割の価値や自分と役割との関係を見いだしていく連なりや積み重ね」とされ，いわゆる職業履歴，仕事そのものをさす「ワークキャリア」ではなく，職業生活を含むさまざまな生活場面で個人が果たす役割を踏まえた働き方や生き方をさす「ライフキャリア」としてとらえられている。

　また，キャリア発達は「社会の中で自分の役割を果たしながら，自分らしい生き方を実現していく過程」であるとされた。すなわち，キャリア教育とは，定められた能力を育てる教育ではなく，段階を追って発達していくさまざまな能力や態度を育てることによりキャリア発達を促す教育であるといえる。

　この答申を受け，2012 年に文部科学省生涯学習政策局政策課は「『社会的・職業的自立，社会・職業への円滑な移行に必要な力』について」(提言)の中で，キャリア教育はさまざまな教育活動を通じ，基礎的・汎用的能力を中心に育成するとした。基礎的・汎用的能力とは「人間関係形成・社会形成能力」「自己理解・自己管理能力」「課題対応能力」「**キャリアプランニング能力**」の４能力をさす。答申で示された社会的・職業的自立，社会・職業への円滑な移行に必要な力」の要素を図4−1に示す。

　この答申を踏まえて，文部科学省は「小学校キャリア教育の手引き〈改訂版〉」「中学校キャリア教育の手引き」「高等学校キャリア教育の手引き」を作成した。これらの手引きでは「基礎的・汎用的能力」の育成のポイントを，キャリア教育で育む「自己形成」と「関係形成」の内容として，図4−2のように整理している。

(2) 学習指導要領におけるキャリア教育の位置づけ

　現学習指導要領において，「キャリア教育は児童又は生徒の調和的な発達の支援，生徒の発達を支える指導の充実」として記されており，教育課程を編成

キャリアプランニング能力
「働くこと」の意義を理解し，自らが果たすべきさまざまな立場や役割との関連を踏まえて「働くこと」を位置づけ，多様な生き方に関するさまざまな情報を適切に取捨選択・活用しながら，自ら主体的に判断してキャリアを形成していく力。

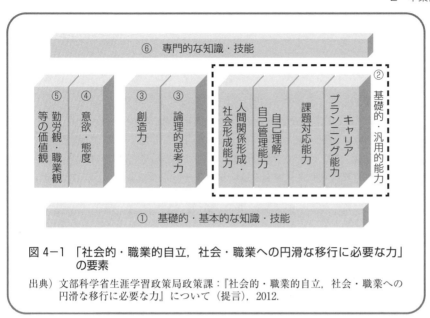

図4-1 「社会的・職業的自立，社会・職業への円滑な移行に必要な力」の要素

出典）文部科学省生涯学習政策局政策課：『社会的・職業的自立，社会・職業への
円滑な移行に必要な力』について（提言），2012.

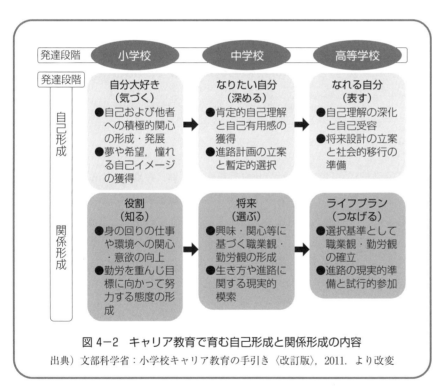

図4-2　キャリア教育で育む自己形成と関係形成の内容

出典）文部科学省：小学校キャリア教育の手引き〈改訂版〉，2011．より改変

するうえで，小・中・高等学校と特別支援学校小学・中学・高等部は同一の目標を掲げている。

児童又は生徒の調和的な発達の支援（第１章　総則　第５節）

１（３）児童又は生徒が，学ぶことと自己の将来とのつながりを見通しながら，社会的・職業的自立に向けて必要な基盤となる資質・能力を身に付けていくことができるよう，特別活動を要としつつ各教科等の特質に応じて，キャリア教育の充実を図ること。その中で，中学部においては，生徒が自らの生き方を考え主体的に進路を選択することができるよう，学校の教育活動全体を通じ，組織的かつ計画的な進路指導を行うこと。

文部科学省「特別支援学校小学部・中学部学習指導要領」，2017.

教育課程の編成（第１章　総則　第２節）

第５款　１　生徒の調和的な発達を支える指導の充実

　（３）生徒が，学ぶことと自己の将来とのつながりを見通しながら，社会的・職業的自立に向けて必要な基盤となる資質・能力を身に付けていくことができるよう，特別活動を要としつつ，各教科・科目等又は各教科等の特質に応じて，キャリア教育の充実を図ること。その中で，生徒が自己の在り方生き方を考え主体的に進路を選択することができるよう，学校の教育活動全体を通じ，組織的かつ計画的な進路指導を行うこと。

文部科学省「特別支援学校高等部学習指導要領」，2019.

　小・中学校におけるキャリア教育は教育課程上，特別活動に位置づけられており，学級活動で「一人一人のキャリア形成と自己実現」として取り扱うこととされている。特別支援学校小・中学部においては，次に示す小学校学習指導要領，中学校学習指導要領と同一の目標を掲げている。また，高等学校においては職業に関する各教科・科目において指導することとされており，特別支援学校高等部も同様である。

各活動・学校行事の目標及び内容（第６章　特別活動　第２）

〔学級活動〕２　内容

（３）一人一人のキャリア形成と自己実現

　　ア　現在や将来に希望や目標をもって生きる意欲や態度の形成

　　イ　社会参画意識の醸成や働くことの意義の理解

　　ウ　主体的な学習態度の形成と学校図書館等の活用

文部科学省「小学校学習指導要領」，2017.

各活動・学校行事の目標及び内容（第5章　特別活動　第2）
〔学級活動〕2　内容
(3) 一人一人のキャリア形成と自己実現
　　ア　社会生活，職業生活との接続を踏まえた主体的な学習態度の形成と学校図書館等
　の活用
　　イ　社会参画意識の醸成や勤労観・職業観の形成
　　ウ　主体的な進路の選択と将来設計

文部科学省「中学校学習指導要領」，2017.

教育課程の編成（第1章　総則　第2款）
3 (7) キャリア教育及び職業教育に関して配慮すべき事項
　　ア　学校においては，第5款の1のに示すキャリア教育及び職業教育を推進するために，
　生徒の特性や進路，学校や地域の実態等を考慮し，地域や産業界等との連携を図り，産業現場
　等における長期間の実習を取り入れるなどの就業体験活動の機会を積極的に設けるとともに，
　地域や産業界等の人々の協力を積極的に得るよう配慮するものとする。

文部科学省「高等学校学習指導要領」，2018.

(3) 肢体不自由特別支援学校におけるキャリア教育

　肢体不自由特別支援学校におけるキャリア教育は，基本的には特別支援学校学習指導要領に基づいて進められる。しかし，特別支援学校の教育においては，小学校，中学校，高等学校等における教育には設けられていない特別の指導領域である「自立活動」が設けられているため「自立活動」の内容と関連させてキャリア教育を考える必要がある。

　知的障害のある児童生徒のキャリア発達について，国立特別支援教育総合研究所[1]が「キャリアプランニング・マトリックス（試案）」を提案している。多くの特別支援学校で，このキャリアプランニング・マトリックスを活用してキャリア教育を進めているが，肢体不自由特別支援学校の児童生徒の障害特性に応じているとはいえない。さらに，肢体不自由特別支援学校では障害が重度重複化，多様化し，医療的ケアを要するなど，多様な障害状況の児童生徒が在籍しており，個々に応じたキャリア教育の検討が求められている。諏訪（2013）[2]は表4-3のように「生きる力」に基づいて具体的な指導内容を「肢体不自由特別支援学校におけるキャリア教育の指導内容」として整理している。この指導内容には，「健康の維持・増進」「障害の理解・軽減・克服」といった肢体不自由の障害特性に応じた項目が含まれている。

キャリアプランニング・マトリックス
（試案）
知的障害のある児童生徒のキャリア発達を支援する枠組みで，キャリア発達の段階を小学・中学・高等部各段階で育てたい力が示されている。

表4－3　肢体不自由特別支援学校におけるキャリア教育の指導内容

健康の維持・増進	コミュニケーション手段の確立
学力・認識力の育成	豊かな感情・感性の育成
障害の理解・軽減・克服	自主性の育成
基本的生活習慣の確立	作業能力の向上
社会性の育成	家庭生活力の向上

出典）諏訪肇：肢体不自由教育におけるキャリア教育の源流：障害の重い子どもの授業づくり Part5—キャリア発達をうながす授業づくり（飯野順子編著），ジアース教育新社，pp.42-46，2013.

2　社会的自立・就労

　　表4－4は，特別支援学校中学部卒業生（2018年）の進路状況である。肢体不自由特別支援学校の中学部卒業生1,698人のうち，97.6％にあたる，1,657人が特別支援学校高等部へ進学している。また，卒業後すぐに就職している人は1人もいない。

　　同じく，表4－5は，特別支援学校高等部（本科）卒業生（2018年）の進路状況である。肢体不自由特別支援学校の高等部卒業生1,841人のうち，進学者は43人（2.3％），教育訓練機関等47人（2.6％），就職者111人（6.0％），社会福祉施設等入所・通所者1,575人（85.6％），その他65人（3.5％）となっている。中学部卒業後の進路先は進学者が多かったが，高等部では社会福祉施設等が圧倒的に多い。また，就職者は全体の約6.0％にすぎない。各障害種別の特別支援学校の卒業生における就職者の割合においても，肢体不自由特別支援学校が一

表4－4　特別支援学校（中学部）2018年3月卒業者の進路状況

区　分	卒業者	進学者	教育訓練機関等	就職者	社会福祉施設等入所・通所者	その他
計	10,491 人 （100.0％）	10,322 （98.4）	21 （0.2）	4 （0.04）	62 （0.6）	82 （0.8）
視覚障害	177 （100.0）	174 （98.3）	－	－	1 （0.6）	2 （1.1）
聴覚障害	402 （100.0）	400 （99.5）	－	－	－	2 （0.5）
知的障害	7,881 （100.0）	7,780 （98.7）	14 （0.2）	3 （0.04）	29 （0.4）	55 （0.7）
肢体不自由	1,698 （100.0）	1,657 （97.6）	2 （0.1）	－	24 （1.4）	15 （0.9）
病弱・ 身体虚弱	333 （100.0）	311 （93.4）	5 （1.5）	1 （0.3）	8 （2.4）	8 （2.4）

※上段は人数，下段は卒業者に対する割合。四捨五入のため，各区分の比率の計は必ずしも100％にならない。
※義務教育学校後期課程を含める。中等教育学校の特別支援学級はない。
出典）文部科学省初等中等教育局特別支援教育課：特別支援教育資料，2020.

番低い割合になっている。

　障害のある人が，生涯にわたり自立し，社会参加をしていくためには，企業などへ就労し，給料をもらい，職業的な自立を果たすことが大切である。しかし，肢体不自由特別支援学校高等部卒業生の進路状況からは，就労する人が少なく職業的な自立を果たすことが困難な状況がうかがえる。

　それでは，肢体不自由者の社会的自立や就労を支援するためにはどうしたらよいのだろうか。まずは，肢体不自由者も活躍できる仕事内容を考えていく必要がある。例えば，データ入力などの事務職やアニメーション動画の色塗りなど，ICT を活用した仕事などがあげられる。また，在宅でも可能な勤務形態なども考えられる。さらに，最近では，遠隔操作ロボットを活用して，肢体不自由者が接客をする「分身ロボットカフェ」などの取り組みが行われている。しかし，まだこのような取り組みはほんの一部で行われているにすぎない。今後，肢体不自由者が職業的な自立を果たすことができる就職先や雇用の拡大が求められる。

　次に，一般就労とまではいかないものの，障害者総合支援法における**就労継続支援 A 型事業**の活用などが考えられる。職業能力はあるが，人間関係などの環境要因から一般就労が難しい人が対象で，必要以上に負担をかけることなく，精神・生活面のサポートが期待できる。また，企業に近い環境での一般就労に向けた職業訓練が期待できるだけでなく，労働者としての身分も保障される，**福祉的就労**分野における唯一の事業である。全国の A 型事業所は 3,768 事業所，利用者は 6 万 8,801 人である（2017 年 12 月現在）[3]。肢体不自由者の社会

就労継続支援 A 型事業
通常の事業者雇用が困難な障害者に就労機会を提供することで，知識・能力向上に要する訓練を行う。福祉契約と同時に労働契約を結び，最低賃金を支払うのが原則。
契約を結ばず利用するものは B 型。

福祉的就労
福祉サービスを利用して就労することをさす。この場合の福祉サービスとは就労移行支援就労継続支援 A 型，および B 型である。

表 4−5　特別支援学校（高等部本科）2018 年 3 月卒業者の進路状況

区　分	卒業者	進学者	教育訓練機関等	就職者	社会福祉施設等入所・通所者	その他
計	21,657 人 (100.0%)	427 (2.0)	342 (1.6)	6,760 (31.2)	13,241 (61.1)	887 (4.1)
視覚障害	290 (100.0)	90 (31.0)	10 (3.4)	47 (16.2)	125 (43.1)	18 (6.2)
聴覚障害	492 (100.0)	193 (39.2)	20 (4.1)	192 (39.0)	68 (13.8)	19 (3.9)
知的障害	18,668 (100.0)	76 (0.4)	241 (1.3)	6,338 (34.0)	11,267 (60.4)	746 (4.0)
肢体不自由	1,841 (100.0)	43 (2.3)	47 (2.6)	111 (6.0)	1,575 (85.6)	65 (3.5)
病弱・身体虚弱	366 (100.0)	25 (6.8)	24 (6.6)	72 (19.7)	206 (56.3)	39 (10.7)

※上段は人数，下段は卒業者に対する割合。四捨五入のため，各区分の比率の計は必ずしも 100%にならない。
出典）文部科学省初等中等教育局特別支援教育課：特別支援教育資料，2020.

的自立や就労を考えるにあたり，このような就労継続支援事業を活用し，将来の就労に結びつけていくような取り組みが必要である。

　加えて，肢体不自由者の就労を促進するためには，教育，福祉，労働，医療などの関係機関が連携して施策を講じ，就労を支援していく必要がある。

3　思春期・青年期の心

　人の心の発達については，諸説があるが，市川によると，「0〜1歳の乳児期，1〜6歳までの幼児期，6〜11歳までの小児期（児童期とも呼ばれている），10〜23歳までの青年期，23〜30歳までの成人前期（後青年期），30〜65歳までの成人期（中年期），65歳以上の老年期」[4] に大きく分類することができる。この分類を参考にすると，中学生や高校生，そして高等学校や特別支援学校高等部を卒業した生徒の心は，おおよそ30歳くらいまで青年期の状態にあることが推測される。青年期は，小児期と成人期の間に位置し，子どもから大人に至るまでの段階，言い換えれば，成熟に至るまで前段階の状態にある時期だといえる。

　青年期と同様に，この時期のことを思春期ともいうが，「思春期と言うときは主として青年の身体的・性的成熟に焦点が合わされるのに対し，青年期と言うときは性的成熟以外の心理的・社会的成熟も念頭において，より全体的に，より広い観点でみている」ときに用いられることばである[5]。

（1）思春期・青年期の特徴

　青年期の特徴としては，身体面では第二次性徴が訪れ，体格もだんだんと大人らしくなり，身長も伸び，それとともに体重も増える時期でもある。男子は声変わりしたり，ひげが濃くなったり，性毛が生えたり，射精などの身体的変化がみられる。また女子は，乳房が発達したり，性毛が生えたり，体つきが全体的に丸みを帯びてきて，初潮などの身体的変化がみられる。このように，青年期は，今までの子どもの身体から大人の身体に成熟する，身体的な変化や性的成熟が著しくみられる時期である。一方，心理面でも第二次反抗期が始まり，親と距離を置き始め，自己主張しようとする自覚をもつ時期である。自己主張しようという気持ちと親に頼らざるをえない現実の中で，自身の心が激しく揺れ動く時期でもある。また，この時期には，自分自身への探求心が強くなり，「自分はどのような人間なのか」「自分は何をするために生まれてきたか」などを自身に問い，その答えを見つけようとする時期でもある。そのため，本当の自分とほかの人から見られる自分についてとても気になる時期でもある。鏡に自分の姿を投影して容姿を気にしたり，ほかの同年齢の友人と自分を比較したり，他人からのちょっとしたことばで一喜一憂して，自分自身を強く意識

する様子もみられる。青年期は，他人と自分を比較することで，自信をもった
り，劣等感を抱いたりして，心が激しく動揺する時期でもある。

　このような，青年期の心のあり様の中，青年期の心理面での大きな課題とし
ては，アイデンティティ（自我同一性）の確立があげられる。アイデンティティ
とは，市川によれば，「人格における同一性があり，現在を生き生きと生きて
いるという実感があり，しかも自分が所属している社会で受け入れられてい
るという感覚を持てること」[4]である。また，市川は，「青年期にアイデンティ
ティをしっかりと確立できないことと，境界型人格障害，統合失調症，ひきこ
もり，薬物依存などとの間には関係があるのではないかと言われている」[4]と
も述べている。このように，「生きている実感」と「社会で受け入れられてい
るという感覚」を自分自身でもてるかどうかが，青年期の心においては大切な
課題であるといえる。

（2）思春期・青年期における支援のあり方

　それでは，そのような青年期にいる，肢体不自由者の支援や対応はどのよう
に行うべきだろうか。人としての発達は，運動機能の困難がある，なしにかか
わらず進んでいく。まずは，肢体不自由者にも，青年期が訪れること，いつま
でも幼児期，小児期にある子どもではないこと，一人の人格のある青年だとい
うことを周囲の支援者が理解することが，支援の第一歩であると考える。した
がって，青年期はどのような人にも平等に訪れることを，最初に周囲の支援者
が理解しておくことが大切である。

　さて，前述したように，肢体不自由者にとっても，青年期には，身体的・性
的成熟がみられる。例えば，昨年新調したばかりの車椅子や装具などが，この
1年の間にもう身体に合わなくなり，また，新たに購入しなければならなくな
ることもよくある。そのような場合に，当事者の青年のこの1年の身体の発達
や成長を素直に喜べるのか，それとも費用がかかることに落胆するのか，周囲
の支援者の一つひとつの応答でも青年の心は一喜一憂することを理解する必要
がある。

　同様に，身体的な成長に伴って，身体の拘縮や変形が進むこともあり，本人
が不安になったり，悩んだりすることもある。このような場合には，本人が信
頼のおける人や相談できる人や場所（電話や電子メールなども含めて）の存在を
あらかじめ本人に伝えておく必要がある。前述したように，特に，第二次反抗
期の場合には，親以外の信頼のおける人の存在が重要となる。

　次に，性的成熟に関しては，その人の基本的人権を尊重したかかわりが大切
である。あらかじめ，第二次性徴の知識と対応を肢体不自由者自身が学んでお
くことや，支援する側も自分が生活をする中で基本的に相手にしてほしくない
ことは行わない，本人のプライバシーを尊重するなどの配慮や対応をすること

が重要である。肢体不自由者は，困難さのために，自分の思うような動作ができないことが多々あり，支援者に頼らざるをえないことも多くあることが推測される。そのような場合にも，本人の基本的人権を尊重しながら，対応や支援を行うことが大切である。また，この考え方は，いわゆる重度・重複障害，重症心身障害のある人に対しても同様な考え方で対応や支援を行う必要がある。

心理面においては，青年期は，親をはじめとした大人への反抗がみられる時期であり，肢体不自由者にも第二次反抗期がみられる。肢体不自由者は，「親から自立して一人で活動したい」「友だちと楽しみたい」と思っているにもかかわらず，介助や支援が必要なためにそれができず，自己主張しようという気持ちと親に頼らざるをえない葛藤の中で，自身の心が激しく揺れ動く時期を過ごすことも多い。そのような中，時には，本人が自分一人で活動できる場を設定したり，本人の意思に基づいて，自己主張できる場や，社会の中で自己実現を果たせる機会を設けたりすることが大切である。

青年期における最大の課題である，アイデンティティの確立については，肢体不自由者についても，私たちと同様に考えていく必要がある。青年期は自分自身に関心が向き始める時期でもあるので，特に，運動機能に困難があることで，自分のやりたいことやかなえたい夢が実現できず，自己実現が図れず，移動や動作において他人の力に頼らざるをえないことで，自信をなくしたり，自分自身の存在価値について悩む人も多い。肢体不自由者が，自分自身の生きがいをみつけ，他者と接することで自分の存在価値を認識できるような機会を設

コラム　重度障害者の自立生活運動

かつて，重い障害のある人たちは大規模施設やコロニーで生活することが最善であると考えられていた。1959年にデンマークのバンク・ミケルセンは障害者が地域で生活する「ノーマライゼーション」の理念を政策に反映させ，1960年代にはこの理念がスウェーデンや米国に広がった。米国では1970年代に，エドワード・ロバーツが地域での生活を目ざして，初の「自立生活センター（Center for Independent Living：CIL）」をつくり，この活動が「自立生活運動」として広がり，重度身体障害者の中から自立生活を目ざすものが出はじめ，米国各地に自立生活センターがつくられた。日本では1981年にエド・ロングが来日し，自立生活運動の理念が伝えられた。こうした自立生活運動は当事者らが主体となって進められ，CILは自立生活プログラム，ピアカウンセリングなどに取り組んでいる。海老原[6]は地域で自立生活をしている人工呼吸器ユーザー支援に当事者としてかかわる中で，「重度障害者が家族に依存せずに地域で生きられること，医療的ケアの必要な人が医療従事者の管理下に置かれなくても地域で生きられること」などは，「社会の仕組みを整えることで，すべての障害者が平等にあたりまえに享受するはずのもの」としている。

けたい。そのためには，社会の中で活動の場を広げ，自分自身で移動できるようなバリアフリー環境を整備し，車椅子バスケットボールチームのような社会参加できる場を設定することが大切である。

演習課題

1. 特別支援学校のキャリア教育を考えるうえで，関連して考える必要のある指導領域についてまとめてみよう。
2. 肢体不自由者の社会的自立や就労を促進するために考えるべきことについてまとめてみよう。
3. 青年期（思春期）にいる肢体不自由者の心理的な課題についてまとめてみよう。また，その課題に対してどのように対応していく必要があるか考えてみよう。

引用文献

1）独立行政法人国立特別支援教育総合研究所：特別支援教育充実のためのキャリア教育ガイドブック，ジアース教育新社，p.49，2011.
2）諏訪肇：肢体不自由教育におけるキャリア教育の源流：障害の重い子どもの授業づくり Part5—キャリア発達をうながす授業づくり（飯野順子編著），ジアース教育新社，pp.26-47，2013.
3）日本発達障害連盟編：発達障害白書 2019 年版，明石書店，2019.
4）市川宏伸：思春期のこころの病気，主婦の友社，2002.
5）「青年期」．世界大百科事典 15，第 2 版，p.404，平凡社，1988.
6）海老原宏美・海老原けえ子：まぁ，空気でも吸って一人と社会：人工呼吸器の風がつなぐもの，現代書館，2015.

参考文献

・文部科学省生涯学習政策局政策課：『社会的・職業的自立，社会・職業への円滑な移行に必要な力』について（提言），2012.
・文部科学省：小学校キャリア教育の手引き〈改訂版〉，2011.
・文部科学省：中学校キャリア教育の手引き，2011.
・文部科学省：高等学校キャリア教育の手引き，2011.
・文部科学省初等中等教育局特別支援教育課：特別支援教育資料（平成 30 年度），2020.

❸　家族・家庭支援

1　地域生活を支える子どもの意思決定支援

（1）子どもの意思決定支援

　子どもの地域での暮らしは，本人を中心とした意思決定支援により導かれる。

ユニセフ
UNICEF
国際連合児童基金。世界の子供たちのための国連機関。

　子どもの権利については，1989年11月20日に**ユニセフ**により採択された「子どもの権利条約」が参考になる。子どもの権利条約は，子どもの基本的人権を国際的に保障するために定められた条約である。日本は，1994年にこの条約に批准した。その内容は，「18歳未満の児童（子ども）を権利をもつ主体と位置づけ，おとなと同様ひとりの人間としての人権も認めるとともに，成長の過程で特別な保護や配慮が必要な子どもならではの権利も定めている」（日本ユニセフ協会）。

　子どもの権利条約において，子どもの権利は，大きく四つに表現された。

1. 生きる権利
2. 育つ権利
3. 守られる権利
4. 参加する権利

　また，子どもの権利条約には一般原則（表4-6）も示されている。この条約からもわかるように，暮らしの中で，子どもの意見は尊重される。

表4-6　「子どもの権利条約」一般原則

- 生命，生存及発達に対する権利（命を守られ成長できること）
  すべての子どもの命が守られ，もって生まれた能力を十分に伸ばして成長できるよう，医療，教育，生活への支援などを受けることが保障されます。
- 子どもの最善の利益（子どもにとって最もよいこと）
  子どもに関することが行われるときは，「その子どもにとって最もよいこと」を第一に考えます。
- 子どもの意見の尊重（意見を表明し参加できること）
  子どもは自分に関係のある事柄について自由に意見を表すことができ，大人はその意見を子どもの発達に応じて十分に考慮します。
- 差別の禁止（差別のないこと）
  すべての子どもは，子ども自身や親の人権，性別，意見，障害，経済状況などどんな理由でも差別されず，条約の定めるすべての権利が保障されます。

出典）日本ユニセフ協会HP

さらに，次のように意思決定には三つのステップがあるとされている。

1. 「決める」という体験や経験
2. 意思決定に必要な情報を得て活用
3. 決めた意思を表明

みずからの希望する暮らしを実現するために，情報，体験・経験，意思表明を育ちの中で支援される必要がある（コラム　意思決定支援について参照）。

子どもの意思決定支援には，合理的配慮，本人理解に対する支援者の観点，決定するために必要な情報自体の提供について留意が必要とされる。また，本人にわかりやすい手段の活用，**ベストインタレスト（最善の利益）**の判断などについても工夫が必要である。

ベストインタレスト（最善の利益）
その子どもにとって最もよいこと（日本ユニセフ HP より）。

（2）地域での暮らしを支える施策

日本は医療技術が目覚ましく進展したことから，特に近年は，福祉施策の中で手厚い配慮が必要とされる重症心身障害児に加え，医療的ケア児と呼ばれる呼吸器などの高度医療機器や技術に命を守られ暮らす子どもたちの増加が報告されている。

日々の暮らしの中で困り感をもち支援を必要とする子どもが地域での暮らしをより暮らしやすくしていくためには，さまざまな観点で解決策が考えられる。肢体不自由のある子どもの背景を細かく分析すると，医療的ケア，小児慢性特定疾病，重症心身障害，内部疾患，さらに知的な遅れや発達障害の重複，被虐待，ひきこもりなど，その子どもによって必要とされる支援が異なる。し

コラム　意思決定支援について

2014 年度障害者総合福祉推進事業「意思決定支援の在り方並びに成年後見制度の利用促進の在り方に関する研究」で，イギリスが施行した「2005 年意思能力法」の 5 大原則が引用された。

① 能力を欠くと確定されない限り，人は，能力を有すると推定されなければならない。

② 本人の意思決定を助けるあらゆる実行可能な方法が功を奏さなかったのでなければ，人は，意思決定ができないとは見なされてはならない。

③ 人は，単に賢明でない判断をするという理由のみによって意思決定ができないと見なされてはならない。

④ 意思決定能力がないと評価された本人に代わって行為をなし，あるいは，意思決定するにあたっては，本人のベスト・インタレスト（最善の利益）に適うように行わねばならない。

⑤ そうした行為や意思決定をなすにあたっては，本人の権利や行動の自由を制限する程度がより少なくてすむような選択肢が他にないか，よく考えなければならない。

たがって，地域で暮らしを支える資源は，教育・保健・医療・福祉と分野も多岐にわたる。

2015年，厚生労働省は，障害児支援のあり方や質の向上をどのように図っていくかについて，保護者の**レスパイト**や就労支援の観点，福祉と医療・教育などの関係機関との連携，障害福祉計画における位置づけなどを視点とし，検討した。

18歳未満の障害児が利用可能な児童福祉法，障害者の日常生活及び社会生活を総合的に支援するための法律（以下，障害者総合支援法）によるサービス体系は表4−7となる。

また，表4−7以外にも，子ども・子育て支援制度など，子どもの困り感に合わせ多様な施策や資源の活用が必要とされる（表4−8）。

2018年度の障害者総合支援法改正において，新たに，重度心身障害児などの重度の障害児などであって，児童発達支援などの障害児通所支援を受けるために外出することが著しく困難な障害児を対象とした「居宅訪問型児童発達支援」が加わった。

このように多くの資源や情報が，子どもと家族が希望する未来に向けての意思決定支援に沿ったものであるために，全体をマネジメントする機能が重要となる。

児童福祉法，障害者総合支援法のサービス利用に際しては，**相談支援専門員**がサービスなど利用計画を作成し，その案に子どもや保護者が合意することで計画が実施されることが必須となった。また，教育・医療の専門機関と一体的な支援を実施できるよう相談支援専門員が連携することが評価されるような仕組みもつくられた。

このように，地域生活を支える児童福祉法に基づくサービス利用については，大人と同様，都道府県および市町村において障害児福祉計画を策定するなど，サービスの提供体制を計画的に確保することとなった。

レスパイト
休息，小休止。
医療的ケアが必要な子どもをもつ家族が，一時的に養育から解放され，リフレッシュする。休息をとるなど，家族のためのケアを意味する。

相談支援専門員
障害児者の自立した生活を支え，障害児者の抱える課題の解決や適切なサービス利用に向けて，ケアマネジメントにより自立した日常生活，社会生活を営むことができるよう障害福祉サービスなどの利用計画（サービス等利用計画，障害児支援利用計画）の作成や地域生活への移行・定着に向けた支援，住宅入居等支援事業や成年後見制度利用支援事業に関する支援など，全般的な相談支援を行う。対象は，精神障害・知的障害・身体障害・発達障害・高次脳機能障害の児者，難病，小児慢性特定疾病，前記に該当しなくても医師が必要であると認めた児である。

表4-7　障害児が利用可能な支援の体系

	サービス名	内　容	根拠法
訪問系	居宅介護 （ホームヘルプ）	自宅で入浴，排泄，食事の介助などを行う	障害者 総合支援法
訪問系	同行援護	重度の視覚障害のある人が外出するとき，必要な情報提供や介護を行う	障害者 総合支援法
訪問系	行動援護	自己判断能力が制限されている人が行動するときに，危険を回避するために必要な支援，外出支援を行う	障害者 総合支援法
訪問系	重度障害者等 包括支援	介護の必要性がとても高い人に，居宅介護など複数のサービスを包括的に行う	障害者 総合支援法
訪問系	居宅訪問型児童 発達支援	居宅を訪問し，日常生活における基本的な動作の指導，知的技能の付与などの支援を行う	児童福祉法
日中活動系	短期入所 （ショートステイ）	自宅で介護する人が病気の場合などに，短期間，夜間も含めて施設で，入浴，排泄，食事の介護などを行う	障害者 総合支援法
障害児 通所系	児童発達支援	日常生活における基本的な動作の指導，知識技能の付与，集団生活への適応訓練などの支援を行う	児童福祉法
障害児 通所系	医療型児童発達支援	日常生活における基本的な動作の指導，知識技能の付与，集団生活への適応訓練などの支援および治療を行う	児童福祉法
障害児 通所系	放課後等 デイサービス	授業の終了後または休校日に児童発達支援センターなどの施設に通わせ，生活能力向上のために必要な訓練，社会との交流促進などの支援を行う	児童福祉法
障害児 通所系	保育所等訪問支援	保育所などを訪問し，障害児に対して，障害児以外の児童との集団生活への適応のための専門的な支援などを行う	児童福祉法
障害児 入所系	福祉型障害児入所施設	施設に入所している障害児に対して，保護，日常生活の指導および知識技能の付与を行う	児童福祉法
障害児 入所系	医療型障害児入所施設	施設に入所または指定医療機関に入院している障害児に対して，保護，日常生活の指導および知識技能の付与ならびに治療を行う	児童福祉法
相談支援系	計画相談支援	【サービス利用支援】 ・サービス申請にかかる支給決定前にサービスなど利用計画案を作成 ・支給決定後，事業者などと連絡調整などを行い，サービスなど利用計画を作成 【継続利用支援】 ・サービスなどの利用状況などの検証（モニタリング） ・事業所などとの連絡調整，必要に応じて新たな支給決定などにかかる申請の勧奨	障害者 総合支援法
相談支援系	障害児相談支援	【障害児利用援助】 ・障害児通所支援の申請にかかる給付決定の前に利用計画案を作成 ・給付決定後，事業者などと連絡調整などを行うとともに利用計画を作成 【継続障害児支援利用援助】 ・サービスなどの利用状況などの検証（モニタリング） ・事業所などとの連絡調整，必要に応じて新たな支給決定などにかかる申請の勧奨	児童福祉法

出典）厚生労働省社会保障審議会障害者部会（第70回）資料1-1「障害児支援について」平成27年9月9日．より筆者加筆

表4−8　子育てを支える機関・制度

小児科	子どもの専門医。医療機関の規模や機能によって機能が異なる部分がある。近隣にかかりつけ医がいると急な体調不良に対応可能
児童発達支援センター	福祉型と医療型があり，就学前の子どもと家族を支援する
療育センター	障害のある子どものための医療療育相談機関。専門外来を備え，リハビリテーション・短期入所ができる
リハビリテーション	医学的・心理学的な指導，機能訓練。PT・OT・ST・臨床心理士など専門職による支援を受ける
診療所	通院が困難なときは医師が自宅へ来る。診察・相談・薬の処方・予防接種・気管カニューレや胃瘻などの交換・検診などを行う
訪問看護ステーション	医師の指示の下，自宅に派遣された看護師に子どもの医療的なケアや子育てについても相談できる。医療保険で派遣され自己負担分は医療費助成制度の対象の場合もある（地域ごとに異なる）
ファミリーサポートセンター	乳幼児や小学生などの子育て中の保護者を会員として子どもの預かりなどの援助を受ける希望と提供する希望を相互に連絡調整する
地域子育て支援拠点	地域の身近なところで交流や相談ができる
子育て短期支援	平日の夜中や短期間の宿泊など保護者が保育できない場合を支援する
放課後児童クラブ	保護者が昼間家庭にいない児童（小学生）が放課後に過ごすことができるようにする取り組み

(3) 学習支援，きょうだい支援，就労支援

　子どもが大人になり自立して社会的に暮らしていけるようになるためには，多くの視点が必要である。上記にあげた日々の支援に加え，介護する保護者やきょうだいなど家族に対する支援も必要とされる。

　対象者が小児慢性特定疾病ではあるが，自立支援に必要な視点の参考となるので，事業に関する厚生労働省の図を示す（図4-3）。

○幼少期から慢性的な疾病に罹患していることにより，自立に困難を伴う児童等について，地域支援の充実により自立促進を図るため，都道府県，指定都市，中核市，児童相談所設置市において，自立支援事業を実施。
○医療費助成とともに児童福祉法に規定されており，義務的経費として国が事業費の半分を負担している。

【実施主体】都道府県・指定都市・中核市・児童相談所設置市
【国庫負担率】1／2（都道府県・指定都市・中核市・児童相談所設置市 1／2）
【根拠条文】児童福祉法第19条の22，第53条
【予算額】令和元年度予算額：923百万円

＜必須事業＞（第19条の22 第1項）

相談支援事業

＜相談支援例＞
・自立に向けた相談支援
・療育相談指導
・巡回相談
・ピアカウンセリング　等

小児慢性特定疾病児童等自立支援員

＜支援例＞
・関係機関との連絡・調整及び利用者との橋渡し
・患児個人に対し，地域における各種支援策の活用の提案 等

＜任意事業＞（第19条の22 第2項）

療養生活支援事業	相互交流支援事業	就職支援事業	介護者支援事業	その他の自立支援事業
ex ・レスパイト 【第19条の22第2項第1号】	ex ・患児同士の交流 ・ワークショップの開催　等 【第19条の22第2項第2号】	ex ・職場体験 ・就労相談会　等 【第19条の22第2項第3号】	ex ・通院の付き添い支援 ・患児のきょうだいへの支援　等 【第19条の22第2項第4号】	ex ・学習支援 ・身体づくり支援等 【第19条の22項第5号】

図4-3　厚生労働省　小児慢性特定疾病児童自立支援事業

2　医療的ケアなどで健康を支える

（1）子どもの地域包括ケアシステム構築

　地域包括ケアは，高齢期を迎えて介護が必要になり最期を迎えるときも「住み慣れた地域で」という希望を実現する仕組みとして構築されてきた。そのアイテムは四つであり，医療，介護，住まい，介護予防あるいは生活支援である。おおむね中学校校区，住まいの30分圏内で整備されることを想定している。その全体をマネジメントする相談機能が地域包括支援センターであり，個別のケアプランはケアマネジャーが担う。この四つのアイテムは子どもや特に医療的ケアが必要な子どもにも必要であるとされ，「子どもの地域包括ケア」という考え方が広がっている。

　しかし子どもは高齢者に比べ，システムを維持するには圧倒的に数が少ない。また小児医療や医療的ケア児にかかわる人たちは，在宅療養において，医療・療育・教育・短期入所などを地域だけで完結できることは少なく，広域の専門病院・特別支援学校・療育センターなどを利用することがほとんどであるため，地域包括ケアシステムの四つの助（自助・互助・共助・公助）についての考え方・関係性を理解することになじみがないのが現実である。

　子どもの支援の特徴として図4-4に示すように，地域と広域をつなぐコーディネーターの役割は重要で，それを担う人材の育成が急務となる。

　以上のようなことから医療的ケアコーディネーターや相談支援専門員と訪問

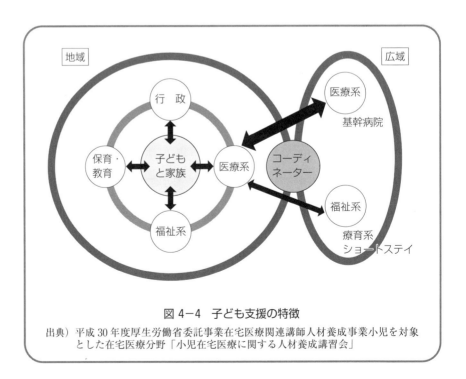

図4-4　子ども支援の特徴

出典）平成30年度厚生労働省委託事業在宅医療関連講師人材養成事業小児を対象とした在宅医療分野「小児在宅医療に関する人材養成講習会」

看護師，地域の看護師，学校看護師が連携を図り，チーム支援を可能にするために法整備が進められている。

　地域包括ケアシステムを構築するためには，医療的ケアを実施できる人材を一人でも多く育成し，本人に合わせたケアが提供できることとそのケアが安全であることが重要なポイントである。そのためにはふだんから健康レベルを向上させるために家庭を訪問して予防的なかかわりや，成長・発達に合わせケアを発展させていくような看護介入が必要である。この項では，訪問看護について述べる。

(2) 訪問看護とは

　看護師等が在宅療養生活を送っている人の家を訪問して看護を行うサービスを訪問看護という。訪問看護には，病院や診療所などの医療機関からの訪問と，訪問看護ステーションからの訪問とがある。職種はさまざまで，理学療法士（PT），作業療法（OT），言語聴覚士（ST）が看護業務の一環として機能訓練を提供したり，看護補助者の同行もある。管理者は保健師または看護師で，健康保険法の指定を受ける場合は助産師も含む。

1）訪問看護制度のあらまし

　1991年老人保健法などの一部改正によって老人訪問看護制度が創設され，1992年4月老人訪問看護ステーションからの訪問看護が開始された。1994年には健康保険法の一部改正により高齢者医療対象外の在宅難病児者，障害児者などにも訪問看護サービスを提供できるようになった。2000年には介護保険法が実施され，訪問看護は介護保険の中で唯一のサービスとして介護保険と医療保険の両方で利用可能なサービスとなった。

2）訪問看護を必要としている子どもたち

　小児の訪問看護では，子どもの育ちと成長・発達支援をしていくことを目的とし，医療機器管理や医療的ケア，家族ケア，時には留守番看護などを提供している。

　訪問看護を必要としているのは，以下のような子どもたちである。

① 周産期に関連した疾患のある子ども

② 出生直後から医療処置を継続する子ども

③ 外科的治療前後の子ども

④ 慢性疾患のある子ども

⑤ 重症心身障害児

⑥ 終末期にある子ども（小児がん・遺伝子疾患など）

⑦ 乳児期以降の発病や事故，虐待

⑧ 不適切な養育環境にいる子ども

３）訪問看護の仕組み

　主治医より訪問看護指示書の交付を受けた看護師等が，主治医と利用者と相談して立案した訪問看護計画を主治医に提出して，訪問看護がスタートする。実施内容については，おおむね１か月ごとに看護師等が主治医に報告書を提出する。訪問看護の継続にあたっては，適切なモニタリングや看護計画の見直しが行われる。小児の訪問看護は通常は週に３日で，１日１回の訪問である。ただし厚生労働大臣が定める疾病等（表4-9），特別管理加算の対象者（表4-10）と特別指示期間は，週に４日以上，１日複数回の訪問を受けることができる。

　訪問看護の医療費の利用料金は１〜３割負担で，乳幼児医療や小児慢性特定疾病医療費助成，指定難病医療費助成，重度障害者医療費助成などが適応される。実費負担として各ステーションが設定している料金には，訪問看護にかかわる交通費や日常生活上必要な物品の費用，訪問看護と連続して行われる死後の処置費用などがある。

　訪問看護ステーションが提供できるサービスとして療養通所介護，（看護）小規模多機能型居宅介護があり，主に介護保険で医療依存度が高い利用者に対し，通いや泊り訪問などを一体的に提供している。それらの事業に対し2018

表 4-9　特掲診療料の施設基準等・別表第７（厚生労働大臣が定める疾病等）

① 末期の悪性腫瘍	⑩ 多系統萎縮症（線条体黒質変性症，オリーブ橋小脳萎縮症及びシャイ・ドレーガー症候群）
② 多発性硬化症	
③ 重症筋無力症	
④ スモン	⑪ プリオン病
⑤ 筋萎縮性側索硬化症	⑫ 亜急性硬化性全脳炎
⑥ 脊髄小脳変性症	⑬ ライソゾーム病
⑦ ハンチントン病	⑭ 副腎白質ジストロフィー
⑧ 進行性筋ジストロフィー症	⑮ 脊髄性筋萎縮症
⑨ パーキンソン病関連疾患（進行性核上性麻痺，大脳皮質基底核変性症及びパーキンソン病〔ホーエン・ヤールの重症度分類がステージ３以上であって生活機能障害度がⅡ度又はⅢ度のものに限る〕）	⑯ 球脊髄性筋萎縮症
	⑰ 慢性炎症性脱髄性多発神経炎
	⑱ 後天性免疫不全症候群
	⑲ 頸髄損傷
	⑳ 人工呼吸器を使用している状態（夜間無呼吸のマスク換気は除く）

表 4-10　特掲診療料の施設基準等・別表第８（特別管理加算の対象者）

① 在宅悪性腫瘍等患者指導管理若しくは在宅気管切開患者指導管理を受けている状態にある者又は気管カニューレ若しくは留置カテーテルを使用している状態にある者
② 在宅自己腹膜灌流指導管理，在宅血液透析指導管理，在宅酸素療法指導管理，在宅中心静脈栄養法指導管理，在宅成分栄養経管栄養法指導管理，在宅自己導尿指導管理，在宅人工呼吸指導管理，在宅持続陽圧呼吸療法指導管理，在宅自己疼痛管理指導管理又は在宅肺高血圧症患者指導管理を受けている状態にある者
③ 人工肛門又は人工膀胱を設置している状態にある者
④ 真皮を越える褥瘡の状態にある者
⑤ 在宅患者訪問点滴注射管理指導料を算定している者

年度の介護報酬改定で共生型と呼ばれる仕組みが新設された。共生型とは介護保険事業所の一部が障害児者福祉サービスを提供できる仕組みで，障害者の通所サービス（生活介護・自立訓練）と障害児通所サービス（児童発達支援，放課後等デイサービス）に加え，（看護）小規模多機能型居宅介護では短期入所が併設可能である。

　訪問看護ステーションは子どもの利用状況やその情報について利用者や家族の同意を得て情報提供をする仕組みをもち，診療報酬として算定対象になっている。情報提供する先は市区町村のみであったが，2018年度から保険医療機関などや義務教育諸学校も対象となった。これは小児の訪問看護の実施にあたり学校との連携が重要であることを踏まえたものであるが，入学または転学時の当該学校に初めて在籍する月に限るとされており，状態が変化するであろう子どもたちの情報共有の必要性を考えると，継続した情報提供が必要と思われる。

4）小児の訪問看護への期待

　小児の地域包括ケアシステム構築が推進されるようになった理由として，医療的ケア児の急増があげられる。医療的ケア児と一言でいっても，歩行可能な子もいれば軽度の知的・発達障害がある子ども，障害のない子どもから重症心身障害児まで，障害の程度や病態が多様である。医療的ケア児はこの10年で約2倍となり，在宅人工呼吸指導管理料算定を受けている小児患者（20歳未満）は10倍に増加した。それに伴い小児の訪問看護利用者数も増加し，10年間では小児の訪問看護利用者は6倍になっている。この傾向はさらに進むと予測され，今後ますます小児の訪問看護の需要は高まっていくと考えられる。

3　放課後等デイサービス

（1）児童福祉制度の変遷

　2002 年度までは，児童福祉法は，「措置制度」であった。措置とは，施策の実施主体である都道府県や市町村などの行政が，サービスの利用先や内容などを決めていたため，強制的な運用の印象がぬぐえなかった。「親が面倒をみるのはあたりまえ」という価値観の下，放課後や夏休みも預け先がなくて，仕事を辞めたという話も聞かれた。

　2003 ～ 2005 年において，支援費制度の導入により，移動支援（外出の付き添い）や未就学児や学齢児を対象とした児童デイサービスが創設された。放課後の活動場所ができたが，住む地域による格差が指摘されていた。

　2006 ～ 2011 年には，障害者自立支援法・児童福祉法による日中一時支援，障害児相談支援，**行動援護**も活用し，社会参加が促進された。事業所の幅が広がってきたが，ひとり親世帯などには１割負担が重いとの意見もあった。

　2012 ～ 2015 年，障害者総合支援法・児童福祉法の改正により，主に未就学児を対象とした児童発達支援，保育所等訪問支援，それまでの障害児通所施設と児童デイサービスが**放課後等デイサービス**等となり，主に学齢児を対象として再編された。利用時間が重なっているが放課後や長期休暇中の日中時間帯に，施設などで一時預かりする日中一時支援とは役割が異なっている。

（2）放課後等デイサービスの利用実態

　放課後等デイサービスの利用実態につい図4−5，図4−6 に示す。

　図4−5 a から１週間あたりの利用回数については，まばらであることがわかる。図4−5 b から利用する理由や目的が「発達支援」「生活の幅を広げる」といった子どもの成長・発達本位な理由が上位を大きく占めている。また，「学習」支援，「福祉的な支援に慣れさせる」といった将来の社会生活において投資的な役目を期待していることもわかる。他方，「放課後に世話できる人がいない」「保護者の休養」といった現代の家族や地域の実態を反映する回答も確認できる。

　図4−6 においては，放課後デイサービスが 2012 年度に創設されて以降，利用者・費用・事業所数が大幅に増加していることがわかる。反面，質の低さや利潤追求が問題となり，放課後等デイサービスガイドラインが示され，質の担保への試みが始まっているという現状がある。

　放課後等デイサービス以外の資源として，発達支援を希望している場合には，**保育所等訪問支援**も注目に値する。この事業は，保育所等や幼稚園だけでなく，学校での利用も可能となっている。派遣される職種によっては，学校での配置が難しい臨床心理士や理学療法士（PT）なども可能である。

行動援護
知的または精神障害により行動上著しい困難を有する人などであって常時介護を要する人で，障害支援区分３以上で，認定調査項目のうち行動関連項目など（12 項目）の合計点数が 10 点以上（児童にあってはこれに相当する支援の度合）である人が対象。行動する際に生じうる危険を回避するために必要な援護，外出時における移動中の介護，排泄および食事などの介護その他の行動する際に必要な援助を受ける。

放課後等デイサービス
就学中（幼稚園・大学を除く）の障害児に対し，授業の終了後または休業日に，生活能力の向上のために必要な訓練，社会との交流の促進を行う。障害者手帳の有無は問わず，医師等により療育の必要性が認められた児童も対象となる。利用申請は，在住市町村の担当窓口で，世帯所得に応じた負担金がある。

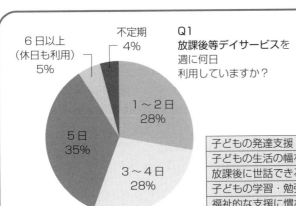

保育所等訪問支援
障害児が集団生活を営む施設を訪問し，障害児以外の児童との集団生活に適応することができるよう障害児の身体および精神の状況ならびにその置かれている環境に応じて適切かつ効果的な支援を行うものである。支援には専門家である訪問支援員があたる。訪問先は，保育所等・幼稚園・学校・その他児童が集団生活を営む施設として地方自治体が認めたもの（放課後児童クラブ）であったが，現在は，乳児院・児童養護施設も加わった。

Q1
放課後等デイサービスを
週に何日
利用していますか？

| 6日以上（休日も利用）5% |
| 不定期 4% |
| 1〜2日 28% |
| 5日 35% |
| 3〜4日 28% |

a

Q2
放課後等デイサービスを
利用する理由や
目的は何ですか？
（最大3つまで）

子どもの発達支援	144
子どもの生活の幅を広げる	128
放課後に世話できる人がいない	50
子どもの学習・勉強	35
福祉的な支援に慣れさせる	31
子どもが希望している	30
保護者の休養	24
役所などで勧められた	6
周囲が利用している	5
学校などで勧められた	3
その他	8

b

図4-5　放課後等デイサービスの利用日数と期待する役割

出典）全国手をつなぐ育成会連合会：『手をつなぐ』2016年5月号「家族・地域・社会の中での育ち子どもたちの今」「放課後等デイサービスどんなふうに使っていますか？」.

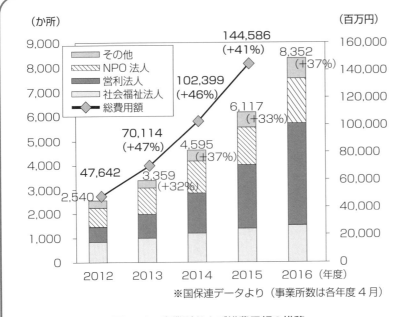

図4-6　事業所および総費用額の推移

出典）厚生労働省：第1回児童発達支援に関するガイドライン策定検討会　資料4，平成28年11月28日.

　就学前から就学後への連携についてかねてから課題が指摘されているが，保育所等訪問支援で就学前にかかわったスタッフが就学後の担当教員と連携することも可能となる。

（3）子どもは地域の宝

　制度や資源を考えると，学校での場面，放課後といった大きな枠組みにとらわれてしまうが，子どもたちにとっては，「家庭」と「学校」だけではない「第三の居場所」が発達の面からも重要である。放課後等デイサービスは，まさにその時間や役割にあたる。

　支援の目的として「自立（自律）」があげられることが多いが，経験の豊かさによって行動や人間関係の広がりが生まれる。

　放課後等デイサービスがかなえられる支援を改めて認識し，地域の宝である子どもたちをともに育み，子どもとその家族も支えられることが必要である。

コラム　放課後等デイサービス－変わりゆく制度の中で

　これまでの流れを振り返ると，肢体不自由のある子どもたちにとって，児童福祉法・障害者総合支援法で利用できるサービスは地域生活の支えとなっている。児童の支援については，徐々にサービス基盤が整備されてきた一方で，放課後等デイサービスが突出した形で進んできた。

　結果，都道府県および市町村はていねいなニーズ調査の下，障害児福祉計画を策定し，質・量ともに必要な資源を整えるために数値目標を設定することとなった。

　2013年4月の改正においては，放課後等デイサービスを行う新規事業所指定が停止される可能性も示唆されるほどであった。

　2018年4月，改正障害者総合支援法において，利用実態が障害の軽い子どもに偏っていたことから，障害程度の勘案が盛り込まれ，利用時間の長さによって事業所に対する介護報酬が設定され，基本単価は下げられた。

障害者総合支援法の改正年表
2006年4月　障害者自立支援法施行
2012年4月　改正障害者自立支援法（「つなぎ法」）
2013年4月　障害者総合支援法（自立支援法から名称変更）施行
2018年4月　改正障害者総合支援法施行

演習課題

1. 子どもの権利条約ができるまで，世界でどのような流れがあったか調べてみよう。
   また，日本が批准してから，子どもの権利を守ろうという動きにどのようなものがあったかについても調べてみよう。
2. 国は，いろいろな仕組みを準備している。専門分野において業務をセクションごとに実施することで，責任の所在は明確になるが，非効率に陥る縦割りの弊害が生じるとの指摘も受けている。このような事態に対し，2016年6月3日「医療的ケア児の支援に関する保健，医療，福祉，教育等の連携の一層の推進について」という文書（通知）が厚生労働省の医政局，雇用均等・児童家庭局，社会・援護局障害保健福祉部と，内閣府子ども・子育て本部，文部科学省初等中等教育局から出された。このように多省庁・多機関にわたる文書は初めてのことである。各省庁・機関から出された，この文書について調べてみよう。
3. 気管切開が必要な医療的ケア児は訪問看護を1週間に何日利用できるか調べてみよう。
4. 医療保険における訪問看護利用料金の医療費助成にはどのようなものがあるかまとめてみよう。
5. 放課後等デイサービスの活動内容にはどのような実践例があるか，調べてみよう。

参考文献

[1]・日本ユニセフ協会HP
www.unicef.or.jp（最終閲覧：2019年9月30日閲覧）.
・文部科学省：平成22年9月6日特別支援教育の在り方に関する特別委員会（第3回）配布資料「資料3：合理的配慮について」.
・厚生労働省HP「障害児支援について」.
https://www.mhlw.go.jp/file/05-Shingikai-12601000-Seisakutoukatsukan-Sanjikanshitsu_Shakaihoshoutantou/0000096740.pdf（最終閲覧：2019年9月30日）.
[3]・全国手をつなぐ育成会連合会：『手をつなぐ』，2016年5月号，2018年3月号.

④ 医療機関との連携

1 医療が必要な子どもたちの相談窓口とサービス

　障害者の在宅支援では，市町村の相談窓口，医療・福祉サービスが行われるが，家族は毎日の介護の大変さなどのため情報源に接することは乏しい。さまざまな制度を知っていることで必要な医療・福祉サービスの窓口につなぐことができる。

　障害児を養育しながらの家庭生活は，想像以上に大変である。子どもを抱えて役所や病院をいくつも回る苦労，体調を崩しやすいため，いつでも入院できる準備をしながらの毎日，家族やきょうだいについ我慢をさせてしまう心苦しさ，自身も病気を抱えながら介護する家族の大変さ。しかしながら病院からの退院時には，こんな生きにくさの多い社会に親と子どもを送り出さなければならない。医療・福祉サービスで該当するものはもれなく申請しサービスを最大限に利用し，併せて，何の遠慮もなくサービスが受けられるよう，家族を心理的にも支援したい。

（1）在宅支援相談窓口

　各市町村の福祉担当課所属の母子担当保健師は，医療と福祉をつなぐコーディネーター役を果たしてくれる。こういう子どもが地域にいるということを知ってもらうためにも，障害児のいる家庭では必ず母子担当保健師に連絡して情報を伝える。障害者手帳や手当給付担当は別の課であるなど行政は縦割りが多いが，これらを横糸でつないでもらう。

　市町村が行っている**相談支援事業**の相談支援専門員には，社会資源の情報提供や助言をしてもらい，個別のサービス利用計画書（支援の週間プログラム）作成を依頼できる。相談支援専門員は関係機関との連絡調整から権利擁護までさまざまな支援を行っている。

相談支援事業
障害のある人が自立した日常生活，社会生活を営むことができるよう，障害福祉サービスなどの利用計画の作成や地域生活への移行・定着に向けた支援などを行う。

（2）医療サービス
1）医療費助成

　障害児や医療的ケア児は，定期的な通院のほかに，しばしば入院する必要があったり，処方薬が多種類に及ぶなど，医療費（医療保険適用後の自己負担金）が高額になりがちである。そのため，障害や疾病に対する医療費の公費負担制度が種々設けられている。障害児の場合，成長して乳幼児医療費助成制度の対

象から外れるとかなりの負担となるため，それ以外の医療費助成の申請を考慮する。以下はすべて市町村の保健福祉担当課が窓口となっている。

①　**乳幼児医療費助成（小児医療費助成・子ども医療費助成など）**　乳幼児や小児の入院と通院の医療費が全額助成され，窓口負担がない（自治体によって所得制限や年齢上限，一部500円程度の自己負担額あり）。

②　**心身障害者医療費助成**　重度障害の子どもの保険診療費を全額または一部助成する。窓口でいったん支払い，3〜4か月後に口座振込みされる。

③　**自立支援医療**　精神通院医療はてんかん，知的障害，自閉症の診断で薬物療法を行うときに用いる。育成医療は身体に障害がある18歳未満の子どもで，手術などの治療を行うことで障害の除去または軽減が見込まれる場合に用いる。更生医療は身体障害者手帳をもつ18歳以上の人が，障害の程度を軽減する目的の医療を受ける際に用いる。医療保険による自己負担は，通常の3割負担が1割となる。

④　**小児慢性特定疾病医療費助成制度**　2015年に制度の改正が行われ，対象疾病が514疾病から704疾病へ拡大され，現在は762疾病となっている（2019年7月改正）。外来・入院とも自己負担は2割で，世帯の所得に応じて上限額が設定されている。人工呼吸器等装着者は一律1,000円の定額である（生活保護受給者を除く）。レノックス・ガストー症候群，ミトコンドリア病，レット症候群（神経筋疾患），慢性肺疾患，気管支拡張症，気道狭窄，先天性中枢性低換気症候群（呼吸器疾患）などで申請できる。

⑤　**指定難病医療費助成事業**　原因不明，治療方法未確定な難病患者に対する医療費助成制度が，新たな難病対策として始まった2015年では110疾病が対象であったが，2019年7月現在の指定難病は333疾病となっている。小児慢性特定疾病同様に，外来・入院とも自己負担は2割で，世帯の所得に応じて上限額が設定されている。人工呼吸器等装着者は一律1,000円の定額である（生活保護受給者を除く）。

2）在宅療養指導管理料

在宅で行う人工呼吸器や気管切開などの指導管理と，機器や消耗物品の提供を医療保険の診療報酬で行う。人工呼吸器と酸素療法など複数の場合は，最も高い指導管理料の点数をひとつだけ算定する。人工呼吸器加算や人工鼻加算などは必要なすべてを算定できる。消耗物品であるカテーテルやYガーゼなどの衛生物品も，この中で可能な限り提供する。

3）訪問看護

医療的ケア児と家族にとって，医療面の不安を軽減してくれる医療従事者の存在は大きく，子どもの在宅生活の安定に訪問看護師の果たす役割は大きい。

診療報酬では，入院中に退院に向けてのカンファレンスを行った場合は，退院時共同指導加算を算定することができる。人工呼吸器装着の患者などでは，

試験外泊時の訪問看護基本療養費（Ⅲ）も算定でき，在宅移行準備が行いやすくなった。

（3）福祉サービス

1）手　帳

身体障害者手帳（身障者手帳）は，各市町村の障害者福祉担当課から診断書用書類を入手し，肢体不自由・内部障害などそれぞれの指定医師を受診して記入してもらった後，担当課へ提出する。年金や手当，補装具や日常生活用具の給付，各種税金の控除，公共（交通）料金の割引や減免，自動車燃料費助成などが得られる。

療育手帳は，知的障害の程度によって，重度（A）とそれ以外（B）に区分されている。自治体で独自に細分化している場合もある。給付や減免は身障者手帳に順ずる。

重度（A）：①知能指数がおおむね35以下で，次のいずれかに該当する者（食事・着脱衣・排便・洗面等日常生活の介助を要する，もしくは異食・興奮などの問題行動を有する）。②知能指数がおおむね50以下で，盲・ろうあ・肢体不自由等を有する者。それ以外(B)：重度（A）の者以外。

2）手　当

「特別児童扶養手当」と「障害児福祉手当」は，発達の遅れや診断がはっきりしたら，ただちに市町村の担当課（家庭健康課など）へ申請する。乳幼児でも，また，手帳を所持してなくとも申請できる。小児科，内科，整形外科，精神科などの医師（医師の指定はない）が診断書を作成できる。特別児童扶養手当の月額給付額は，1級（重度）で52,500円，2級（中度）で34,970円となっている。障害児福祉手当は，最重度障害で常時介護を必要とする子どもに月額14,880円が給付される（金額はいずれも2020年度現在）。特別児童扶養手当とも併給される。

3）日常生活用具給付

身障者手帳と小児慢性特定疾病によってさまざまな生活用具が給付されるが，それぞれ，対象年齢や基準額が決められている。肢体不自由では，特殊寝台・マット，入浴担架，移動用リフトなどである。ほかに火災警報器や自動消火器もある。ネブライザー（吸入器），電気式痰吸引器は，呼吸器機能障害3級以上，または同程度の身体障害であると医師の意見書で認められれば給付される。耐用年数がともに5年となっており，壊れてしまった場合の再給付の目安となる。家庭用と学校用が必要なときは例外的に年度をまたいで二つ給付されることもある。自治体の単独事業によっては，パルスオキシメーターも対象となる。視覚障害や神経筋疾患ではコミュニケーションエイドとして，情報意思疎通支援用具を申請できる。

知的障害
精神発達遅滞。知能指数によって，軽度（50〜69），中等度（35〜49），重度（20〜34），最重度（〜19）と分けられる。

4）福祉サービスの利用

　福祉サービスの利用は，「障害者の日常生活及び社会生活を総合的に支援するための法律（障害者総合支援法，2013年4月〜）」により，利用者か家族が市町村に申請を行い，障害の程度に応じて市町村が認定し，サービスの種類と支給量が決まる。

　よく利用されているのは，居宅介護（ホームヘルプ），短期入所（ショートステイ），日中一時支援である。ホームヘルプは身体介護，家事援助，通院介助などがあり，時間も長く利用しやすい。介護職員等による痰の吸引などの法律改正（2012年4月）により，ヘルパーによる医療的ケア（鼻口腔内・気管カニューレ内の痰の吸引，胃瘻・経鼻胃管・腸瘻からの経管栄養）が法の下に行われるようになった。

　最もニーズが高いのは，ショートステイである。介護疲れ，家族の病気，きょうだいの行事への参加，冠婚葬祭などのときに家族に代わって一時預かりをする。ほっと一息する時間を家族に提供し，在宅生活をより楽に安定したものにするという目的がある。障害児自身にも外の世界との接点，新たな経験の場，家族以外の人と過ごすなど，楽しい時間を提供する自立の場としての重要性も認識されてきた。近年，医療が必要な子どもたちのレスパイト先として，療育機関だけでなく市中の一般病院が注目されている。医療機関が福祉の役割を認識して果たすこともとても重要である。

5）相談支援専門員，医療的ケアコーディネーターの重要性

　家族がさまざまな医療や福祉サービスの中から情報を得て選択するのは負担が大きい。患者の個別性に適した医療サービス，各家庭の状況に合った福祉サービスをコーディネートしたり，行政窓口や施設利用の窓口と交渉したりする相談支援専門員，医療的ケアコーディネーターの育成が重要課題である。

2　小児在宅医療の現状と課題

（1）日本で在宅医療が推進される背景

合計特殊出生率
15 〜 49 歳までの女子の年齢別出生率を合計したもの（人口が維持されるためには 2.07 必要とされている）。

　日本の**合計特殊出生率**は左肩下がりに減少しており 2019 年は 1.36 であった。少子高齢化は，高齢者の社会保障費の増加と生産人口 1 人にかかる負担の増大として，大きな社会問題となっている。そのような中で懸念されているのが「2025 年問題」である。2025 年問題とは，第一次ベビーブームで誕生した団塊の世代が 2025 年ころまでに後期高齢者(75 歳以上)に達することにより，介護・医療費など社会保障費の急増が懸念される問題である。

　同時に，増える高齢者の数に見合った病院ベッド数を確保できない問題も起こり，リハビリテーション病床の増床や在宅医療の充実の必要性が指摘されている。

　小児科医療の現場に目を向けると，人工呼吸器装着の 2 歳の子どもが病院に入院している場合，例えば，診療報酬で小児入院医療管理料 4 を算定している病棟では 1 日につき 3,171 点と人工呼吸器装着加算 600 点が算定され，1 か月で少なくとも 1,131,300 円の費用が生じる（診療報酬 1 点 = 10 円）。一方，この子どもが在宅で過ごした場合，1 か月あたり在宅人工呼吸指導管理料 2,800 点，陽圧式人工呼吸器加算 7,480 点，酸素濃縮装置加算 4,000 点，携帯用ボンベ加算 880 点，栄養管セット加算 2,000 点の合計で，多く見積もったとしても171,600 円にしかならない。在宅医療では入院での医療費の約 15％となっている。在宅医療の充実が進められる背景には，医療費などの社会保障費抑制という課題もある。厚生労働省は在宅医療の受け皿を増やすため，24 時間態勢で診療する医療機関への診療報酬を今後も手厚くする方針である。

（2）小児科医療の課題

　日本の小児科医療の進歩は目覚ましく，新生児死亡率（出生 1,000 対）は1900 年の 79.0 人から，2018 年には 0.9 人と減少し，世界でも最小となっている。新生児集中治療室（neoratal intersive care unit：NICU）で救命された子どもたちの多くは元気に退院していくが，人工呼吸器などの医療機器が必要な子どもも少なからず増えている。

　人工呼吸器など濃厚な医療を必要とする子どもが在宅移行できずに NICUや小児科病棟に長期入院するケースが増加し，医療機関が新しい救急患者などの入院を断らざるを得ないという，いわゆる「NICU 出口問題」が 2008 年に生じた。これを受けて全国の医療機関小児科の長期入院児はいったん減少したが，また，2010 年から増加に転じている。同時に，NICU から人工呼吸器を装着したまま退院する子どもは年々増えており，その半数近くが NICU から直接自宅へ退院している。

　病院では，医者や看護師が交替してケアを行うが，自宅では周囲に医療資源も乏しく，24時間のケアをたいていは母親1人でに担うことが多い。病院や社会からみれば「出口問題」であっても，家族からみればこれから始まる「入口問題」であることを知っておく必要がある。主介護者の睡眠時間は同世代の一般より約2時間も短いことが，宮城県の調査でも明らかにされている[1]。

　気管切開や経管栄養などの医療的ケアが必要な子どもは，2017年には18,272人[2]とされ，10年前のほぼ2倍に達している。また，在宅人工呼吸療法を受けている子どもは2017年で3,483人に上り，10年間に約10倍となった。小児患者に対する訪問診療所や訪問看護ステーションなどの医療資源の育成と充実が喫緊の課題である。

(3) 小児訪問診療の実際

　濃厚な医療を必要としている子どもの病院受診は，人工呼吸器，酸素ボンベ，吸引器などの積み込み，自家用車への乗車，病院駐車場からの移動，受付から診察，投薬，会計まで長時間の病院滞在など，子どもや家族とも，体力的にも心理的にも負担が大きい。医師が自宅へ赴き診療することで，子どもや家族の負担を軽減することができる。これは，患者の自宅に定期的・計画的に訪問して診療する「訪問診療」と，患者の求めに応じて臨時に診療する「往診」に分けられる。ふだんの定期的な訪問診療をていねいに行うことで患者の状態悪化を未然に防ぐことが可能になり，臨時的な往診の機会も少なくなる。また，体調不良による病院への入院も減らすことができる。

　実際には，診察のほか，酸素飽和度や呼気終末炭酸ガス濃度測定，血液検査，培養検査，ウイルス感染症などの迅速診断，超音波検査，気管支ファイバー検査などの検査を自宅で行う。在宅での処置として，気管カニューレ交換や胃瘻交換，中心静脈栄養管理を行い，処方箋発行，点滴治療による輸液や抗生剤投与など，各種薬剤の投与も行う。体調不良時に在宅での輸液などが継続して必要な際は，訪問看護ステーションと連携して連日の治療を継続する。

(4) これからの医療のあり方

1) 病院←患者　直結型

　これまでの医療は，ふだんの診療も，風邪などで体調を崩したときも，こじらせて重症になってしまった場合も病院へ向かう一方通行の「病院←患者　直結型」といえる。そのため，医療従事者は家庭での生活や地域でサポートする他職種のことを知る機会はなく，コーディネートのイメージは医療機関間にとどまる。

2) 病院⇔地域　循環型

　しかし，これから望まれる医療は，病院と地域が循環する体制である。地域

に近い診療所の医師が各家庭を回り，訪問看護ステーションや調剤薬局と連携してふだんの診療を行い，急な発熱にも在宅で対応する。入院が必要なときは**診療所**から**病院**へ紹介する。訪問診療を行う診療所の医師と病院の医師が連携することで，患者の通院負担を減らし，病院の医師は重症患者の治療に専念することができる。

　病気や障害のために生きづらさを抱えた子どもたちであるが，日々携わる私たちはその幸せをいつも願っている。そして，その笑顔が実は私たちの幸せでもあることに気づく。互いに支え支えられる関係から，「生まれてきてよかった」と思える社会をつくっていきたい。

診療所，病院
医療法第1条の5において，
診療所とは「医師又は歯科医師が，公衆又は特定多数人のため医業又は歯科医業を行う場所であつて，患者を入院させるための施設を有しないもの又は十九人以下の患者を入院させるための施設を有するもの」。
病院とは「医師又は歯科医師が，公衆又は特定多数人のため医業又は歯科医業を行う場所であつて，二十人以上の患者を入院させるための施設を有するもの」。

コラム　福祉，教育など多職種との連携

　医療が地域に開かれることと同時に大切なのは，生活を支えてくれる福祉，教育の専門職と連携することである。医療者と福祉・教育者が使うことばは違う。同じ子どもを見ていてもことばや表現が違うこともあるが，生命を守ることと生活の豊かさをつくること，この両眼がともに大切である。使うことばの違う他職種への理解と協力があってはじめて，子どもたちは幸せになれる。多職種連携のキーワードは，相手へのリスペクトとおおらかさである。

[演習]課題

1. 肢体不自由児が使える福祉サービスを医療的ケアの有無で整理してみよう。
2. 肢体不自由児が地域で生活するために，多職種の連携が必要だと言われている。学校教員として，どのような連携ができるか，実践例を調べてみよう。

引用文献

1）田中総一郎・小沢浩：重症心身障害児－この子たちの 24 時間の医療と生活をどうケアし支えていくか，脳と発達，**44**（3），190-192，2012.
2）田村正徳：厚生労働科学研究費補助金障害者対策総合研究事業「医療的ケア児に関する実態調査と医療・福祉・保健・教育等の連携促進に関する研究」，平成 28 年度報告書，pp.57-60，2017.

参考文献

2・厚生労働省 HP「自立支援医療」
https ://www.mhlw.go.jp/stf/seisakunitsuite/bunya/hukushi_kaigo/shougaishahukushi/jiritsu/gaiyo.html（最終閲覧：2019 年 9 月 27 日）.
・小児慢性特定疾病情報センター HP「小児慢性特定疾病対策」
https ://www.shouman.jp/assist/（最終閲覧：2019 年 9 月 27 日）.
・難病情報センター HP「指定難病医療費助成制度」
http ://www.nanbyou.or.jp/entry/5346（最終閲覧：2019 年 9 月 27 日）.
・厚生労働省 HP「特別児童扶養手当」
https ://www.mhlw.go.jp/bunya/shougaihoken/jidou/huyou.html（最終閲覧：2019 年 10 月 1 日）.
・厚生労働省 HP「障害児福祉手当」
https ://www.mhlw.go.jp/bunya/shougaihoken/jidou/hukushi.html（最終閲覧：2019 年 10 月 17 日）.
・厚生労働省 HP「日常生活用具給付」
https ://www.mhlw.go.jp/bunya/shougaihoken/yogu/seikatsu.html（最終閲覧：2019 年 10 月 1 日）.

索 引

〔シリーズ監修者〕

花熊　曉（はなくま さとる）　　関西国際大学大学院人間行動学研究科　教授

苅田知則（かりた とものり）　　愛媛大学教育学部　教授

笠井新一郎（かさい しんいちろう）　宇高耳鼻咽喉科医院　言語聴覚士

川住隆一（かわすみ りゅういち）　元東北福祉大学教育学部　教授

宇高二良（うだか じろう）　　　宇高耳鼻咽喉科医院　院長

〔編著者〕　　　　　　　　　　　　　　　　　　　　　　　　　　　〔執筆分担〕

樫木暢子（かしき ながこ）　　　愛媛大学大学院教育学研究科　教授　　　　第1章2・3，第3章5

笠井新一郎（かさい しんいちろう）　前掲　　　　　　　　　　　　　　　第1章1，第2章1-⑤

花井丈夫（はない たけお）　　　医療法人拓能見台こどもクリニック　理学療法士　第2章2-②，3-①・②

〔著　者〕（五十音順）

阿部晴美（あべ はるみ）　　　　NPO法人地域ケアさぽーと研究所　日本摂食嚥下　第3章2-⑧
　　　　　　　　　　　　　　　リハビリテーション学会認定士

大崎博史（おおさき ひろふみ）　国立特別支援教育総合研究所インクルーシブ教育システム　第4章2
　　　　　　　　　　　　　　　推進センター　総括研究員

梶原厚子（かじわら あつこ）　　株式会社スペースなる　代表取締役　　　　第4章3-②

蒲池慎一（かまち しんいち）　　愛媛県立みなら特別支援学校松山城北分校　分校長　第3章3

苅田知則（かりた とものり）　　前掲　　　　　　　　　　　　　　　　　第2章1-⑤

木下博美（きした ひろみ）　　　元京都府立舞鶴支援学校　教諭　　　　　　第3章2-③・④

栗山宣夫（くりやま のぶお）　　育英短期大学　教授　　　　　　　　　　　第4章1

下川和洋（しもかわ かずひろ）　NPO法人地域ケアさぽーと研究所　理事　　第2章3-③

曽根裕二（そね ゆうじ）　　　　大阪体育大学教育学部　准教授　　　　　　第3章2-⑤

髙木尚（たかぎ ひさし）　　　　日本福祉大学教育・心理学部　招聘教授　　第3章1

竹脇真悟（たけわき しんご）　　埼玉県立宮代特別支援学校　教諭　　　　　第3章2-①

田中顕一（たなか けんいち）　　東京都立小平特別支援学校　主幹教諭　　　第3章2-⑥・⑦

田中総一郎（たなかそういちろう）　あおぞら診療所ほっこり仙台　院長　　　第4章4

寺本淳志（てらもと あつし）　　宮城教育大学教育学部　准教授　　　　　　第2章3-④・⑤

外山世志之（とやまよしゆき）　東京都立光明学園　指導教諭　　　　　　　第3章2-②

中野広輔（なかの こうすけ）　　愛媛大学教育学部　教授　　　　　　　　　第2章1-①〜④

西村幸（にしむら さち）　　　　公益財団法人日本訪問看護財団　松山相談支援センター管理者　第4章3-①・③

船橋篤彦（ふなばし あつひこ）　広島大学大学院人間社会科学研究科　講師　第2章2-③・④

細渕富夫（ほそぶち とみお）　　川口短期大学　教授　　　　　　　　　　　第2章2-①

宮島伸行（みやじま のぶゆき）　東京都立町田の丘学園　指導教諭　　　　　第3章4-③

矢野喜昭（やの よしあき）　　　元愛媛県立こども教育センター　副院長　　第2章1-①〜④

吉松靖文（よしまつ やすふみ）　愛媛大学教育学部　教授　　　　　　　　　第3章4-①・②

特別支援教育免許シリーズ
肢体不自由教育領域
運動機能の困難への対応

2021年（令和3年）5月20日　初 版 発 行

	樫 木 暢 子
編著者	笠 井 新一郎
	花 井 丈 夫
発行者	筑 紫 和 男
発行所	株式会社 建 帛 社 KENPAKUSHA

〒112-0011　東京都文京区千石4丁目2番15号
TEL（03）3944 - 2611
FAX（03）3946 - 4377
https://www.kenpakusha.co.jp/

ISBN 978-4-7679-2126-6　C3037　エイド出版／壮光舎印刷／ブロケード
© 樫木・笠井・花井ほか, 2021.　　　　　　　　Printed in Japan
（定価はカバーに表示してあります）

本書の複製権・翻訳権・上映権・公衆送信権等は株式会社建帛社が保有します。
JCOPY〈出版者著作権管理機構　委託出版物〉
本書の無断複製は著作権法上での例外を除き禁じられています。複製される
場合は，そのつど事前に，出版者著作権管理機構（TEL03-5244-5088,
FAX03-5244-5089, e-mail：info@jcopy.or.jp）の許諾を得て下さい。